2025年度版

滋賀県の論作文・面接

過去問

協同教育研究会 編

協同出版

はじめに～「過去問」シリーズ利用に際して～

教育を取り巻く環境は変化しつつあり，日本の公教育そのものも，教員免許更新制の廃止やGIGAスクール構想の実現などの改革が進められています。また，現行の学習指導要領では「主体的・対話的で深い学び」を実現するため，指導方法や指導体制の工夫改善により，「個に応じた指導」の充実を図るとともに，コンピュータや情報通信ネットワーク等の情報手段を活用するために必要な環境を整えることが示されています。

一方で，いじめや体罰，不登校，暴力行為など，教育現場の問題もあいかわらず取り沙汰されており，教員に求められるスキルは，今後さらに高いものになっていくことが予想されます。

本書の基本構成としては，論作文・面接試験の概要，過去数年間の論作文の過去問題及びテーマと分析と論点，面接試験の内容を掲載しています。各自治体や教科によって掲載年数をはじめ，論作文の書き方や面接試験対策を掲載するなど，内容が異なります。

また原則的には一般受験を対象としております。特別選考等については対応していない場合があります。なお，実際に出題された順番や構成を，編集の都合上，変更している場合があります。あらかじめご了承ください。

みなさまが，この書籍を徹底的に活用し，教員採用試験の合格を勝ち取って，教壇に立っていただければ，それはわたくしたちにとって最上の喜びです。

協同教育研究会

C O N T E N T S

第１部

論作文・面接試験の概要

論作文試験の概要

論作文試験の意義

近年の論作文では，受験者の知識や技術はもちろんのこと，より人物重視の傾向が強くなってきている。それを見る上で，各教育委員会で論作文と面接型の試験を重視しているのである。論作文では，受験者の教職への熱意や教育問題に対する理解や思考力，そして教育実践力や国語力など，教員として必要な様々な資質を見ることができる。あなたの書いた論作文には，あなたという人物が反映されるのである。その意味で論作文は，記述式の面接試験とは言え，合否を左右する重みを持つことが理解できるだろう。

論作文には，教職教養や専門教養の試験と違い，完全な正答というものは存在しない。読み手は，表現された内容を通して，受験者の教職の知識・指導力・適性などを判定すると同時に，人間性や人柄を推しはかる。論作文の文章表現から，教師という専門職にふさわしい熱意と資質を有しているかを判断しているのである。

論作文を書き手，つまり受験者の側から見れば，論作文は自己アピールの場となる。そのように位置付ければ，書くべき方向が見えてくるはずである。自己アピール文に，教育評論や批判，ましてやエッセイを書かないであろう。論作文は，読み手に自分の教育観や教育への熱意を伝え，自分を知ってもらうチャンスに他ならないのである

以上のように論作文試験は，読み手(採用側)と書き手(受験者)の双方を直接的につなぐ役割を持っているのである。まずはこのことを肝に銘じておこう。

論作文試験とは

文章を書くということが少なくなった現在でも，小中学校では作文，

大学では論文が活用されている。また社会人になっても，企業では企画書が業務の基礎になっている。では，論作文の論作文とは具体的にはどのようなものなのだろうか。簡単に表現してしまえば，作文と論文と企画書の要素を足したものと言える。

小学校時代から慣れ親しんだ作文は，自分の経験や思い出などを，自由な表現で綴ったものである。例としては，遠足の作文や読書感想文などがあげられる。遠足はクラス全員が同じ行動をするが，作文となると同じではない。異なる視点から題材を構成し，各々が自分らしさを表現したいはずである。作文には，自分が感じたことや体験したことを自由に率直に表現でき，書き手の人柄や個性がにじみ出るという特質がある。

一方，作文に対して論文は，与えられた条件や現状を把握し，論理的な思考や実証的なデータなどを駆使して結論を導くものである。この際に求められるのは，正確な知識と分析力，そして総合的な判断力と言える。そのため，教育に関する論文を書くには，現在の教育課題や教育動向を注視し，絶えず教育関連の流れを意識しておくことが条件になる。勉強不足の領域での論文は，十分な根拠を示すことができずに，説得力を持たないものになってしまうからである。

企画書は，現状の分析や把握を踏まえ，実現可能な分野での実務や計画を提案する文書である。新しい物事を提案し認めてもらうには，他人を納得させるだけの裏付けや意義を説明し，企画に対する段取りや影響も予測する必要がある。何事においても，当事者の熱意や積極性が欠けていては，構想すら不可能である。このように企画書からは，書き手の物事への取り組む姿勢や，将来性が見えてくると言える。

論作文には，作文の経験を加味した独自の部分と，論文の知識と思考による説得力を持つ部分と，企画書の将来性と熱意を表現する部分を加味させる。実際の論作文試験では，自分が過去にどのような経験をしたのか，現在の教育課題をどのように把握しているのか，どんな理念を持ち実践を試みようと思っているのか，などが問われる。このことを念頭に置いた上で，論作文対策に取り組みたい。

面接試験の概要

面接試験の意義

論作文における筆記試験では，教員として必要とされる一般教養，教職教養，専門教養などの知識やその理解の程度を評価している。また，論作文では，教師としての資質や表現力，実践力，意欲や教育観などをその内容から判断し評価している。それに対し，面接試験は，教師としての適性や使命感，実践的指導能力や職務遂行能力などを総合し，個人の人格とともに人物評価を行おうとするものである。

教員という職業は，児童・生徒の前に立ち，模範となったり，指導したりする立場にある。そのため，教師自身の人間性は，児童・生徒の人間形成に大きな影響を与えるものである。そのため，特に教員採用においては，面接における人物評価は重視されるべき内容であり，最近ではより面接が重視されるようになってきている。

面接試験とは

面接試験は，すべての自治体の教員採用選考試験において実施されている。最近では，教育の在り方や教師の役割が厳しく見直され，教員採用の選考においても教育者としての資質や人柄，実践的指導力や社会的能力などを見るため，面接を重視するようになってきている。特に近年では，1次選考で面接試験を実施したり，1次，2次選考の両方で実施するところも多くなっている。

面接の内容も，個人面接，集団面接，集団討議(グループ・ディスカッション)，模擬授業，場面指導といったように多様な方法で複数の面接試験を行い，受験者の能力，適性，人柄などを多面的に判断するようになってきている。

最近では，全国的に集団討議(グループ・ディスカッション)や模擬授業を実施するところが多くなり，人柄や態度だけでなく，教員としての社会的な能力の側面や実践的な指導能力についての評価を選考基準として重視するようになっている。内容も各自治体でそれぞれに工夫されていて，板書をさせたり，号令をかけさせたりと様々である。

このように面接が重視されてきているにもかかわらず，筆記試験への対策には，十分な時間をかけていても，面接試験の準備となると数回の模擬面接を受ける程度の場合がまだ多いようである。

面接で必要とされる知識は，十分な理解とともに，あらゆる現実場面において，その知識を活用できるようになっていることが要求される。知っているだけでなく，その知っていることを学校教育の現実場面において，どのようにして実践していけるのか，また，実際に言葉や行動で表現することができるのか，といったことが問われている。つまり，知識だけではなく，智恵と実践力が求められていると言える。

なぜそのような傾向へと移ってきているのだろうか。それは，いまだ改善されない知識偏重の受験競争をはじめとして，不登校，校内暴力だけでなく，大麻，MDMA，覚醒剤等のドラッグや援助交際などの青少年非行の増加・悪質化に伴って，教育の重要性，教員の指導力・資質の向上が重大な関心となっているからである。

今，教育現場には，頭でっかちのひ弱な教員は必要ない。このような複雑・多様化した困難な教育状況の中でも，情熱と信念を持ち，人間的な触れ合いと実践的な指導力によって，改善へと積極的に努力する教員が特に必要とされているのである。

面接試験のねらい

面接試験のねらいは，筆記試験ではわかりにくい人格的な側面を評価することにある。面接試験を実施する上で，特に重視される視点としては次のような項目が挙げられる。

① 人物の総合的評価　面接官が実際に受験者と対面することで，容姿，態度，言葉遣いなどをまとめて観察し，人物を総合的に評価することができる。これは面接官の直感や印象によるところが大きい

が，教師は児童・生徒や保護者と全人的に接することから，相手に好印象を与えることは好ましい人間関係を築くために必要な能力と言える。

② 性格・適性の判断　面接官は，受験者の表情や応答態度などの観察から性格や教師としての適性を判断しようとする。実際には，短時間での面接のため，社会的に，また，人生の上でも豊かな経験を持った学校長や教育委員会の担当者などが面接官となっている。

③ 志望動機・教職への意欲などの確認　志望動機や教職への意欲などについては，論作文でも判断することもできるが，面接では質問による応答経過の観察によって，より明確に動機や熱意を知ろうとしている。

④ コミュニケーション能力の観察　応答の中で，相手の意思の理解と自分の意思の伝達といったコミュニケーション能力の程度を観察する。中でも，質問への理解力，判断力，言語表現能力などは，教師として教育活動に不可欠な特性と言える。

⑤ 協調性・指導性などの社会的能力(ソーシャル・スキル)の観察　ソーシャル・スキルは，教師集団や地域社会との関わりや個別・集団の生徒指導において，教員として必要とされる特性の一つである。これらは，面接試験の中でも特に集団討議(グループ・ディスカッション)などによって観察・評価されている。

⑥ 知識・教養の程度や教職レディネスを知る　筆記試験において基本的な知識・教養については評価されているが，面接試験においては，さらに質問を加えることによって受験者の知識・教養の程度を正確に知ろうとしている。また，具体的な教育課題への対策などから，教職への準備の程度としての教職レディネス(準備性)を知る。

第2部

滋賀県の
論作文・面接
実施問題

2024年度　論作文実施問題

【養護教諭，栄養教諭以外・1次試験】　30分

●テーマ

中央教育審議会答申(令和5年3月8日)により示された次期教育振興基本計画における5つの基本方針の一つに，「グローバル化する社会の持続的な発展に向けて学び続ける人材の育成」が定められています。このような人材育成に向けて，あなたは教員としてどのように取り組みますか。具体的に600字以内で述べなさい。

●方針と分析

(方針)

まず，次期教育振興基本計画における5つの基本方針の一つである「グローバル化する社会の持続的な発展に向けて学び続ける人材の育成」のポイントを説明する。次に，学び続ける人材育成のために教員としての取組を具体的に述べる。

(分析)

次期教育振興基本計画は，社会の現状と2030年以降も見据えた課題を「人口減少の進展」,「高齢化の進展」,「AI等の技術革新」,「グローバル化の進展」等ととらえ,「人生100年時代」と「Society5.0」の到来に向け,「人づくり革命」と「生産革命」に教育政策として貢献するために作成されたものである。また，教育を通じて生涯にわたる一人一人の「可能性」と「チャンス」を最大化することを教育政策の中心にして取り組むこととしている。

特に，方針2「社会の持続的な発展を牽引するための多様な力を育成する」では，目標7「グローバルに活躍する人材の育成」が示され，英語をはじめとする外国語教育の強化(中・高卒業段階の英語力測定指標)が掲げられている。

また，方針3「生涯学び，活躍できる環境を整える」では，目標10「人生100年時代を見据えた生涯学習の推進」として，現代的・社会的な課題に対応した学習の向上，目標11「人々の暮らしの向上と社会の持続的発展のための学びの推進」，目標12「職業に必要な知識やスキルを生涯通じて身に付けるための社会人の学び直しの推進」等が示されている。つまり，学校での学習後，学び続ける児童生徒の育成を目指しているのである。

本題にある「グローバル化する社会の持続的な発展に向けて学び続ける人材の育成」に向けて教員としての取組については，「『令和の日本型学校教育』を担う教師の学び」教員免許更新小委員会に，「教師が技術の発達や新たなニーズなど学校教育を取り巻く環境の変化を前向きに受け止め，教職生涯を通じて探究心をもちつつ自律的かつ継続的に新しい知識・技能を学び続け，子供一人一人の学びを最大限に引き出す教師としての役割を果たしている。その際，子供の主体的な学びを支援する伴走者としての能力も備えている。」と示している。主体的，探究的に学び続ける人材の育成には，まず教師自らが，時代の変化が大きくなる中で常に学び続けなければならない。

「『令和の日本型学校教育』を担う新たな教師の学びの姿」としては，変化を前向きに受け止め，探究心をもちつつ自律的に学ぶという教師の主体的な姿勢が重要である。また，学校は多様な知識・経験を持った人材の教師集団であり，より多様な専門性を有する教師集団を構築するためには，一人一人の教師の個性に即した「個別最適な教師の学び」として，教師自身が新たな領域の専門性を身に付けるなど強みを伸ばすことが必要である。つまり，自己研鑽が必然的に求められているのである。

●作成のポイント

論文の構成は，序論・本論・結論とする。記述前に構想する時間を十分に取り，その内容を簡潔にまとめることが重要である。600字以内であることから，分量に関して序論(15～20％程度)・本論(65～75％程度)・結論(10～15％程度)の目安をもって臨むことも大切である。

序論では，次期教育振興基本計画の基本方針の一つである「グローバル化する社会の持続的な発展に向けて学び続ける人材の育成」についての受験者の考えと，この人材育成の在り方について論じる。

本論では，序論で述べた受験者の考えをもとに実際にどのように児童生徒に指導するか具体的に述べる。グローバルに活躍する人材の育成では，英語教育の強化だけでなく海外留学支援なども考えたい。また，学び続ける人材育成としては，各教科の学習における一人一人の主体的な「個別最適な学び」と「協働的な学び」を考えておくとよい。最終的には，教員自身が「主体的に学び続ける教師」であることの重要性を述べるとよい。

結論では，本論で述べたことのポイントを強調し，受験者自身「学び続ける教師」として頑張る決意を述べてまとめとしたい。

【養護教諭・1次選考】　30分

●テーマ

長期にわたるコロナ禍での対応を通し，様々な環境の変化から児童生徒の心身への影響が懸念されています。あなたは養護教諭として，児童生徒への指導や支援にどのように取り組みますか。懸念される具体的な児童生徒の姿を示しながら，600字以内で述べなさい。

●方針と分析

(方針)

まず，コロナ禍を通した環境の変化から，児童生徒の心身への影響をどのようにとらえているかを述べる。次に，このような中で，養護教諭としての取組(指導・支援)を児童生徒の具体的な事例をもとに述べる。

(分析)

新型コロナウイルス感染の蔓延により学校生活の状況は大きく変わり，休校，在宅学習，マスク着用，手洗い，うがいの励行，給食の黙食などが長期に及ぶこととなった。ようやく昨年5月から「5類感染症」となり，平常に近い状況になりつつあるが，マスク着用やうがい，手洗いなどの基本的な感染予防対策を継続している学校も多い。

この間，児童生徒の心身への影響として，睡眠不足，ゲーム依存，登校しぶり，食欲無し，忘れもの増加，保健室登校，不登校などの状況が多くみられ，体重の減少，体調不良，だるさの訴え，早退，視力の低下，頭痛などの訴えの数は計り知れない。コロナ禍以後もこのような状況は続き，保健室での相談が多いのが実態である。

これらのことは，コロナ禍だけによるものでなく，ICT機器やインターネットの急速な普及が進むとともに，学校教育にあってもGIGAスクール構想による「一人一台端末」が導入される等の中での現代的な健康問題となっていることも含まれるものと考えるべきであろう。

いずれにしても，学校生活の環境の変化及び環境の変化による児童生徒の心身への影響の面に分けて整理することが大切である。

養護教諭の取組(指導・支援)として，児童生徒の心身の健康に関する専門家としての役割は，児童生徒の身体的不調の背景に，いじめや不登校虐待などの問題に関わっていること等のサインにいち早く気付くことができる立場にあることから，児童生徒の「健康に関する実態把握」や「個別の健康相談」が重視されなければならない。もちろん，懸念される内容に応じて「個別や集団に対する健康指導」は行われなければならない。

今回の課題では，今懸念される児童生徒の姿に対する養護教諭としての具体的な取組を述べることになる。数多くある事例の中で，より分かりやすい事例に絞って論じる。

●作成のポイント

論文の構成は，序論・本論・結論とする。記述前に構想する時間を十分に取り，その内容を簡潔にまとめることが重要である。600字以内であることから，分量に関して序論(15～20％程度)・本論(65～75％程度)・結論(10～15％程度)の目安をもって臨むことも大切である。

序論では，長期にわたるコロナ禍での対応を通した，学校生活の様々な環境の変化の状況と児童生徒の心身への影響及び養護教諭の役割について簡潔に述べる。

本論では，このような状況の中で，懸念される具体的な児童生徒の姿を取り上げ，①どのように「実態把握」したのか，②「個別の健康相談」の内容はどうか，③「個別や集団指導」はどのようにしたのか，等について具体的に論じる。

結論では，本論で述べた実践を強調し，様々な環境の変化の中で生活する児童生徒の心身への影響を的確に受け止め，適正に対応する養護教諭になるという決意を述べてまとめるとよい。

【栄養教諭・1次選考】　30分

●テーマ

学校教育法第37条で，栄養教諭は「児童の栄養の指導及び管理をつかさどる」と示されています。あなたは栄養教諭として，「食に関する指導」と「学校給食の管理」を一体としてどのように取り組みますか。特に力を入れたいことを具体的に示しながら，600字以内で述べなさい。

●方針と分析

(方針)

まず，栄養教諭の職務について説明をし，「食に関する指導」と

「学校給食の管理」を一体的に推進することの重要性を述べる。次に，その取組方法で，特に力を入れることを具体的に述べる。

(分析)

栄養教諭の職務については，学校教育法第37条に「児童の栄養の指導及び管理をつかさどる」と示されている。

また，「栄養教諭を中核としたこれからの学校の食育」(文部科学省平成29年3月)では，栄養教諭を中核として取り組む「食に関する指導」と「学校給食の管理」について示し，「食に関する指導」については，給食の時間を活用した食に関する指導や教科等の指導などの全体に対する集団的な指導と個々の児童生徒の健康課題等に応じた個別的な相談指導を行う，としている。「学校給食の管理」については，栄養教諭がリーダーシップを発揮し，学校給食実施基準や学校給食衛生管理基準などに基づき栄養管理，衛生管理などを徹底するとなっている。

まず，「食に関する指導」と「学校給食の管理」を一体として推進する観点から，「食に関する指導に係る全体計画」に給食管理の内容を位置づけることとしている。このために，校内に校長を責任者とし，栄養教諭を中核に給食主任，養護教諭，学級担任，教科担任等による食育推進体制の確立が必要とされる。もちろん学校医，家庭，地域等との連携体制も重要である。

実践段階では，給食の時間における「食に関する指導」として毎日の給食時間に学級担任が行い，栄養教諭の関わり(役割り)は，給食の時間における「食に関する指導」年間指導計画に位置付けるとともに，適宜，指導計画を踏まえた打ち合わせを行った上で，直接教室に出向いて指導したり，学級担任が指導できるよう資料提供したりする。また，その結果，子どもがどのように変容したか観察し，その後の指導にどう生かすかが重要である。

特に，想定される指導機会は年間約190回の給食の時間もあり，計画的，継続的な指導を行うことで多くの指導機会を確保することができ，極めて大きな教育効果が見込める。給食時間における指導は「食に関する指導」の中核を担う重要な職務であるととらえたい。

具体的な指導内容については，小学校では，楽しく食事すること，健康によい食事のとり方，給食事の清潔，食事環境の整備等であり，中学校では，楽しく食事すること，栄養の偏りがないとり方等がある。

●作成のポイント

論文の構成は，序論・本論・結論とする。記述前に構想する時間を十分に取り，その内容を簡潔にまめることが重要である。600字以内であることから，分量に関して序論(15～20%程度)・本論(65～75%程度)・結論(10～15%程度)の目安をもって臨むことも大切である。

序論では，学校における食育の重要性とそれを担う栄養教諭の役割について述べ，特に「食に関する指導」と「学校給食の管理」の一体推進の大切さを論じる。

本論では，一体推進の中核的な栄養教諭が特に力を入れている具体的な内容について分かりやすく述べるとよい。内容としては，年間指導計画作成・給食時間における指導・教科等における指導(授業参画)の場面が想定される。多くの事例を列挙しないで，受験者が説明しやすく，重要であると考える具体的な内容に絞ったほうが適切である。

結論では，食育の重要性を担う栄養教諭として，序論，本論で述べた「食に関する指導」と「学校給食の管理」の一体推進に向け努力する決意を述べてまとめとする。

【スポーツ特別選考・課題作文】 30分

●テーマ

自身の競技生活から得られた経験の中で，あなたが児童生徒に伝えたいことは何ですか。また，そのことにより児童生徒をどのように成長させたいと考えますか。具体的に600字以内で述べなさい。

●方針と分析

(方針)

まず，受験者が取り組んできた競技生活から児童生徒に伝えたいことを述べる。次に，伝えたいことを通して児童生徒をどのように成長させたいのかを，具体的に論じる。

(分析)

受験者によって競技生活から得られた経験の中で，児童生徒に伝えたいことは様々であると考えられる。しかし，学校教育上であることから，学習指導要領で目指す「伝えたいこと」であり，「伝えたいことを通し，どのような人に成長させたいのか」でもあると考える。学習指導要領で目指す「伝えたいこと」として参考にしたいことを二つの面から考える。

一つは，高等学校学習指導要領解説保健体育編・体育編第2章第2節「体育」に，「人々が生涯にわたってスポーツに親しむことは，極めて大きな意義を有している。健康の保持増進などのために行われる運動や一定のルールや文化性をもつスポーツは，体を動かすという人間の本源的な欲求にこたえるとともに，爽快感，達成感，他者との連帯感等の精神的充足や自然に親しむなどの楽しさ，喜びをもたらし，さらには，体力の向上や，精神的ストレスの発散，生活習慣の予防など，心身の両面にわたる健康の保持増進に資するものである。また，スポーツを通した共生社会の実現や地域の一体感及び活力の醸成に寄与するものである」とある。本課題にある自身の競技生活は，受験者のスポーツ生活であることから，上記にあるスポーツによる人間に寄与する様々なポイントを押さえることが重要である。

もう一面は，高等学校学習指導要領保健体育科目標では，各種の運動の合理的な実践を通して，運動技能を高め運動の楽しさや喜びを深く味わうことができるようにすること，体の調子を整えながら体力の向上を図り，公正，協力，責任などの態度を育て，生涯を通じて継続的に運動ができる資質や能力を育てるとしている。

以上の学指導要領を視野に入れ，受験者個々の球技，体操，陸上，水上競技などの様々な種目の経験をもとに，児童生徒の今後の成長に寄与するものを記述することが望まれる。「伝えたいことを通し，どのような人に成長」については，保健体育科の授業はもちろん，部活動，生徒指導，進路指導，学級づくり等，全教育活動の中で時と場に応じて指導されることが望まれる。

●作成のポイント

論文の構成は，序論・本論・結論とする。記述前に構想する時間を十分に取り，その内容を簡潔にまとめることが重要である。600字以内であることから，分量に関して序論(15～20%程度)・本論(65～75%程度)・結論(10～15%程度)の目安をもって臨むことも大切である。

序論では，上記の学習指導要領保健体育科の目標から考えて，自己の競技生活から得た経験の中で，児童生徒の成長に大切であり，是非伝えたいことを記述する。

本論では，より具体的に記述し，読み手に納得のいくような文にすることが大切である。また，その競技の特徴から考え，技術的なものだけでなく，態度面(責任・協調・忍耐・公正等)も視野に入れたい。あれもこれもと記述することなく，1～2点程度に絞ったほうが適切である。重要なことは，児童生徒をどのように成長させたいかの目的が明確にされていなければならないことである。

結論では，伝えたいことを通して児童生徒の成長を願う受験者の思いと滋賀県の教員になって頑張りたい決意を論じることでまとめたい。

【障害者特別選考・課題作文】　30分

●テーマ

「子ども一人ひとりの個性を大切にし，生きる力を育む」ために，あなたは教員としてどのように取り組みますか。具体的に600字以内で述べなさい。

●方針と分析

(方針)

まず，滋賀の教育大綱の柱1「子ども一人ひとりの個性を大切にし，生きる力を育む」について，受験者の考えを述べる。次に，その考えに基づいた教員として取り組むことを具体的に述べる。

(分析)

課題にある「子ども一人ひとりの個性を大切にする」と「生きる力」をどのようにとらえるかについて押さえておくことが必要である。

学習指導要領で,「子ども一人一人の個性を大切にする」については，一人一人の個性に応じた資質・能力をどのように高めていくか，と示している。

「生きる力」については,「生きる力として，変化の激しいこれからの社会を生きるために，確かな学力，豊かな人間性，健康・体力の知・徳・体をバランスよく育てることは大切である」とし，新たに，①学んだことを人生や社会に生かそうとする「学びに向かう力，人間性など」と，②実際の社会や生活で生きて働く「知識及び技能」と，③未知の状況にも対応できる「思考力，判断力，表現力など」が社会に出てからも学校で学んだことを生かせるよう三つの力をバランスよく育む，としている。

滋賀の教育大綱(第3期滋賀県教育振興基本計画)では，一人ひとりの学びを大切にしながら，自分らしく夢を持ち続け，基本目標を「夢と生きる力」とし，三つの柱をもとに総合的に教育施策を推進することとし，柱1は「子ども一人ひとりの個性を大切にし，生きる力を育む」となっている。生きる力の育成については，①「確かな学力を育む」として，学ぶ力の向上，基礎的・基本的な知識及び技能の充実・定着や読み解く力の育成，子ども一人ひとりの学びを見取る学習評価の充実などを提示している。

また，②「豊かな心を育む」については，子ども一人ひとりの自尊感情の育成，道徳教育の推進や人権教育の推進など，さらに③「健やかな体を育む」として，体力の向上と運動習慣の確立，健康課題への対応などを示している。他に，④特別支援教育の推進，⑤情報活用能力の育成，⑥滋賀ならではの本物体験・感動体験の推進，⑦多様な進路・就労の実現に向けた教育の推進が述べられている。

これらをもとに，受験者の考えを整理し，その考えに基づく①～⑦等から具体的な取組を論じればよい。特に，滋賀県が重点的に取り組んでいる教育施策の実践に注力することが望まれる。滋賀の教育大綱(第3期滋賀県教育振興基本計画)の熟読は必要であろう。

●作成のポイント

論文の構成は，序論・本論・結論とする。記述前に構想する時間を十分に取り，その内容を簡潔にまとめることが重要である。600字以内であることから，分量に関して序論(15～20％程度)・本論(65～75％程度)・結論(10～15％程度)の目安をもって臨むことも大切である。

序論では，「子ども一人ひとりの個性を大切にし，生きる力を育む」に対する受験者の考えを端的に述べる。変化の激しいこれからの社会を生きる多様な子どもを想定することが望まれる。

本論では，教員としての取組を教科学習に限らず全教育活動から，滋賀県が重視し，かつ受験者にとって是非実践したいと考える具体的なことを述べることが適切である。多くのことを述べるのでなく，1～2点程度に絞ったほうが好ましい。

結論では，今までの内容を簡潔にまとめ，滋賀県の教員として全力で取り組んでいく決意を述べて論文をまとめる。

2023年度　論作文実施問題

【養護教諭，栄養教諭以外・1次試験】　30分

●テーマ

中央教育審議会答申(令和3年1月26日)では，従来の「日本型学校教育」の成果と課題を整理したうえで，2020年代を通じて実現を目指す「令和の日本型学校教育」が示されました。「日本型学校教育」の課題を挙げ，その解決のために，あなたは教員としてどのように取り組みますか。具体例を示しながら600字以内で述べなさい。

●方針と分析

(方針)

まず，「日本型学校教育」の課題とは何かを説明する。次に，その解決のためにできる教員としての取り組みを，具体例を示しながら600字以内で説明する。

(分析)

文部科学省のホームページ上で，「『令和の日本型学校教育』の構築を目指して～全ての子供たちの可能性を引き出す，個別最適な学びと，協働的な学びの実現～(答申)(中教審第228号)」の「概要」と「本文」が掲載されている。ここでの分析は，主に「概要」をもとに行う。また，滋賀県教育委員会の「滋賀県の教育施策の基本的な方針と2020年代を通じて実現すべき『令和の日本型学校教育』の姿等について」も一部参照している。

従来の「日本型学校教育」は，学校が学習指導のみならず生徒指導の面でも主要な役割を担い，児童生徒の状況を総合的に把握して教師が指導を行うことで，子供たちの知・徳・体を一体で育むものである。

この点は，諸外国から高い評価を得て来た。また，新型コロナウイルス感染症の感染拡大防止のため，全国的に学校の臨時休業措置が取られたことにより，再認識された学校の役割として，①学習機会と学力の保障，②全人的な発達・成長の保障，③身体的，精神的な健康の保障(安全・安心につながることができる居場所・セーフティネット)，の三つがある。これらのことは，日本型学校教育の成果と言える。

一方で，子供たちの意欲・関心・学習習慣等や，高い意欲や能力をもった教師やそれを支える職員の力により成果を挙げる中，日々変化する社会において次のような課題に直面している。

・本来であれば家庭や地域でなすべきことまでが学校に委ねられることになり，結果として学校及び教師が担うべき業務の範囲が拡大され，その負担が増大している。

・子供たちの多様化(特別支援教育を受ける児童生徒や外国人児童生徒等の増加，貧困，いじめの重大事態や不登校児童生徒数の増加等)に対応できていない。

・生徒の学習意欲が低下している。

・教師の長時間勤務による疲弊や教員採用倍率の低下，教師不足が深刻化している。

・学習場面におけるデジタルデバイスの使用が低調であるなど，加速度的に進展する情報化への対応が遅れている。

・少子高齢化，人口減少による学校教育の維持とその質の保証に向けた取組が必要である。

・新型コロナウイルス感染症の感染防止策と学校教育活動の両立，今後起こり得る新たな感染症への備えとしての教室環境や指導体制等を整備することが求められる。

上記の課題について，「令和の日本型学校教育」の構築に向けた今後の方向性で，解決に向けた取り組みへのヒントが示されている。一つ目は，全ての子供たちの知・徳・体を一体的に育むため，これまで日本型学校教育が果たしてきた，①学習機会と学力の保障，②社会の形成者としての全人的な発達・成長の保障，③安全安心な居場所・セーフティネットとしての身体的，精神的な健康の保障，の三つを継承・重視することである。二つ目は，教職員定数，専門スタッフの拡充等の人的資源，ICT環境や学校施設の整備等の物的資源を十分に確保することである。三つ目は，学校だけでなく地域住民等と連携・協働し，学校と地域が相互にパートナーとして一体となって子供たちの成長を支えていくことである。四つ目は，一斉授業か個別学習か，履修主義か修得主義か，デジタルかアナログか，遠隔・オンラインか対面・オフラインかといった「二項対立」の考え方に縛られず，教育の質の向上のために，発達の段階や学習場面等によりどちらの良さも適切に組み合わせて生かしていくことである。ここでは，新学習指導要領の着実な実施と繋げてもよいだろう。五つ目は，教育政策のPDCAサイクルの着実な推進をしていくことである。

以上の内容を踏まえつつ，課題を端的にまとめ，その解決に向けた具体的な取り組みを説明するように意識するとよいだろう。

●作成のポイント

全体を序論・本論・結論の三段構成にする。

内容・構成面については，600字以内という少ない字数でまとめる必要があるので，課題を複数羅列せずに，できるだけ絞り込み(序論部分は150字程度)，その課題解決について具体的な取り組みを詳しく書く構成にするとよいだろう(本論部分で350字程度)。ここでは，新規採用者の小論文であることを踏まえれば，子供たちの学びに関する課題を選ぶのが得策だろう。その解決策として，新学習指導要領の着実な実施とICT(情報通信機器)を積極的に活用しながら，児童生徒の特性に応じた学びを支援する取り組みについて，受験者の活用できる知識・事例をもとに説明するようにしよう。滋賀県教育委員会の「滋賀県の教育施策の基本的な方針と2020年代を通じて実現すべき『令和の日本型学校教育』の姿等について」などを参考にするのもよい。最後に，採用後には上述のことを確実に実践する決意を述べて論文をまとめる(結論部分で100字程度)。

【養護教諭・1次選考】　30分

●テーマ

児童生徒が抱える様々な現代的な健康課題について，養護教諭が専門性を生かしつつ学校内で中心的な役割を果たすことが期待されています。児童生徒が抱える現代的な健康課題を具体的に示したうえで，あなたは養護教諭としてどのように取り組みますか。600字以内で述べなさい。

●方針と分析

(方針)

まず，児童生徒が抱える現代的な健康課題を具体的に説明する。次に，その健康課題について，養護教諭としてどのように取り組み，解決に努めるかを600字以内で説明する。

(分析)

本設問は，学校保健安全法8～10条に書かれた養護教諭の役割に関する理解を試す意図があると思われる。条文本文は，文部科学省の「教職員のための子どもの健康相談及び保健指導の手引」の3頁に掲載があるので，一読しておきたい。また，答案作成のために活用する背景知識を仕入れるには，前述の「手引き」に加えて，文部科学省の「現代的健康課題を抱える子供たちへの支援～養護教諭の役割を中心として～」や，新型コロナウイルス感染症の拡大後の状況を踏まえたものとして，国立成育医療センター「コロナ禍におけるこどもたちの心とからだ　コロナ×こどもアンケートより」，同センター講演資料「コロナと共に生きる子どものこころ―輪(わ)とレジリエンスの視点から―」などが有用である。

まず，児童生徒の現代的な健康課題とは何か。「現代的健康課題を抱える子供たちへの支援～養護教諭の役割を中心として～」の中では，肥満・痩身，生活習慣の乱れ，メンタルヘルスの問題，アレルギー疾患の増加，性に関する問題のほか，時代の変化とともに新たに生じる多様な健康課題としている。この他，心身の不調の背景にいじめ，児童虐待，不登校，貧困などの問題が関わっているものも対象としている。さらに，2020年以降は，新型コロナウイルス感染症の感染拡大を視野に入れてもよいだろう。

健康課題のある児童生徒に対して養護教諭としてどのように対応するのか，また日頃からどのようなことを心がけるのかということは，受験者が採用後，すぐに直面することである。まず重要なのは，日常的な健康観察による児童生徒等の健康状態の把握である。特に，心身の健康上の問題があると認められる児童生徒については，保護者も含めて保健指導の対象として位置付け，養護教諭を中心として関係教職員の協力を得ること，さらには医療者の協力を得ることなどがある。健康課題を抱えた児童生徒は，明確な言葉によって自分の置かれた苦境を説明できない反面，頻回の保健室利用，表情や動作，服装などに表れることも多い。養護教諭は子供の「表れ」に注意し，いつでも保健指導に入る体制づくりをすることが重要である。

●作成のポイント

全体の構成，序論，本論，結論の三段落に分けるとよい。

第一段落では，現代の児童生徒が抱える健康課題を200字程度でまとめる。アレルギー疾患や食生活の乱れ，子供を取り巻く人間関係，新型コロナウイルス感染症などにより，複雑化している傾向を押さえるとよい。

第二段落では，養護教諭としての対応について，学校保健安全法などの内容を踏まえ，自分の具体的な言葉で書き進める。文字数は，200字程度でまとめたい。第三段落では，日ごろからの留意・心がけの説明を述べる。子供の言動に表れる兆候を見逃さないことなどが一例になるだろう。文字数は，200字程度でまとめる。

【栄養教諭・1次選考】　30分

●テーマ

偏った栄養摂取や朝食の欠食など，子どもの食生活の乱れが見受けられる中，学校，家庭，地域が連携して，次代を担う子どもの望ましい食習慣の形成に努める必要があります。このことを踏まえて，あなたは栄養教諭をして，食に関する指導にどのように取り組みますか。600字以内で具体的に述べなさい。

●方針と分析

(方針)

次代を担う子どもの望ましい食習慣の形成のために，受験者が栄養教諭として採用された際，食に関する指導にどのように取り組むかを600字以内で具体的に説明する。

(分析)

本設問は，「第3次食育推進基本計画における学校で取り組むべき施策」における栄養教諭の役割についての知識，理解を問うものと思われる。また，滋賀県食育推進計画(第3次)では，いつでもどこでも食べ物を手にすることができる利便性が大きい反面，食の価値観が多様化し，食べ物により生かされていること，食べ物を作り育て調理する人への感謝の気持ちを感じることができなくなっていると指摘されている。このような中，こころと体を育む「食」を知り，感じ，身につけられる食育が改めて必要なことが述べられている。このような，県独自の取り組みへの関心も試されているといえるだろう。

学校において魅力ある食育推進活動を行い，子どもの健全な食生活の実現と豊かな人間形成を図るためには，(1)食に関する指導の充実，(2)学校給食の充実，(3)食育を通じた健康状態の改善等の三つの推進が掲げられている(文部科学省「食に関する指導の手引き」より)。

一つ目の「食に関する指導の充実」では，全教職員が連携・協働した食に関する指導体制を充実し，教材の作成等の取組を促進すること，食に関する指導の時間が十分確保されるように，栄養教諭を中心とした教職員の連携・協働による学校の食に関する指導に係る全体計画の作成を推進することが掲げられている。さらに，地域の生産者団体等と連携し，学校教育を始めとする様々な機会を活用して，子どもに対する農林漁業体験や食品の調理に関する体験等の機会を提供することも考えられる。加えて，効果的な食育の推進を図るために，各地域において校長のリーダーシップの下，栄養教諭を中核として，学校，家庭，地域等が連携・協働した取組を推進するとともに，その成果を広く周知・普及することも重要である。

二つ目の「学校給食の充実」では，児童生徒が食に関する正しい知識や望ましい食習慣を身に付け，適切な栄養の摂取による健康の保持増進が図られるよう，十分な給食の時間の確保や指導内容，各教科等の食に関する指導と関連付けて，教材として活用されるよう献立内容の充実を図るとされている。また，市区町村が中心となり，生産者や学校との連携を強化し，学校給食における地域の農林水産物の安定的な生産・供給体制を構築することで，食生活が自然の恩恵や食に関わる人々の様々な活動の上に成り立っていることを，児童生徒に理解させ，感謝の心を育むことが求められている。さらに，引き続き米飯給食を着実に実施するとともに，児童生徒が多様な食に触れる機会にも配慮することとされている。そのために，地場産物や国産食材の活用及び我が国の伝統的な食文化についての理解を深める学校給食の普及・定着等の取組を推進することが求められる。

三つ目の「食育を通じた健康状態の改善等の推進」では，栄養教諭は学級担任，養護教諭，学校医，学校歯科医等と連携して，保護者の理解と協力の下，児童生徒への指導において，肥満ややせが心身の健康に及ぼす影響等，健康状態の改善に必要な知識の普及を図るとともに，食物アレルギー等，食に関する健康課題を有する子供に対しての個別的な相談指導を行うことなどが求められている。その上で，児童生徒の将来にわたる望ましい食習慣の形成に向けた取組を推進することが求められている。

以上の内容を踏まえながら，設問の要求に正確に答えるとよいだろう。

●作成のポイント

全体の構成であるが，600字以内という字数指定があるので，序論，本論，結論の三段落に分けるとよい。

全体の方向性の一例として，分析でも挙げたように，学校において魅力ある食育推進活動を行い，子供の健全な食生活の実現と豊かな人間形成を図るために必要な三つの取り組みを，それぞれ簡潔に説明するとよいだろう。また，別の方向性としては，滋賀県食育推進計画(第3次)で示された「学校における具体的取り組み」を踏まえてまとめていくのも一手である。たとえば，毎月一回の「食育の日」を活用した生徒会による発表や情報発信，伝統的な食文化に触れる機会の提供や地域の生産者等との交流の場にすること，地場産物を取り入れた学校給食の実施，学校内外で取り組まれている農林漁業体験活動を食に関する指導と関連させることなどが具体的な取り組みの説明となる。この場合，児童生徒にとって生涯に渡る食育の一環として行うことを明確に示すようにしよう。

【スポーツ特別選考・課題作文】　30分

●テーマ

あなたが，これまで取り組んできたスポーツから得られたものは何ですか。また，教員として，子どもたちが生涯にわたって健康を保持増進していけるようにするために，どのような教育実践を行いたいと考えていますか。これまでの経験を踏まえ，600字以内で具体的に述べなさい。

●方針と分析

(方針)

まず，受験者のこれまで取り組んできたスポーツから得られたものについて説明する。次に，その経験を生かして，教員として子どもたちが生涯にわたって健康を保持増進していけるようにするために，どのような教育実践を行いたいかを600字以内で具体的に説明する。

(分析)

文部科学省のホームページ上で公開されている「保健体育」の学習指導要領を踏まえながら，自身の体験・経験を振り返るとよいだろう。保健体育実施の目標として，「心と体を一体としてとらえ，健康・安全や運動についての理解と運動の合理的な実践を通して生涯にわたって計画的に運動に親しむ資質や能力を育てること，健康の保持増進のための実践力の育成と体力の向上を図り，明るく豊かで活力ある生活を営む態度を育てること」が挙げられている。

体育では，各種の運動の合理的な実践を通して，運動技能を高め運動の楽しさや喜びを深く味わうことができるようにすること，体の調子を整えながら体力の向上を図り，公正，協力，責任などの態度を育て，生涯を通じて継続的に運動ができる資質や能力を育てることが，目標として書かれている。例えば，体つくり運動では，自己の体に関心をもち，自己の体力や生活に応じた課題をもって次の運動を行うこと，子供たちが互いに協力して運動ができるようにすることなどが挙げられている。

体育理論では，変化する現代社会におけるスポーツの意義や必要性を理解できるようにすること，運動にはそれぞれ歴史・文化的に形成された意義，独自の技術・戦術及び規則があることを理解できるようにすることを目指すと書かれている。また，個および集団の状況に応じたスポーツとのかかわり方や豊かなスポーツライフの設計と実践について理解できるようにすることも重要であることが挙げられている。

受験者は，個々に武道，ダンス，器械体操，陸上競技など，様々な種目を経験しているはずである。単に，自分の経験から得たものを示すだけでなく，学習指導要領の内容にかかわらせながら，児童生徒の健康づくりへの関心を高め，他者と協力する態度を養うことなどの重要性を述べるような方向性を意識するとよいだろう。

●作成のポイント

作文としての出題であるが，自身の運動経験とその成果をもとに，スポーツ指導への情熱だけで書き上げてしまうと，独善的な主張や押し付けに陥りやすいので，避けた方がよい。分析でも述べたように，学習指導要領の目標，趣旨を意識しながら，受験者自身の体験・経験を振り返るようにしたい。

作文の全体の構成は，序論，本論，結論の三段落で構成する。

序論では，受験者自身がスポーツから得たものを書く。このとき，学習指導要領の「普通教育に関する各教科　第6節　保健体育」を意識しながら，250字程度で書くとよい。様々な運動種目が列挙され，その種目を通じて児童生徒が身に付ける能力などが書かれているので，参照するとよい。

本論では，具体的な取り組み・実践について説明する。ここは，「各種の運動の合理的な実践を通して，運動技能を高め運動の楽しさや喜びを深く味わうことができるようにする」，「体の調子を整えながら体力の向上を図り，公正，協力，責任などの態度を育て，生涯を通じて継続的に運動ができる資質や能力を育てる」などの内容を250字程度でまとめる。

結論では，滋賀県教員として採用された後，上記の内容を確実に実践する決意を100字程度で述べ，作文をまとめる。

【障害者特別選考・課題作文】　30分

●テーマ

> あなたは，教員として，全ての子どもたちの可能性を引き出す，個別最適な学びと，協働的な学びを実現するために，どのように取り組みますか。600字以内で具体的に述べなさい。

●方針と分析

(方針)

全ての子どもたちの可能性を引き出す個別最適な学びと協働的な学びを実現するために，どのような取り組み・実践をするのか，600字以内で具体的に説明する。

(分析)

本題に取り組むに当たって活用する知識を仕入れるには，文部科学省の公開資料である「学習指導要領の趣旨の実現に向けた個別最適な学びと協働的な学びの一体的な充実に関する参考資料(令和3年3月版)」を活用するとよい。なお，本分析でも，同資料を参考としている。

「個別最適な学び」とは，「指導の個別化」と「学習の個性化」に整理される。そこでは，児童生徒が自己調整をしながら学習を進めていくことができるよう指導することの重要性が指摘されている。その目的は，全ての子供に基礎的・基本的な知識・技能を確実に習得させ，思考力・判断力・表現力等や，自ら学習を調整しながら粘り強く学習に取り組む態度等を育成することにある。そのために，教員が支援の必要な子供により重点的な指導を行うことなどで効果的な指導を実現すること，子供一人一人の特性や学習進度，学習到達度等に応じ，指導方法・教材や学習時間等の柔軟な提供・設定を行うことなどの「指導の個別化」が必要であるとされる。

一方「協働的な学び」とは，探究的な学習や体験活動などを通じて，子供同士で，あるいは地域の人々をはじめ多様な他者と協働しながら，あらゆる他者を価値のある存在として尊重し，様々な社会的な変化を乗り越え，持続可能な社会の創り手となることができるよう必要な資質・能力を育成するためになされる学習である。学校は，今を生きる子供たちにとって，未来の社会に向けた準備段階としての場であるだけでなく，現実の社会との関わりの中で，毎日の生活を築き上げていく場でもある。こうした学校での学びの質を高め，豊かなものとしていくには，学習指導要領でも主体的・対話的で深い学びの実現に向けた授業改善の中で，児童生徒が生命の有限性や自然の大切さ，主体的に挑戦してみることや多様な他者と協働することの重要性などを実感しながら理解することができるよう，各教科(科目)等の特質に応じた体験活動を重視すること，家庭や地域社会と連携しつつ体系的・継続的に実施できるよう工夫することに配慮するよう求めている。

実際の学校における授業づくりに当たっては，「個別最適な学び」と「協働的な学び」の要素が組み合わさって実現されていくことが多い。例えば授業の中で「個別最適な学び」の成果を「協働的な学び」に生かし，更にその成果を「個別最適な学び」に還元するなど，「個別最適な学び」と「協働的な学び」を一体的に充実していくことが大切である。その際には，児童生徒の資質・能力育成のため，各教科等の特質に応じて地域・学校や児童生徒の実情を踏まえ，ICT(情報通信機器)を活用した新たな教材や学習活動等も積極的に取り入れ，それにより実現される新しい学習活動について，効果を上げているか確認しながら，主体的・対話的で深い学びの実現に向けた授業改善につなげていくことが大事である。

●作成のポイント

作文としての出題であるが，受験者自身の思いや経験だけをもとに答案を書き上げてしまうと，独善的な主張や押し付けに陥りやすいので避けた方がよい。分析でも述べたように，学習指導要領の目標や趣旨を意識しながら，受験者自身が教職課程で培った知識を活用するようにしたい。また，全体の構成としては，序論，本論，結論の三段落で構成し，600字という限られた制限の中で簡潔にまとめるよう意識をすること。

序論では，「個別最適な学び」と「協働的な学び」の内容・趣旨の説明，二つの学びを一体的に充実させていくことの重要性を200字程度まとめる。

本論では，二つの学びを一体的に充実していくための具体的な取り組みを説明する。関連づける要素としては，以下のものを参考とし，250～300字程度で述べるようにしたい。

・子供一人一人の特性や学習進度，学習到達度等に応じ，指導方法・教材や学習時間等の柔軟な提供・設定を行うことなどの「指導の個別化」
・各教科(科目)等の特質に応じた体験活動を重視すること，家庭や地域社会と連携しつつ体系的・継続的に実施できるような工夫
・ICT(情報通信機器)を活用した新たな教材の積極活用

結論では，滋賀県教員として採用された後，上記の取り組みを確実に実践する決意を100字程度で述べ，作文をまとめる。

2022年度　論作文実施問題

【養護教諭，栄養教諭以外・1次試験】　35分

●テーマ

新しい学習指導要領では，「主体的・対話的で深い学びの実現に向けた授業改善」が挙げられています。あなたは，「主体的な学び」をどのように考えますか。また，「主体的な学び」の実現に向けて，教員としてどのように取り組みますか。具体的に600字以内で述べなさい。

●方針と分析

(方針)

新学習指導要領の趣旨を踏まえて，「主体的な学び」をどのように捉えるか，自身の考えを述べるとともに，その実現のために取り組むべきことについて，アクティブ・ラーニングの手法など，具体的な実践例を挙げながら論述する。

(分析)

新学習指導要領では，豊かな創造性を備え持続可能な社会の創り手となることが期待される児童生徒に対して，生きる力を育むため，(1)知識及び技能が習得されるようにすること，(2)　思考力，判断力，表現力等を育成すること，(3)　学びに向かう力，人間性等を涵養すること，の三つの資質・能力を示している。この「学びに向かう力」に関して，学習指導要領総則編では，「主体的に学習に取り組む態度も含めた学びに向かう力や，自己の感情や行動を統制する力，よりよい生活や人間関係を自主的に形成する態度等が必要となる。」としている。

また，PISAなどの国際的な学力調査では，日本の子供は諸外国に比べて学びの意味や意義の理解が薄く，「学びに向かう姿勢・態度」に課題があると指摘されている。課題文にある「主体的な学び」は，こうした「学びに向かう力」を身に付けるための基盤となるものである。そのためには，日々の授業を子供たちが主体的に学ぶ授業に改善していくことが不可欠と言える。そのための視点が，新学習指導要領で提言されている「主体的・対話的で深い学び」である。その具現化のためには，アクティブ・ラーニングの手法が有効とされ，問題解決的な学習，学ぶことに対する興味関心を高める工夫，自己の学習活動を振り返り次につなげる主体的な学び，対話性を重視したグループ・ペア活動や発表活動などが実践的取組として挙げられよう。

●作成のポイント

ここでは，序論・本論・結論の三部構成で論述する例を挙げる。序論は，何故，子供たちが主体的に学ぶ授業にしていかなければならないのか，その背景と重要性について述べる。序論には200字程度を充て，「子供たちが主体的に学ぶ授業の実現のため，次の2点の方策(取組)を行う。」などと結んでおくとよい。

本論では，課題解決に向けた具体的な方策を2本程度の柱を立てて論じる。その際，受験する校種，教科等に即して子供の問題意識を大切にするという視点で述べるとよい。例えば，「1.子供たちの問題意識を大切にした，問題解決的な学習の重視」，「2.対話性に着目した，グループ活動と発表活動の重視」などを方策の柱として，タイトルを付けておくと効果的である。タイトル(見出し)は，読み手に対して親切なだけでなく，書き手にとっても，論点の焦点化が図られ，的を絞った論述になりやすいという点で有効である。この本論に300 字程度を充てる。

結論では，滋賀県の教師として児童生徒のために自己研鑽を続けていく決意について，100字程度で論述し，教職への熱意を採点者に示したい。

【スポーツ特別選考・課題作文】　35分

●テーマ

スポーツに取り組んできた経験から得られた，あなたの教員としての強みは何だと思いますか。また，スポーツ競技者としての活動を続ける教員として，この強みを学校での教育活動にどのように生かしていきますか。600字以内で具体的に述べなさい。

●方針と分析

(方針)

これまでスポーツに取り組んできた経験を振り返り，そこで得られた知見や教育現場で生かすことができる強みについて述べる。特に，今後も競技活動を続ける教師としての実践について，具体的に述べたい。

(分析)

スポーツ特別選考としての課題作文において，自身の経歴が教員としていかに有効であるかという視点で述べる必要がある。滋賀県のホームページでも，滋賀のスポーツ総合サイト，2025年に滋賀県で開催する第79回国民スポーツ大会に向けた「SHIGAアスリートナビ」の開設，マラソン大会関係のコンテンツなど，県としてのスポーツに対する関心の高さが顕著となっている。スポーツに対する子供たちの興味関心を高める工夫や，技術指導において，競技者経験の豊かな教師の影響力は大きく，子供たちの健康増進のためにも，その指導力に対する期待は大きい。自身の得意分野における実績をアピールし，今後も競技者として活動し続ける意欲に触れつつ，スポーツ教育に関する強みを述べることが重要である。

全校種を通じて，体育の授業における指導については，取組事例や場面を挙げて述べることが効果的であり，特に，中学校，高等学校志望者においては，運動系の部活動に対する顧問としての意欲や指導効果に触れた論述も期待される。個人競技とチームによる競技のそれぞれに，身につく資質・能力がある。それらを教育の現場で子供たちに育むことの大切さに触れるとよいだろう。スポーツを通した人間教育という視点にも立ちたい。

●作成のポイント

ここでは，序論・本論・結論の三部構成で論述する例を挙げる。序論は，スポーツに取り組んできた経験から得られた資質能力や，教育現場で生かすことができる強みについて，概論的に示す。200字程度を充て，「こうして得られた強みを，子供たちのスポーツに対する意欲向上や，健康安全教育，体力増進など，指導の充実に活かすため次の2点の方策を行う。」などと結んでおくとよい。

本論では，そのための具体的な方策を2本の柱を立てて論じる。その際，受験する校種，教科に即して子供の問題意識を大切にするという視点で述べるとよい。例えば「1.運動に対する興味関心を高める工夫」，「2.体育の授業におけるアクティブ・ラーニングの実践」などを方策の柱として，タイトルを付けておくと効果的である。タイトル(見出し)は，読み手に対して親切なだけでなく，書き手にとっても，論点の焦点化が図られ，的を絞った論述になりやすいという点で有効である。この本論に300字程度を充てる。

結論は，滋賀県の教師として自己研鑽を続けていく決意について，100字程度で論述し，教職への熱意を採点者にアピールしたい。

【栄養教諭・1次試験】　35分

●テーマ

食生活は，自然の恩恵や食に関わる人々の様々な活動の上に成り立っています。このことについて児童生徒の理解を深めるとともに，感謝の心を育むよう，栄養教諭としてどのように取り組みますか。600字以内で具体的に述べなさい。

●方針と分析

(方針)

近年，食に関する深い理解に立った「食育」の考え方が重要視されてきている。ここでは，児童生徒の食生活の現状を踏まえて栄養教諭としての取組を述べる。特に，「食についての感謝の心を育む」という視点を強調したい。

(分析)

近年，偏った栄養摂取や欠食，食生活の乱れや肥満・痩身傾向といった，子供たちの健康を取り巻く問題が深刻化している。その改善のためには，食育が必要不可欠と言える。食育で必要とされる内容として，(1)　食べ物を大事にする感謝の心，(2)　好き嫌いしないで栄養バランスよく食べること，(3)　食事のマナーなどの社会性，(4)　食事の重要性や心身の健康，(5)　安全や品質など食品を選択する能力，(6)　地域の産物や歴史など食文化の理解などが挙げられる。

この課題においては，特に(1)の感謝の心の育成が求められている。子供たちが食事の楽しさを実感することができるよう，「いただきます」，「ごちそうさま」といった食事のあいさつ，栄養のバランスを考えて食べる習慣や食べ物を大事にする気持ちに関して，担任や家庭と連携して指導していきたい。とりわけ，食育の実践において，食前の「いただきます」の意味を子供たちに伝えることは大変重要なことである。自分のために用意された食事に関わった人たちへの感謝，食べ物となって命をくれた動植物たちへの感謝，そのような感謝の気持ちを伝える大切な言葉なのだとも言える。

栄養教諭としては，「食べる力」は「生きる力」に通じるという信念のもと，担任と連携した授業展開や，家庭への情報提供などの取組で関わることが可能である。

●作成のポイント

ここでは，序論・本論・結論の三部構成で論述する例を挙げる。序論は，近年の子供たちの食生活の乱れなど，課題について述べるとともに，食育の重要性について見解を示す。ここまでに200字程度を充て，「食についての感謝の心を育むために，次の2点の取組を行う。」などと結んでおくとよい。

本論では，その育成のための具体的な方策を2本の柱を立てて論じる。その際，基本的な生活習慣に関わるという視点で述べるとよい。柱立ての例としては「1.担任との連携のもとに，食の大切さを指導する工夫」，「2.保護者と連携・協力し，食に対する感謝の心を育む実践」などを方策の柱として，タイトルを付けておくと効果的である。タイトル(見出し)は，読み手に対して親切なだけでなく，書き手にとっても，論点の焦点化が図られ，的を絞った論述になりやすいという点で有効である。本論には300字程度を充てる。

結論は，滋賀県の栄養教諭として自己研鑽を続けていく決意について，100字程度で論述し，教職への熱意を採点者にアピールするとよい。

【養護教諭・1次試験】　35分

●テーマ

学校教育の基盤となる児童生徒の健康や安全を確保するために，養護教諭は保健室経営を効果的に行う必要があります。この目標を達成するため，あなたは保健室経営をどのように行いますか。600字以内で具体的に述べなさい。

●方針と分析

(方針)

まず，養護教諭による保健室経営が児童生徒の健康や安全を確保するために，如何に重要であるか，その役割について述べる。また，充実した保健室経営を行うための実践的取組について，具体例を挙げて説明する。

(分析)

保健室を頼って来る子供たちには，怪我や病気の手当てを求める者だけでなく，深刻ないじめや，子供同士のトラブル，保護者による精神的虐待を受けている者もいる。養護教諭には，そうした児童生徒のサインを見逃すことなく，適切に対応することが期待されている。

子供たちの心身の健康・安全に対しては，全職員があらゆる教育活動を通して取り組んでいかなければならず，養護教諭は組織における司令塔としてリーダーシップを発揮する必要がある。保健室での養護教諭の洞察力が，いじめや虐待の早期発見・早期対応につながるのであり，得られた情報を担任や管理職に迅速に伝えることも重要である。同時に，当該の児童生徒に対する適切な対応，カウンセリングマインドによる心のケア，適切な配慮・支援も大切である。保護者への連絡とその後の連携，必要に応じて子供と保護者を含めた教育相談機能が求められることもあろう。

学校保健安全法において，養護教諭は「健康相談又は児童生徒等の健康状態の日常的な観察により，児童生徒等の心身の状況を把握し，健康上の問題があると認めるときは，遅滞なく，当該児童生徒等に対して必要な指導を行う」とされている。心身の健康管理に養護教諭が果たすべき役割は非常に大きく，具体的な取組への姿勢が問われる。心の問題を抱えた子供に対しては，学級とは異なる居場所を提供する保健室経営，一人一人の子供に関わる情報の収集と提供，学級担任とは異なる視点からの指導助言なども考えられる。

●作成のポイント

ここでは，序論・本論・結論の三部構成で論述する例を挙げる。序論では，児童生徒の健康や安全を確保するための効果的な保健室経営について，自身の受け止め方を述べる。怪我や病気，体に関する悩み，心の悩みなど，保健室から見える子供の姿についても認識を示すとよい。200字程度で論述しよう。

本論では，保健室経営をどのように行うか，具体的な方策を2本の柱を立てて論じる。その際，いじめの早期発見に関わる要素を取り入れておくことが肝要である。柱立ての例としては「1.一人一人の児童生徒の心身の状況把握」，「2.心の居場所としての保健室経営」などを方策の柱として，タイトルを付けておくとよい。他に「生きる力の育成につなげ，支援する保健室経営」，「教育活動の一環としての計画的・組織的な保健室経営」なども考えられる。タイトルは，読み手に対して親切なだけでなく，書き手にとっても，的を絞った論述になりやすいという点で有効である。300字程度を充て，どのような悩みも話せる雰囲気づくりと，心安らぐ保健室づくりを目指すという趣旨を盛り込みたい。

結論は，滋賀県の養護教諭として学び続け，専門性を高めていく決意について，100字程度で論述し，教職への熱意をアピールしよう。

2021年度　論作文実施問題

【養護教諭，栄養教諭以外・1次試験】　35分

●テーマ

第3期滋賀県教育振興基本計画では，「文章や図，グラフから読み解き理解する力」と，「他者とのやりとりから読み解き理解する力」を「読み解く力」とし，この「読み解く力」を育成する取組を推進するとしています。あなたは，なぜ「読み解く力」を育成することが求められていると考えますか。また，この力を育成するために，教員としてどのように取り組みますか。600字以内で具体的に述べなさい。

●方針と分析

(方針)

「読み解く力」の育成が求められる理由を説明した上で，この力を育成するためにどのように取り組むかにつき論述する。

(分析)

本問で参考になるのは，滋賀県教育委員会が作成した「読み解く力資料集」である(https://www.pref.shiga.lg.jp/edu/gaiyou/iinkai/sogo/304679.htmlでダウンロードが可能)。この文書は，「なぜ，今，読み解く力なのか」との見出しがつけられているページにおいて，「グローバル化の進展や急速な技術革新の中で，時代の変化を読み解き，柔軟に対応できる力が必要です。」,「多様な人々と出会い，共に生きていくうえで，相手の気持ちを読み解いて理解する力が必要です。」と指摘し，さらには「滋賀の子どもの課題」などにも言及している。ちなみに，この資質・能力の重要性は，中央教育審議会答申「幼稚園，小学校，中学校，高等学校及び特別支援学校の学習指導要領等の改善及び必要な方策等について」でも指摘されている。こうした記述をヒントに，その育成が求められる理由を自分なりに考察したい。

さらに資料集は，「主に文章や図，グラフから情報を読み解き理解する力」に関して，①発見・蓄積として「文章や資料を理解・評価しながら読む」，②分析・整理として「様々な情報を比較し，推論しながら取り出したことをまとめる」，③理解・再構築として「解釈した内容を経験や知識に結びつけて理解し，新たな情報を関連しながら創造していく」といった具合に，その力が発揮されるプロセスを説明している。

また，「主に他者とのやりとりから読み解き理解する力」についても，①発見・蓄積として「相手の言葉，しぐさ，表情をもとに相手の思いを感じ取る」，②分析・整理として「今までの経験に照らしながら，相手の意図や思いを正確に理解する」，③理解・再構築として「やりとりを通して，相手の意図や思いを取り入れたり，相違点を明らかにしたりしながら自分の考えを深め創造していく」との説明がなされている。

続いて，資料集は具体的な実践例が紹介されている。ただ，受験者のほとんどが，その実践例の記述を読んでいないと思われる。そこで，問題文で示されている「読み解く力」は，上記の2つの力を内容とすることや，その内容から上記中教審答申の記述等を思い出して，その実践をその場で考察することが求められたと考えられる。ただ，今後の参考になるので，資料集で紹介されている具体的な実践例には目を通しておきたい。

●作成のポイント

ここでは，序論・本論・まとめの構成で論述する例を挙げる。

序論は，「読み解く力」の育成が求められる理由を200字程度で論述したい。

本論は，「読み解く力」を育成するために，どのような取り組みを行うかを，300字程度で論述する。

まとめは，教職についたならば論述したことを必ず実践する旨を記述し，教職への熱意を採点者に100字程度で示したい。

【養護教諭，栄養教諭以外・1次試験】　35分

●テーマ

滋賀県公立学校教員人材育成基本方針(平成26年3月)では，教員に求められる力のひとつに，「学級経営力」を挙げています。あなたは，学級経営を通して，子どもたちにどのような力を身に付けさせたいと考えますか。600字以内で具体的に述べなさい。

●方針と分析

(方針)

「滋賀県公立学校教員人材育成基本方針」(以下「基本方針」と略す)で示されている「学級経営力」をふまえて，学級経営を通じて子どもたちに身に付けさせたい力を指摘した上で，その育成のための具体的な実践につき論述する。

(分析)

まず,「Ⅲ　めざす教員像と求められる力　1　滋賀県がめざす教員像」に，滋賀県が目指す教員像として「2　柔軟性と創造性を備え，専門的指導力を持っている人」が掲げられ，その説明のひとつとして「授業力，生徒指導力，学級経営力等の実践力を持つ人」が示されていることを指摘したい。

「2　教員に求められる力　(3)　学級経営力」の中で，この「学級経営力」について,「学級経営とは，担任が，学級で様々な活動を工夫し，実践することで，児童生徒の豊かな人間性や社会性を育てる教育活動」と説明する。その上で,「学級における望ましい人間関係や集団づくり，児童生徒による活動等を通して，お互いを思いやる心や自主・自律の精神など，社会の形成者として必要な資質を育むことが必要です」と説明する。そこで，学級経営を通じて子どもたちに身に付けさせたい力として，「お互いを思いやるこころ」，「自主・自律の精神」，「社会の形成者として必要な資質」やそれに類するものを取り上げた方がよいと思われる。

次に，こうした資質・能力を身に付けさせるためにどのような実践を行うかが問題になるが，この点で参考になるのは，「滋賀県教員のキャリアステージにおける人材育成指標【教諭】」の記載である。指標は，「学級経営・学級づくりについての知識や実践」という項目において「第Ⅰステージ(1年目～3年目　実践力形成期)」「第Ⅱステージ(4年目～15年目　成熟発展期)」双方につき，「児童生徒一人ひとりの理解と把握に努めるとともに，望ましい集団づくりのための指導ができる」，「児童生徒の学習活動がより効果的にできる，美しく，安全・安心を確保した教室環境の整備ができる」旨を指摘している。また「第Ⅰステージ」については「基本的な生活習慣を確立するための指導を適切に行うことができる」旨が，「第Ⅱステージ」については「児童生徒の社会性や自主性を育むため，学年行事等の企画ができる」旨が指摘されている。このような記述を参考にして，自分なりにその実践を考察したい。

●作成のポイント

ここでは，序論・本論・まとめの構成で論述する例を挙げる。

序論は，学級経営を通じて子どもたちに身に付けさせたい力を200字程度で論述する。

本論は，そうした力を身に付けさせるために，どのような実践を行うかにつき，300字程度で論述する。

まとめとして，記述したことを確実に実現できるように，「学級経営力」をより高めるための研鑽を続けていくことを100字程度で論述して，教職への熱意を採点者に示したい。

【養護教諭・1次試験】　35分

●テーマ

学校の管理下において児童生徒がけがをした場合，初期対応から事後処理までの養護教諭として講ずべき処置や判断について，あなたの考えを600字以内で述べなさい。

●方針と分析

(方針)

学校の管理において児童生徒がけがをした場合の，初期対応から事後処理までの養護教諭として講ずべき処置や判断につき，論述する。

(分析)

本問につき，まず思い浮かぶのは，救急処置の一連の流れを論述することである。ただ，「養護教諭として講ずべき処置や判断」が問われているので，救急処置の一般的な流れを記述するのみでは不十分で，あくまでその流れの中で，養護教諭がどのような行動等をとるべきかを論述すべきだと思われる。その論述にあたり留意しなければならないのは，一連の流れの中で養護教諭の専門性をいかに発揮するかであろう。

初期対応においては，けがをした児童生徒の生命身体を第一に考える旨をまず確認したい。その上で，教諭よりも養護教諭の方が応急手当等に詳しいので，率先してこれを行うべきことを指摘したい。その際，けがをした児童生徒の容態をよく観察し，①重傷度や緊急度の判断，②必要に応じた救急車の出動要請や学校医への連絡・相談，③管理職への報告，についても，養護教諭はその専門的な知識に基づき適切に判断し，また実施する旨を説明したい。

次に事後処理としては，事故発生の状況やその後の経過などの「記録」，校長等への「報告」「連絡」などが考えられ，また，この事故を踏まえた学校保健活動の見直しを図るということも考えられる。これは校長がリーダーシップをとってすすめることになるが，学校保健の専門家として養護教諭は，その専門性をフルに活用しつつ，その見直しにつき積極的に助言すべきと思われる。さらには，けがをした児童生徒に対して心理的なケアに関する働きかけも養護教諭が積極的に行うべきだろう。

●作成のポイント

ここでは，序論・本論・まとめの構成で論述する例を挙げる。

序論では，児童生徒がけがをした場合に，その処置等で養護教諭がどのような役割を果たすべきかを150字程度で論述する。

本論は，序論を踏まえ，初期対応から事後処理までの，各過程において，養護教諭はどのようなことを行い，またいかなることを判断すべきかにつき，350字程度で論述する。

最後に，まとめとして教職についたならば記述したことが確実に実行できるように，自分の専門性をより高めるための努力を続けることなどを記述して，教職への熱意を100字程度で論述したい。

【栄養教諭・1次試験】　35分

●テーマ

> 児童生徒が食生活に対する正しい知識と望ましい食習慣を身に付けることができるよう，あなたは栄養教諭として，具体的にどのように食に関する指導に取り組みますか。600字以内で述べなさい。

●方針と分析

(方針)

児童生徒が食生活に対する正しい知識と望ましい食習慣を身に付けることができるよう，栄養教諭として具体的にどのような食に関する指導に取り組むかにつき，論述する。
(参考)

本問で参考になる資料として，「滋賀県食育推進計画(第3次)」がある。この文書は，「県民一人ひとりが輝ける健やかな滋賀の実現～食で育む 元気でこころ豊かにくらす滋賀～」という基本理念が掲げられ，計画の目標達成に向けて，「健康」「環境」「協働」の 3 つの視点で食育を推進する旨が示されている。このうち「健康」についての視点については，「子どもから大人までの生涯にわたる食育の推進」として，「子どもの頃から食に関心を持ち，正しい知識や食を選ぶ判断力を身につけられるような食育を推進し，生涯にわたり健全な食生活を送ることをめざします」と説明されている。その具体的取組については，「家庭における食育推進」として，「早寝・早起き・朝ごはん」県民運動の推進や，家族そろっての食事の推進などが例として示されている。また，「学校，保育所等における食育推進」として，「地場産物を取り入れた学校給食の実施」や「体験活動の推進」等が例として示されている。

また，「食に関する指導の手引－第二次改訂版－」(平成31年3月)も参考になると思われる。「第1章　第6節　学校における食育の推進」の中で，「心身の健康(心身の成長や健康の保持増進の上で望ましい栄養や食事のとり方を理解し，自ら管理していく能力を身に付ける)」が食育の視点のひとつとして示されている。この視点につき，「生涯にわたって健全な食生活を実現することが，心身の健康の増進と豊かな人間形成に資するという視点である。そのために，望ましい栄養や食事のとり方を理解する必要がある。また，食事を規則正しく3食とるなど望ましい生活習慣を形成し，食の自己管理能力を身に付けることが，心身の健康にとって重要である」旨も説明されている。

また「食品を選択する能力(正しい知識・情報に基づいて，食品の品質及び安全性等について自ら判断できる能力を身に付ける)」も食育の視点のひとつとして示されている。この視点については，「正しい知識・情報に基づいて食品の品質及び安全等について自ら判断し，食品に含まれる栄養素や衛生に気を付けていくことが重要であるという視点である。正しい知識・情報とは，食品や料理の名前，形，品質や栄養素及び安全面，衛生面等に関する事項である。それらの情報について関心をもち，得た情報を整理・分析した上で，食品の適切な選択ができる能力が求められている」旨が説明されている。

さらには，それぞれの視点につき，「知識・技能」，「思考力・判断力・表現力等」，「学びに向かう力・人間性等」に分けて関連する資質・能力を説明している。

こうした記述を参考に，各自どのようなことに取り組むかにつき検討したい。

●作成のポイント

ここでは，序論・本論・まとめの構成で論述する例を挙げる。

序論は「食生活に対する正しい知識と望ましい食習慣を身に付けること」の重要性を100字程度で端的に説明したい。

本論は，序論をふまえて，どのような食に関する指導に取り組むかにつき，400字程度で論述する。

まとめとして，100字程度で，教職についたならば論述したことを確実に実践することなどを記述して，教職への熱意を採点者に示したい。

2020年度　論作文実施問題

【養護教諭，栄養教諭以外・1次試験】35分

●テーマ

第3期滋賀県教育振興基本計画では，柱1「子ども一人ひとりの個性を大切にし，生きる力を育む」の主な取組として，「基礎的・基本的な知識および技能の充実・定着」を挙げています。子どもたちの「基礎的・基本的な知識および技能の充実・定着」を図るために，あなたは，教員としてどのように取り組みますか。600字以内で具体的に述べなさい。

●方針と分析

(方針)

基礎的・基本的な知識および技能の充実・定着を図るために，受験者は教員としてどのように実践に取り組むのかを，具体的に説明する。

(分析)

第3期滋賀県教育振興計画では，柱1「子ども一人ひとりの個性を大切にし，生きる力を育む」ための取組としていくつかの事項が挙がっており，本問はその中の1つ「基礎的・基本的な知識および技能の充実・定着」である。これについて教員としてどのように取り組んでいくかを具体的に述べていかなければならない。

論述する際には，まず，新学習指導要領の求める教育の理念に基づいて考えることが土台となる。

この「基礎的・基本的な知識および技能」の確実な習得については，小学校・中学校・高等学校の学習指導要領(平成29年・30年改訂)の第1章　総則　第1章で述べられている。ここでは，習得した知識・技能を活用し課題解決に必要な思考力，判断力，表現力等を育むという段階的な育成が示されており，教員として取り組むことを述べる際には，具体的事例を挙げて，一人ひとりの児童生徒の成長を鑑みながら育成していくことに触れて述べることになる。

まず，社会の変化に伴い，子どもたちが身に付けるべきことは何か，何が必要であるのかを自分なりに示さなくてはならない。

次に，具体的な例として教科の学習について挙げる。つまずきによる学力格差が生まれやすい教科・学習において差ができないよう，内容の確実な習得を図るための基盤として，読み・書き・計算などが考えられる。これらは，思考力・判断力・表現力等を生かして観察・実験レポートを書いたり，教科横断的な課題解決型の授業を受けたりするための基礎をなすものとして非常に重要である。これらの習得には，放課後や長期休業等を活用して学習の補充・支援，繰り返し指導(反復学習)，スパイラルの学び(螺旋を描くようにすでに学習した内容に立ち返り反復しながら，なだらかに学習内容を進めていくイメージの学習の仕方)が有効とされる。自身の工夫など具体的内容を踏まえた教員としての取組を述べ，論文を作成する。

●作成のポイント

ここでは，序論・本論・結論の構成で論述する例を挙げる。

序論では，滋賀県教育振興計画の趣旨などを踏まえて，基礎的・基本的な知識および技能についての考えを述べる。文字数は100～150字程度を目安とする。

本論では，「繰り返し指導(反復学習)」や「スパイラルの学び」などの学習を踏まえ，言語能力や基礎計算力，つまずきやすい単元をどうやってフォローしていくのかを具体的に説明する。ここでは，漢字テスト，英単語，百マス計算などの機械的で単調，かつ根気の必要な暗記分野として敬遠されがちなものを，単なる反復ではなく，児童生徒に興味のもてる学習を意識して，速度，タイミング，リズムなどを取り入れたメニューに工夫するなどを述べる。また，つまずいたまま遅れてしまった児童生徒へのフォローについて，補足資料を配布する工夫などを述べるのもよい。文字数は300～400字程度を目安とする。

結論では，基礎的・基本的な知識および技能の確実な習得，さらに思考力・判断力・表現力等の育成を目指す展望を含め，教員として努力していくことを述べまとめる。文字数は100～150字程度とする。

【養護教諭，栄養教諭以外・1次試験】35分

●テーマ

「主体的・対話的で深い学び」の実現に向けた授業改善が求められていますが，あなたは，「主体的・対話的で深い学び」を実現するために，どのような授業を行いたいと考えていますか。600字以内で具体的に述べなさい。

●方針と分析

(方針)

主体的・対話的で深い学びの実現のために，どのような授業実践をしたいのかを600字以内で説明する。

(分析)

本問は，正解のない問題への課題対応力，他者と協力して問題解決に当たる力などを養成するアクティブ・ラーニングに関しての理解と考える。

まず，「幼稚園，小学校，中学校，高等学校及び特別支援学校の学習指導要領等の改善及び必要な方策等について(答申)(中教審第197号)」(平成28年12月21日　中央教育審議会)で，「平成26年11月の諮問において提示された「アクティブ・ラーニング」については，子供たちの「主体的・対話的で深い学び」を実現するために共有すべき授業改善の視点として，その位置付けを明確にすることとした。」と示されていることを押さえておくこと。

滋賀県では，第3期滋賀県教育振興基本計画の柱1「子ども一人ひとりの個性を大切にし，生きる力を育む」の「(1)　確かな学力を育む」ために，「主体的・対話的で深い学びの実現に向けた授業改善」が挙がっており，児童生徒に対して，自分の考えをもつ時間を確保し，目的を明確にした話し合い活動をすること，自分なりにまとめ・振り返りの時間を確保し再考することを重視する指導への取組が行われている。この取組から，児童生徒は，思考力・判断力・表現力等を生かした学習の楽しさを味わい，自ら考え，学力の向上に努めることができる。教員として，これらの取組を理解し，これに基づいて，自分なりの授業を構築し具現化することを具体例を挙げ論述することが重要である。

●作成のポイント

ここでは，序論・本論・結論の構成で論述する例を挙げる。

序論では，「主体的な学び」「対話的な学び」「深い学び」によって，知識の習得に留まらず，身に付けた知識によって何ができるようになったのかが大事であることについて，100～150字程度で述べる。

本論では，授業づくりについての具体的説明を，300～400字程度で述べる。ここでは自分の担当教科などを挙げて，話し合い活動などの授業を通して，振り返りや自分なりの考えを固めさせること，習熟度別授業を実施することなどを工夫として挙げる。

結論では，思考力・判断力・表現力等を育成し，児童生徒の確かな学力の向上につなげていく重要性とそれについて教員として尽力することを述べてまとめる。この部分は，100～150字程度で述べる。

【養護教員・1次試験】35分

●テーマ

滋賀県内の子どもの永久歯に関する状況として，「う歯(むし歯)率」の減少傾向があげられる。しかし，その一方で，う蝕多発傾向者や，歯肉の状態の悪化が深刻なケースも数多くみられるなど，自分自身の健康について考え，行動する力が身についていない実態もうかがえる。

すべての児童生徒が，歯の健康をはじめ，心身の健康の保持増進をめざし，主体的に考え，行動できる力を育むためには，どのような指導が必要か，あなたの考えを600字以内で述べよ。

●方針と分析

(方針)

すべての児童生徒が，歯の健康をはじめ，心身の健康の保持増進を目指し，主体的に考え，行動できる力を育むための指導について，養護教諭としてのどのように取り組むかを論述する。

(分析)

学齢期は，乳幼児期のように保護者等が中心となって健康を管理してくれている時代から，成人期の健康は自分自身で守り育てる時代への「移行期」にあたる。

健康そのものに対する興味や認識が低い子どもに病気の状態は理解できても，健康を理解することは極めて難しい。しかし，学齢期に健康観を育むことは生涯の健康づくりに大きく関係し，生活習慣病の素地が学齢期のころから始まっていることを考えると，学校での適切な学習や指導による健康観の育成と健康行動の確立は非常に重要となってくる。

このことから，鏡を見ることによって体の状態や変化を直接的に観察することができる歯や口は，極めて貴重な学習教材となりうる。歯垢が付着して発生した歯肉炎は，適切な歯みがきで短期間に改善する。放置すればむし歯になり治療が必要となる要観察歯も適切な歯みがきや間食の摂取などの生活習慣を改善することで進行を止めることができる。このような経験は，「自分の体は，自分で気を付けて大切にすれば応えてくれる」という極めて重要な実感を与えてくれるものである。学齢期に健康観を育むことは将来の健康増進に直結するのである。

例として，歯みがきの正しい方法の確認について保護者の力を借りる必要のある小学校低学年，自分で理解して示された方法を実践できる小学校中・高学年，心身の健康保持について学び，それに意義を見いだし習慣化していくことのできる学齢である中学生など，成長の過程に即した内容と指導をすることを提案する。その際，滋賀県の児童生徒の現状についての理解があれば，具体的に述べることができる。学齢期に健康観を育むことが大切で，それが将来の国民の健康増進に直結することなどは必ず述べておきたい。

文部科学省の学校歯科保健参考資料「『生きる力』をはぐくむ学校での歯・口の健康づくり」(平成23年)，滋賀県歯科保健計画　―歯つらつしが21(第5次)―，等の資料を参照しておくこと。

また，心身の健康の保持増進について，養護教諭から提示された考え方を基に主体的に学習していく取組ができる力を育成するために，養護教諭として児童生徒を個々に指導していくことも視野に入れ取り組むことも述べておきたい。

●作成のポイント

ここでは，序論・本論・結論の構成で論述する例を挙げる。

序論では，学齢期に健康観を育むことの重要性などについて述べる。文字数は100～150字程度とする。

本論では，鏡を見ることによって体の状態や変化を直接的に観察することができる歯や口は，極めて貴重な学習教材となることを述べる。また，口の健康が将来にどうつながるかについて具体例を挙げて児童生徒に伝えていく工夫などについて述べる。学校保健の流れにしたがって，歯科や健康についてのポスター等での呼びかけや保護者へのお知らせ，あるいは，放課後の指導など自分なりの工夫を挙げることも必要である。「自分の体は，自分で気を付けて，大切にすれば応えてくれる」という極めて重要な実感を与える契機を意図的に提供するのが養護教諭の役割であることなどを述べてみよう。文字数は300～400字程度とする。

結論では，学齢期に健康観を育むことが重要で，ひいては将来の健康増進に直結することを述べ，児童生徒が健康について，主体的に考え行動できる力を育むために養護教諭として尽力することを述べまとめる。文字数は100～150字程度とする。

【栄養教員・1次試験】35分

●テーマ

学校において食育を推進していくことが求められています。児童生徒が食に関する理解を深め，日常の生活で望ましい食習慣を形成していくために，栄養教員として具体的にどのような取組を進めますか。600字以内で述べなさい。

●方針と分析

(方針)

児童生徒が食への理解を深め，日常生活の中で望ましい食習慣を形成するために，栄養教員として必要な取組について，600字以内で説明する。

(分析)

第3期滋賀県教育振興基本計画の柱1「子ども一人ひとりの個性を大切にし，生きる力を育む」の「(3)　健やかな体を育む」に「食育の推進」が挙げられている。

近年，冷凍食品の普及をはじめ，ファストフードやコンビニエンスストアの普及により，児童生徒には，豊かな食生活を送る条件が整っているように見える。しかし，高カロリーのメニューへの偏り，朝食の欠食，孤食化など食生活の乱れ，肥満・生活習慣病の増加，食品添加物の多い食物の摂取がもたらすリスクへの認識の欠如がみられ，児童生徒が大人になってから，それらの要因が心身に悪影響をもたらすことが懸念されている。また，豊かになった現代の食は，資源の大量消費・大量破棄を伴い，さらには安価な外国産の輸入食材への依存もあって，自然環境にはかりしれない負荷をあたえるようになった。

前述の資料の「食育の推進」には，「安全・安心で栄養バランスのとれた豊かな食事を提供するとともに，学校給食の献立に教科等で扱う教材・食材や地場産物を活用したり，地域の郷土食や行事食を提供したりする等，学校給食を『生きた教材』とした食育を進めます。」と示されていることから，食材は県内および近郊で調達するなどの考え方を基本にすることが好ましいであろう。また，公立小・中学校の学校菜園等を活用した取組「エディブル・スクールヤード」(食育菜園)なども行っていることも確認しておくこと(滋賀県教育委員会HP，食育，参照)。栄養教諭は，子どもたちに関心の高い給食を通じて，前述の点を教えていくのに重要な役目を担っている。

●作成のポイント

ここでは，序論・本論・結論の構成で論述する例を挙げる。

序論では，米食，野菜，肉・魚などを含む和食の一汁三菜を基本とする食事スタイルが理想的な栄養バランスといわれていることを，児童生徒が具体的にイメージできるようにすることを述べる。文字数は100～150字程度とする。

本論では，食に関する指導としての食育と，給食の管理の視点で考えることを要求されている点をフォローしたい。一例として，冷凍食品やファストフードで提供される食事の多くは，生産過程で大量の天然資源を消費するため，自然環境にはかりしれない負荷をあたえる現実にもふれたい。その上で，滋賀県の伝統的な食文化の継承は，健康的な食生活の確立と持続可能な環境をつくっていくことを可能にするものである点を述べる。県内だけではなく，隣接する県にも視野を広げ，環境に配慮した生産活動に努力する農林水産業者との協働を提案してもよい。文字数は，300～400字程度とする。

結論では，健康的な食生活の確立と持続可能な環境をつくっていくという視点から，児童生徒の食育に尽力する決意を述べる。文字数は100～150字程度とする。

2019年度　論作文実施問題

【養護教諭，栄養教諭以外・1次試験】　35分

●テーマ

本県が求める教員像のひとつに，「教育者としての使命感と責任感，教育的愛情を持っている人」があります。あなたが考える「教育的愛情」とはどのようなものですか。あなた自身のこれまでの体験や教員を目指そうとする動機等をまじえて，600字以内で具体的に述べなさい。

●方針と分析

(方針)

最初に，自らが考える「教育的愛情」の意義を自分の経験や教員を目指そうとする動機等を踏まえて，そして児童生徒に「教育的愛情」を注ぐためにどのようなことに留意するかについても論述する。

(分析)

まず「教育的愛情」の意味について理解しておく必要があるだろう。「滋賀県公立学校教員 人材育成基本方針」では，教育的愛情に関連するものとして「温かいまなざしで子どもたちの成長を見守ることができる」とある。一方，「滋賀県教員のキャリアステージにおける人材育成指標」教諭版の育成指標には教育的愛情と関連するものとして「公平で受容的な態度で児童生徒に接することの重要性を理解している」「児童生徒理解に基づいた指導の大切さを認識している」があげられるだろう。ここにある児童生徒理解は，生徒指導の基盤をなすものとして位置づけられている。以上のことを踏まえて，自分なりの「教育的愛情」の定義と実践方法を考えるとよい。

●作成のポイント

論文の形式はいくつかあるが，ここでは「序論・本論・結論」で一例を考えたい。
序論は自身が考える「教育的愛情」の定義を示す。全体で600字という非常に短い論文なので，はじめに「いいたいこと」を論じる形式が適切と思われる。文字数は200字を目安とする。

本論では序論で述べたことを受け，なぜそう考えるのかを自分の経験や目指そうとする動機等を踏まえて論じる。ここでは自身の体験，志望動機が示されているが，「教育的愛情」にまつわる内容であれば，字数の許す限り取り入れ，整理することも考えたほうがよい。文字数は300字を目安とする。

最後に，まとめとして，教職についたならば論述したとおりに児童生徒に教育的愛情を注ぐことを記述して，教職に対する熱意を100字程度で示したい。

【養護教諭・1次試験】　35分

●テーマ

多様化・複雑化した児童生徒の心身の健康問題解決に向けて，養護教員の役割がこれまで以上に期待されています。養護教諭として，健康問題解決に向け教職員が連携して取り組むために，どのように情報共有し，組織的に対応すべきか，あなたの考えを600字以内で述べなさい。

●方針と分析

(方針)

児童生徒の心身の健康問題解決に向け教職員が連携して取り組むための「情報共有」と「組織的対応」につき自らの考えを論述する。

(分析)

問題文にあるように，児童生徒の心身の健康問題は多様化・複雑化している。そこで，その問題を教職員がひとりで抱え込むようではその解決が困難であり，教職員等が連携して対応する必要がある。本問はその連携につき，「情報共有」と「組織的対応」につき考察することが求められている。ここでは「情報共有」について述べることにする。「情報共有」は，それ自体が重要であるだけでなく，「組織的対応」の前提となるものだからである。

「現代的健康課題を抱える子供たちへの支援～養護教諭の役割を中心として～」(文部科学省)では「対象者の把握」体制整備の方法について，養護教諭は管理職や担任等に対して「気になる児童生徒の学級での様子について聞く」「医学的な情報や現代的な健康課題の傾向等を的確に伝える。特に，日常の健康観察のポイントや，危機発生時は児童生徒が異なったサインを出すことなどを周知する」，また，「気付く・報告・対応」について，養護教諭は「保健室だけにとどまらず，校内を見回ることや部活動等での児童生徒の様子や声かけなどを通して，日頃の状況などを把握するよう努める」「児童生徒や保護者の変化に気付いたら，管理職や学級担任等に報告・連絡・相談するとともに，他の教職員や児童生徒，保護者，学校医等からの情報も収集する」「児童生徒の健康課題に速やかに対応するとともに，児童生徒の状況の変化を丁寧に把握する」と，日頃からの意思疎通の重要性を示している。

組織的な対応を行うためには記録を残し，情報を共有することが重要であるが，その前段階では口頭でもよいので，メンバー同士が進んで意思疎通を図る姿勢が必要になる。その際，養護教諭はコーディネーター的な役割も求められるだろう。以上のことを踏まえて，論文内容を考えるとよい。

●作成のポイント

論文の形式はいくつかあるが，ここでは「序論・本論・結論」で一例を考えたい。

序論は情報共有における方法の概要を示す。文字数は150字を目安とする。

本論では，序論の内容を受け，その具体策を示す。文字数は350字を目安とする。

結論では，これまでの内容のまとめとして論述したことを必ず実践するなどを記述して，教職に対する自分の熱意を示したい。文字数は100字を目安とする。

【栄養教諭・1次試験】 35分

●テーマ

学校における食育の推進を図る観点から，学校給食を活用し，食に関する指導をする必要があります。栄養教員として，学校給食を活用した食育指導を行うために，具体的にどのように取り組みますか。600字以内で述べなさい。

●方針と分析

(方針)

学校給食を活用した食育指導を行うため，栄養教員としてどのように取り組むかを論述する。

(分析)

ここでは，「食に関する指導の手引き」(文部科学省)や滋賀県の食育推進計画を踏まえて考えること。例えば，前者では「第4章 学校給食を生きた教材として活用した食育の推進」に，栄養教諭の役割として「学級担任との連携により，意図的に各教科等の指導内容と関連した献立作成を行うこと」「献立のねらいを明確にした献立計画を示すこと等，学級担任等が教科等において学校給食を教材として活用しやすいよう配慮した取組を行うこと」「学級担任，教科担任，養護教諭等と十分連携を図り，学校の教育活動における様々な情報等を献立作成に反映させること」が示されている。

一方，後者では食育は「健康」「環境」「協働」の観点から推進するとしており，特に，学校等の食育の推進では「栽培活動や食に関する様々な体験，給食の時間における楽しい食事や給食当番活動などを通して，子ども同士や，教職員，保育士等と子どもたちが心を通わせることにより，豊かな心や望ましい人間関係を築き，地域の食文化に触れ，郷土への関心を深められるようにします」といったことが示されている。

食育は地域性を考慮する必要があるため，滋賀県の食育推進計画を主体に考え，必要に応じて「食に関する指導の手引き」等で補足するといった考えが適切だろう。

●作成のポイント

論文の形式はいくつかあるが，ここでは「序論・本論・結論」で一例を考えたい。

序論は取り組むことについて，その概要を示す。文字数は100字を目安とする。

本論では，序論で述べた内容の詳細を述べる。滋賀県の食育推進計画には関係機関や団体などの連携・協力も示されているので，どのような団体と協力するのかといった内容があれば，効果的になるだろう。文字数は400字を目安とする。

結論では論述したことを踏まえ，教職に対する自分の熱意を示したい。文字数は100字を目安とする。

2018年度　論作文実施問題

【養護教諭，栄養教諭以外・1次試験】

●テーマ

新しい学習指導要領の姿を示した中央教育審議会答申(平成28年12月21日)では，知識の理解の質を高め資質・能力を育む「主体的・対話的で深い学び」を実現することが求められています。あなたは，なぜ今このような学びを実現することが求められていると考えますか。また，このような学びを実現するために，教員としてどのように取り組みますか。具体例を示しながら600字以内で述べなさい。

●方針と分析

(方針)

「主体的・対話的で深い学び」の実現が求められている背景について自身の考えを述べる。背景にある課題を踏まえ，その後，実際に取り組んでいきたいことを述べ，最後に教員としての決意を書いて文章を仕上げる。

(分析)

文部科学省が示している新学習指導要領「改訂のポイント」では，「主体的・対話的で深い学び」ついて以下のように説明している。「知・徳・対にわたる『生きる力』を子供たちに育むため，『何のために学ぶのか』という学習の意義を，共有しながら，授業の創意工夫や教科書等の教材の改善を引き出していけるよう，全ての教科等を，①知識及び技能，②思考力・判断力・表現力等，③学びに向かう力・人間性等の三つの柱で再整理」すると書かれている。ここで考えられるのは，一方的な知識を与えるだけではなく，それを児童生徒が活用できるようにしなければならないのである。そして，そこで終わらせるのではなく，そこから次のステップに進められるような思考力も身につけさせなければいけないのである。例えば，歴史であるなら，知識→資料などで調べる，だけで終わらせるのではなく，「過去の事実を踏まえて，未来のことを考える」という態度を養う必要があるのである。この一連の流れができるようにするために，教員はどのようなことをしなければならないのかを考えてみるとよい。

●作成のポイント

序論・本論・結論の3段落構成で論じるとよい。ここで注意しなければならないのは。3つの段落は関連がなければならないということである。自分が書いていることが，前後の段落とつながっているかをしっかりと考えながら書き進めるとよい。

序論では，「主体的・対話的で深い学び」に関する自分の意見を述べる。なぜそのような学びが必要なのか，児童生徒を取り巻く環境をあわせて書くと相手に伝わりやすい文章になるであろう。全体で600字以内なので，簡潔に50～100字程度で書く。

本論では，序論で述べた自身の考えをもとにして，実際に取り組んでいきたいことを述べる。一方的な知識の提供だけではよくないということは事実である。もちろん，知らないことを教わるのだから，知識を与えるのは必要である。しかし，それをもとにして，新しいことに児童生徒自身が取り組んでいけるように活用しなければならないのである。そのためにどのような取り組みを行っていくかを考えなければならない。インターネットを活用することも大切であるし，発表の場を設けることも大切である。その際，皆が発表できる環境づくりもあわせて行っていくことは言うまでもない。様々な視点が考えられるが，字数の制約もあるので，数点に絞って書くとよいだろう。字数は400～450字程度が理想的である。

結論では，今までの内容をまとめ，教員としての決意を書いて仕上げる。簡潔にまとめることを意識しなければならない。字数は50～100字程度におさめる。

【養護教諭・1次試験】

●テーマ

児童生徒の身体的不調の背景には，いじめや不登校，虐待などの問題が関わっていることがあります。養護教員は，そのサインにいち早く気付くことができる立場であり，児童生徒の健康相談において重要な役割を担っています。 あなたは，養護教員として，不登校についてどのような取組を行いますか。他の教職員との連携をふまえ，あなたの考えを600字以内で述べなさい。

●方針と分析

(方針)

(方針)

不登校に対する自身の考えを述べ，その考えをもとにして実際に取り組んでいきたいことを論じる。児童生徒を取り巻く環境，登校できなくなってしまう原因なども論じることも大切である。最後に養護教諭としての決意を書くことも重要である。

(分析)

「不登校児童生徒への支援の在り方について(通知)」(平成28年9月14日，文部科学省)では，「学校等の取組の充実」について5項目に大別してまとめている。そのうち，本問の解答にあたっては「「児童生徒理解・教育支援シート」を活用した組織的・計画的支援」の項目が特に重要である。同通知には「個々の児童生徒ごとに不登校になったきっかけや継続理由を的確に把握し，その児童生徒に合った支援策を策定することが重要であること。その際，学級担任，養護教諭，スクールカウンセラー，スクールソーシャルワーカー等の学校関係者が中心となり，児童生徒や保護者と話し合うなどして，「児童生徒理解・教育支援シート(試案)」を作成することが望ましいこと。」とある。出題文に「他の教職員との連携をふまえ」るとあるので，例えば，同シートの作成をはじめとした情報共有について述べるなどして解答を作成しよう。

また上記の「児童生徒理解・教育支援シート(試案)」は主に不登校になった児童生徒の対応である。別のアプローチとしては，「不登校の未然防止」について掘り下げるなどしてもよいだろう。同通知2(2)「不登校が生じないような学校づくり」中の記述などを参考に，養護教諭として取り組みたいことをまとめよう。

どのようなアプローチをするにせよ，不登校についての対策は児童生徒の置かれている環境に問題がある場合など，個の力では解決できない場合も多い。養護教諭として中心的に動くことは当然であるが，学校全体で動くためにはどのようにしたらいいのかを考えて執筆したい。

なお試験実施日以降に公表された資料だが，滋賀県教育委員会は平成30年3月に「学校教員向け　不登校児童生徒への対応について」を発表している。是非一読しておきたい。

●作成のポイント

序論・本論・結論の3段落構成で論じるとよい。字数が600字と限られているので，述べたいことは厳選して端的に述べることと，前後の段落とのつながりを意識しながら書き進めるとよい。

序論では，「不登校」に関する自分の意見を述べる。児童生徒を取り巻く環境をあわせて書くと相手に伝わりやすい文章になるであろう。全体で600字以内なので，50～100字で簡潔に書くことが重要である。

本論では，序論で述べた自身の考えをもとにして，実際に取り組んでいきたいことを述べる。「他の教職員の連携をふまえ」とあるので，学校全体でどのように取り組みたいのかをまず書く。その上で，その理想を実現させるために養護教諭としてどのように働きたいのか執筆する。字数は400～450字程度にまとめる。

結論では，今までの内容をまとめ，養護教員としての決意を書いて仕上げる。字数は50字～100字を目安にする。

【栄養教諭・1次試験】

●テーマ

児童生徒が生涯にわたって健康的な生活を送るために，栄養教員が中核となって食育を推進することが求められています。 あなたは，栄養教員として，食に関する指導を学校給食を通じてどのように行いますか。学級担任との連携をふまえ，具体的な指導の場面を示しながら600字以内で述べなさい。

●方針と分析

(方針)

学校給食を通じて「食に関する指導」について，自身の意見を論じるところから始める。その後，その考えを実行するための具体的な取り組みを述べる。適宜，児童生徒を取り巻く食の環境について論じることも大切である。

(分析)

「第2期滋賀県教育振興基本計画」(平成26年9月，滋賀県教育委員会)第4章柱1　3(2)では，「健全な心身を育む食育の推進と生活習慣の向上」に関する取組を3点挙げている。たとえば，「各教科等の指導計画や子どもの実態を踏まえた食に関する指導の全体計画等の作成」，「PTA行事とタイアップした講習会の開催等による家庭・地域への啓発」や「学校給食に地場産物を活用することで，地域の生産者への感謝の気持ちと食への愛着心を育む」ことなどが挙げられている。これらの施策を意識して作成することが無難だろう。

また滋賀県では「湖っ子食育大賞」という取組を行っていることも

押さえておきたい。これは県教育委員会が，学校の特色を生かした成果のある食育の取組に対して「湖っ子食育大賞」を募集・表彰しているものである。過去どのような取組が評価されているのか，ぜひ目を通しておきたい。

なお,「滋賀県食育推進計画(第2次)」(平成25年，滋賀県)では，滋賀県の学校給食における地産地消の推進の目標値を28％としていた。適宜このような統計的数値に言及することで，より説得力のある論文が執筆できるだろう。

●作成のポイント

序論・本論・結論の3段落構成で論じるとよい。ここで注意しなければならないのは。3つの段落は関連がなければならないということである。自分が書いていることが，前後の段落とつながっているかをしっかりと考えながら書き進めるとよい。

序論では,「食に関する指導」について自分の意見を述べる。児童生徒を取り巻く環境をあわせて書くと相手に伝わりやすい文章になるであろう。全体で600字以内なので，50～100字で簡潔に書くことが重要である。

本論では，序論で述べた自身の考えをもとにして，実際に取り組んでいきたいことを述べる。「好き嫌いをなくす」,「栄養についてしっかりと考えることができる」，このようなことに取り組むためには，実際にどのようなことをしていけばよいか考えてみるとよい。「学級担任との連携をふまえ」とあるので，学校給食を通じて行う指導を，専門教科や特別活動，総合的な学習の時間の内容と結びつけていくことを意識したい。字数は400～450字程度でまとめる。

結論では，今までの内容を50～100字にまとめ，栄養教員としての決意を書いて仕上げる。

2017年度　論作文実施問題

【養護教諭，栄養教諭以外・1次試験】

●テーマ

「滋賀県公立学校教員人材育成基本方針(平成26年3月)で，教員に求められる力として，「授業力」，「生徒指導力」，「学級経営力」，「組織対応力」の4つがあげられています。この中の「組織対応力」について，あなたは，なぜこの力が必要だと思いますか。また，この力を身につけるために，どのように取り組みますか。具体例を示しながら600字以内で述べなさい。

●方針と分析

(方針)

滋賀県で教員に求められる力の一つに「組織対応力」があるが，この力が必要な理由とこの力を身につけるための取り組みについて述べる。

(分析)

まず，「組織対応力」とは何かについて理解する必要がある。「組織対応力」は滋賀県独特の言い回しといってよく，本資料では「コミュニケーション力や連携力，組織貢献力など」としている。そして，組織貢献力について，東京都教育委員会では「組織の一員として校務に積極的に参画する力」と定義している。

本資料によると，学校が抱えるさまざまな問題に対して，教員が個々に取り組むだけでなく，組織で対応する必要がある。そのためには教員自身が組織の一員であることを自覚し，進んで同僚と連携して対応することが必要とされている。以上を踏まえ，自身の課題と組織対応力に関連する事項をまとめればよいだろう。

●作成のポイント

論文なので序論，本論，結論の3つに分けて考えたい。

序論では「組織対応力」の定義と必要である理由を述べる。分析では組織対応力について，学校が抱える問題の面から述べたが，滋賀県教育振興基本計画にある「安全・安心な学校・地域をつくる」という面からも組織対応力は欠かせない。さまざまな面があるので，本論との関連を意識しながらまとめるとよいだろう。文字数は200字を目安とする。

本論ではこの力を身につけるための取り組みを述べる。その際，自己分析を行い，組織対応力に関する能力を長所と短所にまとめておく。取り組みでは短所を克服するのか，長所をさらに伸ばすのかを検討する必要があるが，一般的には短所を克服するほうが無難といえよう。文字数は300字を目安にする。文字数が限られているので，文章が冗長にならないよう気をつけること。

結論ではこれまでの内容を踏まえ，自己研鑽に励むといったことを述べる。文字数は100字を目安にするとよい。

【養護教諭・1次試験】

●テーマ

小学校入学予定の児童の保護者より，「食物アレルギーがあるため，学校で適切な対応をしてほしい。どのように対応してもらえるのか。」と相談がありました。あなたは，養護教員としてこの保護者に対してどのように対応しますか。保護者との面談で確認すべき内容，日常におけるアレルギー対応の実施について，これから準備すべき内容をふまえ，あなたの考えを600字以内で述べなさい。

●方針と分析

(方針)

小学校入学予定で食物アレルギーをもつ児童の保護者より，食物アレルギーにおける学校での対応法について相談があった。「保護者との面談で確認すべき内容」「日常におけるアレルギー対応の実施について，これから準備すべき内容」を踏まえ，600字以内でまとめる。

(分析)

問題のポイントとしては，①保護者は相談に来ている，②「児童は食物アレルギーを有する」としかわかっていない，③「保護者との面談で確認すべき内容」「日常におけるアレルギー対応の実施」について，これから準備すべき内容の2点を踏まえて回答する，ことがあげられる。つまり，学校におけるアレルギー対策の概要を600字以内でまとめればよいことがわかる。

まず，食物アレルギーで確認したいことは，場合によっては生命に関わるものであり，治療法はないこと。唯一の対処法は，原因となる食物を摂取しないことである。学校生活において常に注意を要する活動としては給食，家庭科など食物・食材を扱う活動，宿泊を伴う校外活動だが，本問の場合，校外活動は除外して考えてよいだろう。

「学校のアレルギー疾患に対する取り組みガイドライン」(日本学校保健会，以下本書)の「取り組み実施までの流れ(モデル例)」によると，大まかな流れとしては，保護者へ学校生活管理指導表の配布等による食物アレルギーに関する具体的内容の把握，アレルギーに対する取り組み計画の提示等による保護者や医療機関との連携体制づくり，教職員の共通理解があげられている。ここでは周囲の児童に理解を得ることは示されていないが，検討する必要があると思われる。児童のプライバシーやアレルギーを契機とするいじめの問題があるが，牛乳が皮膚に微量ついただけでもアレルギー症状を引き起こす事例が本書でも紹介されている。また，給食中にふざけて，周囲の児童が禁忌の食物を口に入れてしまうことも考えられる。メリット・デメリットを考慮した上で判断すべきであろう。

なお，③の「保護者との面談で確認すべき内容」については，提出された学校生活管理指導表の内容をもとに行われるが，まず緊急時の連携体制を確認しておきたい。例えば，緊急時の電話番号について，一般的には携帯電話だろうが，携帯電話の置き忘れや紛失の可能性もある。その場合，勤務先に連絡を入れるといったことも考えられる。管理指導表ではわからない部分をイメージして考えるとよい。

●作成のポイント

論文なので序論，本論，結論の3つに分けて考えたい。

序論では食物アレルギーの特質などから，学校ではどう取り組むかについて述べる。具体的内容は本論で示すので，本書の取り組み実施までの流れを参考に概要を述べる程度でよい。字数は150字を目安とする。

本論では概要の中でポイントとなる部分を詳しく述べる。学校の中でも栄養教諭や給食関係の職員との連携も重要であることを踏まえて述べるとよいだろう。字数は350字を目安とする。

結論では養護教諭という専門的立場からアレルギー対策にどう取り組むかを述べる。序論・本論の内容を踏まえること。字数は100字を目安とする。本問では知識が中心になるので，他の論文と比較して自身の思いや熱意などをアピールするところが少ない。したがって，結論で熱意などをしっかり示して論文を締めたい。

【栄養教諭・1次試験】

●テーマ

我が国は，四季折々の食材が豊富で，地域の農林水産業とも密接に関わった多様な食文化を築いてきました。しかし，近年，グローバル化や流通技術の進歩，生活様式の多様化等により，優れた伝統的な食文化が十分に継承されず，その特色が失われつつあります。

あなたは，栄養教員として，日本の食文化の継承のため，どのような食育に取り組みますか。600字以内で述べなさい。

●方針と分析

(方針)

日本は四季折々の食材が豊富で，地域の農林水産業とも密接に関わった多様な食文化があるが，グローバル化等によって日本の食文化が失われつつある。このような現状を踏まえ，栄養教諭として日本の食文化継承のため，どのような食育に取り組むか述べる。

(分析)

食を生きるための栄養補給としてだけみると，グローバル化や食の科学化などによって，種類が豊富で代替も容易である。しかし，日本において食は栄養補給だけでなく，国や地域の特性を反映する場，礼儀作法を学ぶ場など，いろいろな機能がある。例えば，問題にあるように食材の旬を感じることは，季節感をもつことにつながる，といったことがあげられる。このような，日本の食文化はユネスコ無形文化遺産に登録されており，世界からも注目されている。

食育のテーマ・指導法はいろいろ考えられ，一例として特別活動などで現代社会の健康問題であるメタボリックシンドロームの原因を考えたり，和食と洋食を比較して和食のよい点を示したりすることがあげられる。資料も文部科学省，農林水産省などから数多く公表されているので，自身のテーマに合ったものを参照するとよい。本課題を考えるのに適当な資料の一つとして「和食 日本人の伝統的な食文化」(農林水産省)があげられる。参照するとよいだろう。

●作成のポイント

論文なので序論，本論，結論の3つに分けて考えたい。

序論では食文化伝承の必要性と現代の食文化について，簡単にまとめる。問題で示されている食文化の特色が失われつつあるという危機的状況を受けて，文章を展開するのもよいだろう。文字数は150字を目安とする。

本論では序論の内容を受け，取り組み方法について述べる。内容は広範だが文字数が限られているので，具体的に述べるのは困難かもしれない。その場合，少なくとも方向性は明確にしておきたい。字数は350字を目安とする。

最後に序論・本論の内容を踏まえ，学校で食育を行う際の心構えを述べて，結論としたい。文字数は100字程度を目安にするとよい。

2016年度　論作文実施問題

【小学校・中学校・高等学校・特別支援学校教諭・1次試験】　35分

●テーマ

児童生徒に対して，教育にとって大切なことを伝えることが重要であり，その際，自身の成長に大きく影響を与えた失敗談や苦労したこと，困難を乗り切った経験を話すことが，子どもによい影響を与えるものです。
あなたが教師になったとき，自分のどのような経験を話しますか。また，そのことにより，児童生徒をどのように成長させ導こうと考えますか。600字以内で述べなさい。

●方針と分析

(方針)

教育にとって大切なことを児童生徒に伝えるために，自身のどのような経験を話し，児童生徒をどのように成長させ導こうとするかを論じる。

(分析)

失敗というのは，なるべくならしたくないものであるが，失敗から得られるものがあるというのも事実である。また，してはならない失敗というものも存在する。このように失敗は様々なとらえ方があるが，子どもたちはそこまで理解しているとは考えにくい。よって，教師は失敗にもいろいろあるということを，具体例をあげて説明する必要がある。これは，苦労話にしても同様である。困難を乗り切った経験については，単なる自慢話に終わらないように気を付けなければならない。指導の一環で話すのであるから，子どもたちの成長に役立つ話でなければならないからである。子どもたちに話す前に，自分自身で，これは子どもたちの成長の助けになる話であるかどうかを考えてみることは重要である。子どもたちは教師の話を聞き，大切なことをしっかりと受けとめ，さらにそこから，行ったことから何かを得るために，考えることの重要性に気がついてくれたら，その話は成功したと考えていいだろう。児童生徒をどのように成長させ導くかという点については，第2期滋賀県教育振興基本計画で示される，滋賀県の教育の大きな使命，あるいは滋賀県が目指す教育の姿・人間像を念頭に置いておきたい。

●作成のポイント

序論・本論・結論の3段構成でまとめるとよい。字数制限があるので，考えを絞って書かないとまとまりのない論述となってしまうので注意が必要である。

序論では，自身の考えを述べる。今回は，「影響を与えた失敗談や苦労したこと，困難を乗り切った経験」を話すことに関する自分の考えを書くことが中心になる。大切なことを伝えるには，何か強調して話す必要があるが，それが，体験談の方だけが心に残ってしまっては意味がない。あくまで大切なことを伝えるための補助手段であるということを忘れてはならない。

本論では，実際に取り組んでいくことを述べる。「どのような経験を話しますか」という部分が該当する。話すテーマは教師の個性が出ると思われるが，共通していえることは，それぞれの学年やクラスの雰囲気にあったものでなければならないということだ。体験談が硬すぎても聞いてくれないが，ただの面白い話だと，面白かったという記憶しか残らなくなる。適宜伝えたいことを絡めながら，クラスの雰囲気に合った話を考えてほしい。

結論では今までの内容を簡潔にまとめ，教師としての決意を書いて仕上げるとよい。重要なことを伝えることは意外と難しい。それは，子どもたちのほうでそう思っていないことが多いからである。気付かせるためにどのようなことを話せばよいのか，どういう姿勢で教師は話せばよいのかを決意の形で述べると，読みやすくなると考えられる。

【養護教諭・1次試験】　35分

●テーマ

心因性が疑われる不調を訴えて保健室に来室する児童生徒が増えています。あなたは，養護教員として保健室経営計画の重点目標をどのように設定し，目標達成のためにどのような具体的方策を立てて改善を図りますか。保健室経営計画作成の手順をふまえ，600字以内で述べなさい。

●方針と分析

(方針)

児童生徒の心の問題を背景とする課題をふまえて，保健室経営計画の作成と実施にどのように取り組むかを論述する。

(分析)

保健室経営計画を作成する際，学校教育目標や学校保健目標を前提に，今日における児童生徒の健康課題を踏まえながら作成する必要がある。また，具体的方策を立てるには保健管理，保健教育，健康相談，保健室経営，保険組織活動などに分けるとよいとされている。本問では心因性が疑われる不調を訴える児童生徒の増加が健康課題となっており，健康相談や保健教育に深く関わる事項と思われる。

そもそも養護教諭に求められる役割として平成20年1月の中教審答申では，子どもの心身の健康問題の早期対応，早期発見があげられている。また，学校保健安全法第9条には「養護教諭その他の職員は，(中略)児童生徒等の心身の状況を把握し，健康上の問題があると認めるときは，遅滞なく，当該児童生徒等に対して必要な指導を行うものとする」とある。したがって，児童生徒の健康相談を充実させるとともに，不調の原因について情報を分析し，他の教職員と連携して，その対応が図られることが求められるだろう。さらに，不調の原因に傾向がある場合は，特別活動における保健指導を活用することも効果的な方法だろう。

●作成のポイント

序論・本論・結論の3段構成で論じるとよい。あまり詳しく書くとまとまりのない文章になるおそれがあるので，どのようなことを書きたいかをまとめてから書き始めるとよい。大事なのは，冒頭の「心因性が疑われる」という文言にとらわれて，児童生徒の心の問題を中心に論じてしまわないようにすることである。本問の主眼は，保健室経営計画作成の手順への理解度や，その実践にあたって，養護教諭としての役割をおさえているか，児童生徒への適切な配慮ができるか，広い視野をもって他の教職員や関係機関等と連携を図れるか，といった点を図ることにある。

序論では，心因性が疑われる不調を訴えて保健室に来室する児童生徒の増加という課題からどのような重点目標を立て，保健室経営目標を設定するかを述べる。本論で述べる，課題改善のための具体的方策と関連するように自分の考えをまとめておく必要がある。

本論では序論をふまえて，見い出した課題から設定した保健室経営目標達成のための具体的方策を論じる。ここは，保健教育や健康相談に関する取組事項を中心に，PDCAサイクルに沿ってまとめればよいだろう。

結論では，今までの内容を簡潔にまとめ，養護教諭としてどのような決意を持って，保健室経営計画の作成と実践にあたっていくかを書いて仕上げるとよい。

【栄養教諭・1次試験】　35分

●テーマ

子どもたちが豊かな人間性をはぐくみ，生きる力を身につけていくためには，生きる上での基本として，食育を大切にすることが求められています。
学校給食において児童生徒が望ましい食習慣を形成するために，栄養教員としてどのように取り組みますか。600字以内で述べなさい。

●方針と分析

(方針)

学校給食において児童生徒が望ましい食習慣を形成するため，どのような食育に取り組むかを具体的に論述する。

(分析)

「滋賀県食育推進計画(第2次)」(平成25年3月)では，学校給食の役割を「学校，保育所等における給食は，生きた教材であり，地場産物を活用しながら，栄養教諭，調理員等が家庭や地域と連携し，子どもの食生活と健康との関わりや食事のマナー，さらに食への感謝の気持ちを育んでいきます」としている。そして学校における食育推進の具体的取り組みとして，毎月1回の「食育の日」の取組推進，地場産物を取り入れた学校給食の実施，食に関する指導と関連させた農林漁業体験活動の推進などをあげている。以上のことから，滋賀県の推進する食育では，子どもたちの体験を通じた食育を重視していることがわかる。栄養教諭の指導も，同計画が掲げる「健康」「環境」「協働」の3つの重点的な視点を生かすことが求められる。具体例としては，学校給食を教材として，社会科や家庭科等の学習との連携を図るなどの取り組みを進めることなどがあげられるだろう。

●作成のポイント

序論・本論・結論の3段構成で論じるとよい。あまり詳しく書くとまとまりのない文章になるおそれがあるので，どのようなことを書きたいかをまとめてから書き始めるとよい。

序論では，課題に対する自身の考えを述べる。ここでは，前述の計画で掲げる基本理念「食で育む元気でこころ豊かにくらす“おうみ”」のめざす3つの姿「食を通して生きる力を育む」「食を通して健康でいきいき生きる」「環境に優しい食・農にふれ感じ考え生きる」と学校給食との関連性を考えてみるとよい。

本論では，序論で述べた自身の考えをふまえて，実際にどのようなことに取り組んでいきたいかを述べる。地場産物を取り入れた学校給食の実施を念頭に論述するのが最適と思われるが，児童生徒の中にはアレルギー等で地場産物であっても食べることができないものもいることが予想される。あくまで児童生徒に望ましい食習慣を形成するための取り組みなので，その食品の生産・流通から食卓までの過程を理解したり，食品を選択する能力をつけたりするといったアプローチから論述することができれば，学校給食を用いた学習の機会を均等なものにすることができるだろう。

結論では，今までの内容を簡潔にまとめ，栄養教諭としての決意を書いて仕上げるとよい。「食習慣の形成」に関しての決意を軸にして書くと，課題に沿ったものとして体裁が整うはずである。

【身体障害者特別選考・1次試験】　60分

●テーマ

あなたは，これまでの経験を学校での教育にどのように生かしたいと考えていますか。具体例を示しながら600字以内で述べなさい。

●方針と分析

(方針)

身体障害者としての自分のこれまでの経験を学校での教育にどのように生かしていくか，具体的な取り組みを書く。

(分析)

第2期滋賀県教育振興基本計画では，滋賀県の教育の大きな使命を「子どもの確かな学力，豊かな心，健やかな体を培い，明日の滋賀を担う自立したたくましい人を育てること」としている。前半は現行の学習指導要領がめざす「生きる力」の育成に関わる。後半は「滋賀の自然や地域と共生する力」をはぐくむことである。

●作成のポイント

序論・本論・結論の3段構成で書くとよい。考えを絞り，序論・本論・結論に一貫性のある論述となるように留意する。

序論では自分が実践したい取り組みの要点を簡潔に書き，本論でその具体的な方策を述べる。自分のこれまでの経験については序論，本論のいずれで示してもよいが，方向性のない指導では，子どもたちも困ってしまうのは目に見えている。よって，自分の経験のなかで，自信をもって取り組めることを取り上げることが双方にとってよい結果をもたらすと考えられる。なお，序論では子どもたちを取り巻く環境について論じておくと，本論で述べる具体的な取り組みがよりわかりやすくなるだろう。

結論では，今までの内容を簡潔にまとめ，教師としての決意を書いて文章を仕上げるとよい。決意に関しては，経験を生かすことを中心に書くと，まとまりやすくなる。今までの内容と矛盾していないかを確認することも忘れないこと。

2015年度　論作文実施問題

【小学校・中学校・高等学校・特別支援学校教諭・1次試験】　35分

●テーマ

『滋賀県がめざす教員像』のひとつに「明朗で，豊かな人間性と社会性を持っている人」とあり，このことに関わって，「コミュニケーション力を有し，良好な人間関係を構築できる」人材が求められています。
あなたは，学校現場では，なぜ，「コミュニケーション力を有し，良好な人間関係を構築できる」人材が求められるのか，現在の自分自身の状況を踏まえて，600字以内で具体的に述べなさい。

●方針と分析

(方針)

「コミュニケーション力を有し，良好な人間関係を構築できる」人材が滋賀県の学校現場で求められる理由(＝要求)を，現在の自分自身の状況を踏まえて(＝条件)，具体的に論述する。

(分析)

滋賀県では「学校教育の指針」を示し，その中で『滋賀の学校教育の重点』のひとつとして「人と人との絆を深める豊かな人間関係の育成」を掲げている。これは，「子どもが豊かな人間関係をつくることができるよう，子ども一人ひとりに，あらゆる教育活動を通じて自己肯定感を感じさせるとともに，相手の気持ちを理解できる心の育成を図ります」とされている。このように他者の心情を慮り，人間関係を形成できる児童生徒を育成するためには，そうした素養やスキルを有する教員が必要である。このことは必ず言及しておきたい。

しかし，学校現場における人間関係とは，児童生徒同士または教員と児童生徒との間だけでなく，保護者間や教員同士においても良好に構築されなければならない。仮にそうした全方位的な人間関係づくりが良好に成し得ない場合，様々な形で問題が続出しかねない。たとえば，児童生徒からの信頼を獲得できない，困難な問題に直面しても同僚の教員からアドバイスや支援をもらえない，クレームを訴える保護者の真意を察することができないなど，教員の資質を疑われる事態を招くことも考えられる。そうした種々の問題を生じさせる根幹には，コミュニケーション力や対人関係構築力の欠落があることを考察できれば，本問の「なぜ」という問いに的確に答えられるだろう。

●作成のポイント

設問に対して要求1つ，条件1つという指示なので，構成は序論・本論・結論からなる三段構成を基本にすればよいだろう。

まず，本問は「なぜ」という理由を問う形になっていることに留意する必要がある。どのような考察・主張を展開するにせよ，その結論において，なぜそのような人材が求められているのか理由を明示しなければならない。

また，「現在の自分自身の状況を踏まえて」という条件をどう関連づけて取り入れていくかという点も検討が必要だろう。この条件と要求の間にどのような接点や関連性があるのかわかりにくい出題になっている。このような場合はあえて深入りせず，以前の自分はコミュニケーションが不得手だったが現在は克服できたというような一般的な考察に留めるという手もあるだろう。制限字数・試験時間とも短めなので，臨機応変に戦略的対応をとって，設問が最も要求する解答を的確にまとめていくことに重点を置く。

【養護教諭・1次試験】　35分

●テーマ

養護教諭は，職務の特質から心身の健康問題を発見しやすい立場にあり，いじめや児童虐待などの早期発見，早期対応に役割を果たすことが求められています。

さらに，専門的な観点から，健康相談の必要性の判断，受診の必要性の判断，地域関係機関等との連携におけるコーディネーターの役割などが求められています。

あなたが健康相談を行う場合，どのような方法で実施しますか。健康相談の基本的なプロセスをふまえ，600字以内で述べなさい。

●方針と分析

(方針)

養護教諭として自分が健康相談を行う場合，どのような方法で実施するか(＝要求)，健康相談の基本的なプロセスをふまえ(＝条件)，論述する。

(分析)

「健康観察」というテーマは，養護教諭志望者にとっては馴染み深いものだろう。このように定番のテーマが出題された場合，他の答案と似通った内容になりがちなので，独自性を出すよう工夫・配慮する必要がある。

ここで，『教職員のための子どもの健康相談及び保健指導の手引』(平成23年8月文部科学省)第3章1をもとに，解答の条件となる「健康相談の基本的なプロセス」を整理しておきたい。学校における健康相談の基本的なプロセスは，対象者の把握(相談の必要性の判断)→健康問題の背景(医学的要因，真理社会的要因，環境要因)の把握→支援方針・支援方法の検討(学校内組織による支援，医療・関係機関と連携した支援)→支援の実施と評価，となる。自分がこのプロセスのどの点に主眼を置いて意見をまとめるかが，独自性を出すかぎとなるだろう。基本的なプロセスであっても，日頃から問題意識を持って考察しておきたい。

●作成のポイント

設問に対して要求1つ，条件1つという指示なので，構成は序論・本論・結論からなる三段構成を基本にすればよいだろう。

具体的には，たとえば，序論で健康観察の趣旨目的や意義を確認しつつ，問題の「要求」の文面を「では，健康相談を行う場合，どのような方法で実施すればよいだろうか」と疑問形にして，「問題提起」を行う。本論では，前半で健康相談の基本的なプロセスを確認し，問題の条件に答えておこう。その上で，その基本的なプロセスにある不備・不足・不都合などの問題点を摘示する考察を行う。その際，なぜそのポイントが問題となるのか，納得し得る合理的な理由を述べていく。後半では，その問題を改善できる方法を自分なりに提言・提案し，問題の要求に適切に答える。結論では，提言・提案した方法の効果・効能や妥当性などを説示し，その方法がよりよい健康観察に資するものであることを確認して締めくくろう。

制限字数・試験時間とも短めなので，本論の前半の考察と後半の改善策の提示に字数・時間配分を多めにとろう。また，短い時間の中だが，書き始める前に健康相談の基本的なプロセスを整理し，論述の構成を考える時間を確保したい。

【栄養教諭・1次試験】　35分

●テーマ

> 食をめぐる環境は，グローバル化やインターネット等による情報化によって日々変化を遂げています。その結果，様々な食に関する価値観や情報が氾濫しており，児童生徒に食に関する正しい知識と判断力を身に付けさせることの重要性が高まっています。あなたは，児童生徒に食に関する正しい知識と判断力を身に付けさせるために，栄養教諭として，どのように取り組みますか。600字以内で考えを述べなさい。

●方針と分析

(方針)

児童生徒に食に関する正しい知識と判断力を身に付けさせるため(＝主題)に，栄養教諭としてどのような取り組みを行うか(＝要求)，自分の考えを論述する。

(分析)

滋賀県の「学校教育の指針」で示されている『滋賀の学校教育の重点』のひとつに「健やかな体を育む」があり，健やかな体を育む基礎として「健全な心身を育む食育の推進と生活習慣の向上」があげられている。その中で食育の推進策としては，「食の自己管理能力，望ましい食習慣の習得」「地場産物の活用」「家庭や地域との連携」が掲げられ，「「食育の日」の取組の充実」「食への愛着心の醸成」「料理教室の実施，食育だよりの発行等」などの具体案が示されている。

これらのことをふまえ，「食をめぐる環境は，…高まっています。」までの設問の背景説明などを手がかりにして，考察方針やその題材を収集・選定していく。具体的には，地域の食文化を生かした給食の提供を定例化し，ふるさとに根ざした郷土料理に触れることで食にまつわる文化を考え，食のあり方全般について健全な問題意識を培う食育を進めることなどを考えてみよう。

●作成のポイント

設問の主題は，「児童生徒に食に関する正しい知識と判断力を身に付けさせる」ことである。この主題を裏返して考えれば，グローバル化や情報化の影響を受けて，児童生徒が食に関して誤った知識を身に付けたり不適切な判断をしたりする問題が存在しているということだ。そうした問題の具体例を摘示して考察することが基本的なアプローチになる。たとえば，朝食を摂らない子どもが決して少なくないことやそれを当然視するような誤った認識が広がっている問題などが本問の主題にかなう具体例となるだろう。しかし，本問はそうした問題の改善解決策の提案を求めているのではなく，あくまで「児童生徒に食に関する正しい知識と判断力を身に付けさせる」という目標を達成する具体的な「取り組み」を説示する必要がある。児童生徒の食に関する知識・判断などの偏りを正していく効果効能のある取り組み内容になるよう留意する必要がある。

制限字数・試験時間とも短めなので，構成は簡潔な三段構成として，序論で設問の背景を踏まえた問題点の指摘，本論で児童生徒に食に関する正しい知識と判断力を身に付けさせるための取り組みを論述し，結論では実際に栄養教諭となったときにこれらの取り組みを行っていきたいという熱意を示すことができればよいだろう。

【身体障害者特別選考・1次試験】　60分

●テーマ

あなたは，これまでの経験を学校での教育にどのように生かしたいと考えていますか。具体例を示しながら600字以内で述べなさい。

●方針と分析

(方針)

これまでの経験を学校での教育にどのように生かしたいと考えるか(＝要求)，具体的に示しながら(＝条件)論述する。

(分析)

滋賀県では「教育者としての使命感と責任感，教育的愛情を持っている人」，「柔軟性と創造性を備え，専門的指導力を持っている人」「明朗で，豊かな人間性と社会性を持っている人」をめざす教員像としている。ここで示されている人間力は，どれも教員として備え持っていなければならない資質・能力である。この教員が有するべき資質・能力とこれまで自身が得てきた経験を関連付けて考察していくという論じ方もありえるだろう。例えば，時間も労力も惜しまず取り組んだ活動を通じて成果がでるまであきらめないねばりを身に付けた経験から，使命感や責任感を持つことができたという考察ができれば，教員が持つべき人間力が自分にはあることを証明できる。その上で，実際の学校教育でその経験を踏まえた具体的な取り組みを説示していければ，説得力ある作文になるだろう。

●作成のポイント

問題自体はシンプルなので，事前に自身の経験を丁寧に分析し，独自性を示す必要がある。いわゆる自己分析だが，経験自体の特異性よりも，日常の自分を観察し，そのなかで自分なりに気づいたことや真・善・美に関わると思えることを丁寧に確認しておこう。そうした気づきや思いには必ず自分なりのものの見方や考え方(＝独自性)が含まれているはずだ。日常のごくありふれた経験であっても，そこに独自性が見出される素地は十分ある。要は，それに気づけることが重要なのである。そうした独自性についての理解を持って問題の要求に的確に答えていく。解答の条件を満たすためには，自分の経験を論述の幹として，「教員が持つべき資質・能力」と関連付けて論じることもできるだろうし，学校教育で最も尊重されるべき事柄を論述の幹として，その事柄を実践していける経験を有しているという方向で論じることも可能だろう。説得力ある作文とするため，自分なりの「観点」を事前のトレーニングで習得しておこう。

2014年度　論作文実施問題

【小学校・中学校・高等学校・特別支援学校・1次試験】

●テーマ

本県が求める教員像の1つに,「柔軟性と創造性をそなえ, 専門的指導力を持っている人」があります。あなたは, この「柔軟性と創造性をそなえた先生」「専門的指導力を持った先生」について, どのように考えますか。

また, 教員として, これらの資質・能力を向上させるために, 学校現場でどのように取り組んでいこうと考えますか。

現在の自分自身の状況を踏まえ, 600字以内で具体的に述べなさい。

●方針と分析

(方針)

滋賀県が求める教員像の1つに「柔軟性と創造性をそなえ, 専門的指導力を持っている人」がある。この「柔軟性と創造性をそなえた先生」「専門的指導力を持った先生」についてどのように考えるか, また, 教員としてこれらの資質・能力を向上させるために, 学校現場でどのように取り組んでいこうと考えるか, 現在の自分自身の状況を踏まえて具体的に述べる。

(分析)

滋賀県が求める教員像の1つとして示されている「柔軟性と創造性をそなえ, 専門的指導力を持っている人」は, 平成25年度の「滋賀県公立学校教員採用選考試験実施要項」の「滋賀県では, このような先生を求めています！」の1項目として示されている。

柔軟性は「第2期滋賀県教育振興基本計画」の, 子どもの力を引き出し伸ばす教職員の実践力の向上の中で「教育愛と情熱にあふれ柔軟性と実践力を持ち…」で示されている。創造性は学校教育法の中で「豊かな人間性と創造性」という理念が規定されているのを受け，滋賀県でも教育における基本方針として示されている。

●作成のポイント

論点は，①「柔軟性と創造性をそなえた先生」「専門的指導力を持った先生」についてどのように考えるか，②教員としてこれらの資質・能力を向上させるために，学校現場でどのように取り組んでいこうと考えるかである。その際，「現在の自分自身の状況を踏まえて」とあるので，自己分析を踏まえた内容が要求されていることに注意したい。自身の志望する校種や児童生徒の実態を踏まえ，600字以内で端的に述べることを考える。

序論は200字程度で，①について述べる。自身の考える具体的な教師像がイメージできるよう，文章を工夫するとよい。

本論は300字程度で，②について述べる。その際，自己分析を踏まえて述べること。自己の長所や短所等を踏まえ，学校現場でどのように取り組むか述べる。

結論は，序論・本論の内容を踏まえ，資質・能力の向上の努力を積極的に行い，児童生徒の教育や指導に全力で取り組む決意を述べる。

【養護教諭・1次試験】

●テーマ

多様化する児童生徒の心身の健康問題を解決するためには，学校，家庭，地域，関係機関が連携し，多面的な対策に取り組んでいくことが不可欠ですが，あなたは養護教諭として，連携を進めるために，どのような取組を進めようと考えますか。600字以内で述べなさい。

●方針と分析

(方針)

学校，家庭，地域，関係機関が連携し，多面的な対策に取り組んでいくことが不可欠である。自分は養護教諭として，連携を進めるために，どのような取組を進めようと考えるかを具体的に述べる。

(分析)

子どもの健康に関する問題が複雑化する中，養護教諭に求められる役割として，『学校保健実務必携』(第一法規)では，学校内および医療機関等の連携を推進する上でのコーディネーター，いじめや児童虐待など心身の健康問題の早期発見・早期対応，学級活動における保健指導などをあげている。さらに「第2期滋賀県教育振興基本計画」では，健康教育について「子どもの健康教育の推進を図るためには，学校だけでなく家庭，地域，関係機関との連携がより一層必要」としている。

学校が家庭や地域，関係機関と連携する際，養護教諭は家庭や地域などの要望を学校に伝える，学校の回答や要望などを家庭や地域に説明し，理解・協力を得るといったことがあげられる。したがって，これからの養護教諭はコミュニケーション能力も求められているといえよう。

●作成のポイント

論文は600字以内の制限があるため，端的に述べる必要があることを心掛けよう。論述が詳細になると，字数オーバーになるので，採点者が読んで理解できる文章にするよう，工夫する必要がある。

序論は150字程度で，学校と家庭，地域が連携する取組について，その概略を述べる。本論で内容を述べるので，その連携を意識しながらまとめるとよい。

本論は350字程度で，序論で述べた内容を踏まえ，具体的な取組策を述べる。その際，自身が中心となって，連携を図るための取組策を述べること。

結論は，滋賀県の養護教諭として，多様化する児童生徒の心身の健康問題の解決に向けて，学校，家庭，地域，関係機関が連携して多面的な対策を進めていく中心となり，積極的に取り組む決意を述べる。

【栄養教員・1次試験】

●テーマ

望ましい食習慣の形成や食に関する指導について，あなたは栄養教諭としてどのように取り組んでいこうと考えますか。学校給食の教育的役割を踏まえ，600字以内で述べなさい。

●方針と分析

(方針)

望ましい食習慣の形成や食に関する指導について，栄養教諭としてどのように取り組んでいこうと考えるか，学校給食の教育的役割を踏まえて述べる。

(分析)

「第2期滋賀県教育振興基本計画」では，食育の推進として「児童生徒に望ましい食習慣が身に付くよう，家庭・地域の連携・協力のもと，効果的な食に関する指導を進めていく必要」があるとし，重点施策として「学校と地域の連携を図り，学校教育活動全体で食育を推進します。そのために，各教科等の指導計画や子どもの実態を踏まえた食に関する指導の全体計画等の作成，PTA行事とタイアップした講習会の開催等による家庭・地域への啓発に取り組」むとしている。

特に注意したいのは，小学校で全国的に肥満傾向児の割合が増加していることがあげられるだろう。小学校学習指導要領解説総則編では「偏った栄養摂取などによる肥満傾向の増加など食に起因する健康課題に適切に対応するため，児童が食に関する正しい知識と望ましい食習慣を身に付けること」「栄養のバランスや規則正しい食生活，食品の安全性などの指導が一層重視」されることが示されている。

●作成のポイント

序論は150字程度で，今日，児童生徒に対して望ましい食習慣の形成や食に関する指導について，その概略を述べる。

本論は350字程度で，序論で述べた内容・学校給食の教育的役割を踏まえ，具体的な取り組みを述べる。具体的には，給食の「生きた教材」としての活用も含めた学校全体の食に関する全体の教育・指導計画の作成，保護者や地域と連携し，「食育」に関する指導を行うことなどがあげられる。

結論は，序論・本論の内容を踏まえ，滋賀県の栄養教諭として「食に関するコーディネーター」としての役割を積極的に果たす決意を述べる。

【身体障害者特別選考・1次試験】

●テーマ

あなたは，これまでの経験を学校での教育にどのように生かしたいと考えていますか。具体例を示しながら600字以内で述べなさい。

●方針と分析

(方針)

自身のこれまでの経験を学校での教育にどのように生かしたいと考えるか，具体例を示しながら述べる。

(分析)

本題では現代の社会情勢，志望する学校種における児童生徒の障害に関する理解，自身の障害の程度や考え方などを踏まえてまとめることが考えられる。

社会情勢について，我が国では「障害者の権利に関する条約」に平成26年に批准・発効した。それに伴って，障害者基本法，障害者雇用促進法の改正，障害者差別解消法の成立などの法整備が行われている。滋賀県でも基本構想『未来を拓く8つの扉』の理念として「未来を拓く共生社会」が掲げられており，今後は一層共生社会への理解が深まると思われる。教育面でも「インクルーシブ教育システムの理念が重要」としていることから，「第2期滋賀県教育振興基本計画」でも重点施策の1つとして，特別支援教育の充実があげられている。

●作成のポイント

論点としては，①これまでどのような経験をしてきたのか，②その経験を生かすための教育内容や指導方法があげられる。「600字以内」という制限があるので，すべてを論述するのは困難である。自身が論じたいことを絞り，効果的に採点者に伝える工夫を考えるとよい。

序論は150字程度で，①について述べる。教育に最も生かしたい自身の経験を端的に述べることがあげられるだろう。

本論は350字程度で，序論で述べた内容を踏まえ，②について述べる。自身の受験する学校種の教科内容を踏まえ，最も生かせる場面を想定して述べる。先述の通り字数制限があるので，端的に述べることを心掛けたい。

結論は，自分のこれまでの経験を学校での教育に具体的に生かし，滋賀県の教員として全力で取り組む決意を述べる。

2013年度　論作文実施問題

【1次試験】 35分

●テーマ

「教育は人なり」という言葉があるように，学校教育は，教員一人ひとりの資質や能力に負うところが極めて大きいと言えます。
教員は，教職生活全体を通じて，実践的指導力等を高めるとともに，社会の急速な進展の中で，知識・技能の絶えざる刷新に向け，学び続ける必要があります。
あなたは，「学び続ける教員」として，どのように取り組みますか。具体例を示しながら600字以内で述べなさい。

●方針と分析

(方針)

教員は教職生活全体を通じて実践的指導力を高めるとともに，知識・技能の絶えざる刷新に向けて学び続ける必要がある。自分は「学び続ける教員」としてどのように取り組むか具体例を示しながら述べる。

(分析)

社会人であれば誰でも職業・仕事などの関わりの中で学ぶことが求められまた学びたいと考える。しかし教員は特に児童生徒に対する教育者という役割から，常に「実践的指導力」などの「教師力」をアップさせるために学び続けなければならない。教育基本法は第9条で「教員は，自己の崇高な使命を深く自覚し，絶えず研究と修養に励み，その職責の遂行に努めなければならない」としている。

具体的に教員が教職や教育に関する研究・研修を行う場合，総合教育センターなどの行政関係や学校が主催する研修と個人が自主的に研修を行う場合とがある。

●作成のポイント

序論は100字程度で，教員の教育・指導如何によって児童生徒は大きく成長すること，したがって教員は教育者として日常不断に「学び続ける教員」であることの意義を述べる。

本論は400字程度で，「学び続ける教員」として「知識・技能の絶えざる刷新」に向けて学び続けることが教員としての使命であることを述べる。その際具体的な例として例えば最近になって問題化している情報モラルの指導の重要性とそのための教員としての必要な知識・技能とを関連付けて述べてもよい。また「学び続ける」には，常に教員としての自覚・使命感の保持に努め，教育や児童生徒の動向の把握，今日的な児童生徒の実態を踏まえた教育の在り方や指導方法などの積極的な研究・研修，教材の開発などについて，意識的な取組を行政的な教育機関や自主的な研究・研修を行う旨を述べる。

結論は，「学び続ける教員」として「知識・技能の絶えざる刷新」が重視されていることの意義を述べ，そのために教育機関の研修参加や自主的な研究・研修を積極的に行うことの決意を述べる。

【養護教諭・1次試験】 35分

●テーマ

近年，都市化，少子高齢化，情報化，国際化などによる社会環境や生活環境の急激な変化は，子どもの心身の健康に大きな影響を与えています。学校生活においても生活習慣の乱れ，アレルギー疾患，性に関する問題や感染症など課題が深刻化しており，そのひとつとしていじめや不登校などの心の健康問題があります。この課題解決に向けて，あなたは，養護教諭の専門性を生かしどのように取り組みますか。600字以内で述べなさい。

●方針と分析

(方針)

近年，様々な実態や環境は子どもの心身の健康に大きな影響を与え，学校生活における生活習慣の乱れやアレルギー疾患，性に関する問題などの深刻化をもたらし，いじめや不登校などの心の健康問題もある。そのような課題解決に向けて，専門性を生かしてどのように取り組むかについて述べる。

(分析)

近年，養護教諭は児童生徒の健康の保持増進や怪我などにおける対処を行うという役割に加えて，食生活や生活リズムなどの生活習慣の乱れに伴う健康問題，アレルギー疾患，いじめや不登校などの心の健康問題への対応など児童生徒の今日的な課題への教育や指導も重要となっている。平成22年3月に文部科学省が刊行した『生徒指導提要』においても「養護教諭が行う教育相談」としてその役割を果たすことを提起している。

したがって，養護教諭は学級担任や学年，関係の教員と連携して，養護教諭としての専門性を生かした積極的な取り組みを推進することが必要である。

●作成のポイント

作成に当たって，全ての校種に共通して取り組む課題や指導内容・指導方法と自分の志望する校種に即した取り組みの課題や指導内容・指導方法とを考えながら述べることが必要である。後者の場合は，小学校低学年児童から高校生までの発達段階に即した具体的な取り組みが必要なためである。

序論は100字程度で，テーマに述べられているような子どもの課題解決の必要性について述べる。

本論は400字程度で，①教員の理解のもとで勤務校の児童生徒のテーマのような実態の把握を可能な限り行うこと，②課題のある児童生徒に対する機会をとらえた教育相談の実施，③学校としての取組の一環として，全体あるいは学年，学級における指導，関連教科における授業を通した指導，④勤務校の児童生徒の実態把握に基づいた校内研修などのコーディネーターの役割を果たすこと，⑤学校として保護者への情報提供や理解・協力を得る取り組みを進めること，について述べる。

結論は，児童生徒の実態把握に基づく課題解決に向けて，養護教諭として学校におけるコーディネーターの役割を果たすとともに専門性を発揮し全力で取り組む決意を述べる。

【栄養教諭・1次試験】 35分

●テーマ

児童生徒が発達段階に応じて，食生活に対する正しい理解と望ましい食習慣を身に付けることができるよう，栄養教諭としてどのように取り組みますか。600字以内であなたの考えを述べなさい。

●方針と分析

(方針)

児童生徒が発達段階に応じて，食生活に対する正しい知識と望ましい食習慣を身に付けることができるよう，栄養教諭としての取り組みを述べる。

(分析)

児童生徒に対する食育の重要性について，中央教育審議会は平成16年1月「食に関する指導体制の整備について」の答申を行い，食育を推進するために栄養教諭の創設を提起した。その後学校教育法や教育職員免許法の改正を経て栄養教諭が配置されるに至った。したがって栄養教諭は教員として積極的に児童生徒に対して発達段階に応じて，食生活に対する正しい理解と望ましい食習慣を身に付けることができるように教育・指導を行う必要がある。

また中央教育審議会の答申「食に関する指導体制の整備について」は，栄養教諭の食に関する指導として，①個別的な相談指導，②教科，特別活動等における教育指導，③食に関する教育指導の連携・調整，の3点を挙げている。

●作成のポイント

序論は100字程度で，今日の児童生徒の実態を踏まえて食生活に対する正しい理解と望ましい食習慣を身に付けることの必要性・重要性について述べる。

本論は400字程度で，①勤務校の児童生徒の食に関する実態把握を行い指導に生かすこと，②個々の児童生徒に対して必要に応じた相談指導に取り組むこと，③担当教員との連携を図り，家庭科や社会科などの関連教科や総合的な学習の時間などにおける全体指導に取り組むこと，④学級担任との連携を図り，学級活動などの特別活動における指導を行うこと，⑤学校給食の実施校の場合では，「地産地消」の取り組みや給食の意義の指導も含めて食に関する全体指導や学年単位，学級単位の指導に取り組むこと，⑥保護者に対して食に関する学校の取り組みの理解と協力を得ること，などについて述べる。

結論は，児童生徒の食に対する正しい理解と望ましい食習慣の必要性・重要性と教員全体の合意のもとに学校の教育活動全体を通じて，食に関する教育のコーディネーターとしての役割を積極的に果たすことの決意を述べる。

2012年度　論作文実施問題

【1次試験】

●テーマ

本県では，教育の基本目標に，「未来を拓く心豊かでたくましい人づくり～みんなで支えあい自らを高める教育の推進～」を掲げ，その実現に向けては，「生きる力」を育むこと，社会全体で子どもの育ちを支えること，学びあい・支えあう生涯学習社会をつくること，の3つの観点を大切にしています。あなたは，滋賀が目指す教育の実現に向けて，教員として，どのように取組みますか。
具体例を示しながら述べなさい。

●方針と分析

(方針)

問題文で示されている3つの観点に関して，自分の意見を示し，その考えに基づいた教員として，取組むことを具体例を示しながら述べるのが，この論作文の大まかな構成である。

(分析)

まずは「滋賀県教育振興基本計画」(2009年)をよく熟読することを忘れずにおきたい。そして学習指導要領にも明記されている「生きる力」を養うために，子どもたちにはどのような力を付けさせなければならないのか。それは，学力だけではなく，他人や自然の事を考えることのできる心や，たくましく生きていける健やかな体が当てはまる。

これらの育成は社会全体でサポートしていくことが必要である。例えば，読書ひとつとってみても，学校の朝の読書時間だけで終わらせるのではなく，家庭でも読む習慣を作ったり，充実した図書館設備を活用させることなどで読書活動を推進していく必要がある(これは生涯学習にも関連している)。また，学力に関しての指導方法の改善や，豊かな心を育むための道徳教育の推進なども当然に行っていくべきもののはずだ。マクロ的な視点を持ちながら，実経験を盛り込んで細部を固めていこう。

●作成のポイント

序論では，問題文で示されている3つの観点についての自分の意見を述べる。3つ挙げられているが，大目標たる「生きる力」に沿って，「社会全体での教育」と「生涯学習社会」を考えてみると書きやすくなるだろう。常に学べる環境が子どもたちには必要なのだ。

本論では，序論で述べた自分の考えに基づいた具体的に取組んでいくことを述べる。この部分は書き手の個性が要求される部分が，抽象的なことや大げさなこと，到底実現不可能なことを書いてはいけない。実際に取り組める現実的な内容にすることが大切である。児童生徒一人一人の様子をしっかり把握すること，社会での自立を目指す教育を行っていくこと，道徳教育をしっかりと行うこと，読書活動を推進していくことなど，いろいろなことが考えられる。自分の意見をしっかりとプレゼンテーションしてほしい。

結論では，今までの内容を簡潔にまとめること。そして，自分の決意を述べて結ぶ。簡潔にまとめるには，自分の考えがしっかりと頭の中で固まっていなければならない。自分はどのような教員になりたいのかを日頃からはっきりとイメージすることも論作文対策となるだろう。

●論文執筆のプロセス

序論

・問題文で提示されている3つの観点についての自分の考えを書く。
・学校教育，社会全体での教育，生涯学習社会のつながりを考えてみる。

本論
・取組むことを具体的に述べる。
・現実的な内容にすること。
・教員の目線で書く。

結論
・今までの内容を簡潔にまとめる。
・自分の決意を含めて結ぶ。

【栄養教諭・1次試験】

●テーマ

児童生徒が生涯にわたって健全な心と身体を培い，豊かな人間性を育むために，栄養教諭としてどのように取組むべきか，600字以内であなたの考えを述べなさい。

●方針と分析

(方針)

問題文の「児童生徒が生涯にわたって～豊かな人間性を育むため」という部分についての自分の考えを述べ，それに関連する栄養教諭としての自分の取組むべきことを述べる。

(分析)

栄養教諭として取り組むこととして「食に関する指導」と「学校給食管理」がある。前者のことを「食育」という。食育とは，児童生徒一人一人が生涯にわたり健全な食生活の実現，食生活の継承，健康の確保等が図れるようにすることである。もちろん，食についての知識や選択する判断力も必要である。これらのことは，自身だけではなく，学級担任などとの調整が必要になるということを忘れてはならない。また，学校給食管理に関しても，その学校の実態をしっかり把握した上で献立作成をしていく必要があろう。つまり，絶えず児童生徒の食生活の実態というものに目を向け続けているという意識が必要なのである。いろいろなことに取り組むにしても，まずは，栄養教諭として，食育や学校給食管理に対するしっかりとした意識を持つことが大切である。

●作成のポイント

まず序論では，現代の子どもたちの実態を述べる必要がある。栄養教諭に関連する内容だと「食生活の乱れ」が中心になるはずである。朝食をとらない子どもたち，特定の物ばかり食べている，つまり偏食している子どもたちなど考えられる。それらの実態について，自分の意見を述べるとよい。

本論では，序論で述べた自分の考えを，実際栄養教諭としてどのように取組んでいくかを，具体的に述べながらまとめていく。もちろん，個々の生徒に指導していくことも大切であるが，学級担任等と連携をしての集団指導をどのように行うかも大切になってくる。もちろん，その学校の児童生徒の実態を把握した上での給食管理も大切である。

結論では，序論で述べた実態や自分の考えを再度簡潔にまとめ，どのような栄養教諭になりたいかという心構えを含めてまとめあげる。序論で書いた内容とずれていないかを確認することを忘れないでほしい。

●論文執筆のプロセス

序論

・児童生徒の食における実態を述べる。
・食育についての自分の考えを述べる。

本論

・実際に栄養教諭として取組むことを述べる。
・指導だけではなく管理の面も大切である。

結論

・今までの内容をまとめる。
・教諭としての心構えも踏まえてまとめる。

【養護教諭・1次試験】

●テーマ

子どもの心身の異常を早期に発見し，日常生活における健康の保持増進と学習能率の維持向上を図るために，学校において健康観察は非常に重要な活動です。このことから，教育活動全体を通じて，全ての職員が，主体的に健康観察を実施し，学校の教育活動として定着させるために，あなたは，養護教諭としてどのような働きかけをしますか。600字以内で述べなさい。

●方針と分析

(方針)

子どもの心身の異常の早期発見のための健康観察と，それを学校の教育活動として定着させることに関しての自分の考えを述べる。その後に，養護教諭としての取り組み方についての提案を具体的に示していく。

(分析)

大切なのは，子どもの心身異常の早期発見の必要性について考えてみることだ。子どもたちを取り巻く現代の健康問題としては，生活習慣の乱れ，メンタルヘルスに関する課題，アレルギー疾患等が考えられる。これらの課題に対して，養護教諭のみならず全教員が対応できるようにするためには，学校内の教職員に情報協力を求める，地域の医療関連機関等との連携を図る，その橋渡しを行うといったことだけではなく，自らが集団においての指導をしていくという，リーダー的役割を果たさなければならないという意識と姿勢が必要なのだ。

●作成のポイント

序論では，学校における健康観察の重要性について自分の意見を述べる。同時に，子どもたちを取り巻く健康問題についても言及する必要がある。本論で示す具体的な取り組みに関連する考えでなければならないので，この部分はとても重要である。

本論では，序論で述べた自分の考えを土台にして，実際に養護教諭として取り組むことを具体的に述べる。「全ての職員」に対して自分がどのような取組みをするかを具体的に書くということだ。この分野におけるリーダー的役割であるということを認識し，自分の働きによって，他の職員も主体的に取り組むようなことが要求されているのである。分析に書いた事項以外にも，自身のスキルを向上させるということも大切なことだろう。

結論では，再度子どもたちの健康問題と学校全体で取り組むことの重要性を書き，それを達成するための養護教諭としての熱意を書いて，文章を終わらせるとよい。今までの内容と違ったものにならないように気をつけること。

●論文執筆のプロセス

序論

・健康観察の重要性と自分の考えを述べる。
・本論につながるように意識して書くこと。

本論

・取組むことを具体的に述べる。
・主体的な取組みを述べることを意識すること。

結論

・全体のまとめを書き，自分の決意を含めてまとめる。
・新しい話題を提示しないようにまとめること。

2011年度　論作文実施問題

【小・中・高】

●テーマ

本県では，子どもたちの「生きる力」を育むために，各教科で指導方法の工夫を図り，一人ひとりに応じたきめ細かな指導を実施するとともに，課題解決的な学習や探究的な学習を展開することが重要であると考えています。

あなたは，このような教育実践に向けて，どのように取り組みますか。600字以内で具体例を示しながら述べなさい。

●テーマの分析

「生きる力」とは，中央教育審議会が「21世紀を展望した我が国の教育の在り方について」という諮問に対する答申(1996年7月)の中で示した「自分で課題を見つけ，自ら学び，自ら考え，主体的に判断し，行動し，よりよく問題を解決する資質や能力であり，また，自らを律しつつ，他人とともに協調し，他人を思いやる心や感動する心など，豊かな人間性である。また，たくましく生きるための健康や体力が不可欠である」のこと。すなわち，変化の激しいこれからの社会を生き抜く力である。

それからテーマ文中の「課題解決的な学習」や「探究的な学習」とは，この「生きる力」を育むための実践学習である。前者は課題設定のための討議から始まり，後者は試行錯誤の繰り返しを含む。いずれも，結論より過程を重視している点に着目したい。

●論点

まず前文では，「生きる力」とはどのような力であるか，またこの力を育む理由について述べる。さらに，あなたが「生きる力」を育むための方法などについて，基本的な考えを明らかにする。これがすなわち結論となる。

続いての本文では，前文で述べた基本的な考え(結論)の具現化を，2つの観点から掘り下げて説明する。重要な過程である「課題解決的な学習」や「探究的な学習」を具体的に述べるのだ。書き手の志望校種によって異なるが，発達段階を踏まえることを忘れずに起きたい。

最終段落は，このテーマに対するあなた自身の課題を取り上げ，その解明にどのように取り組むかを簡潔に述べる。文章としては3段構成の形を取るが，指定文字数が少ないため本文の文量に全体の3分の2程度をあてるようにしたい。

【栄養教諭】

●テーマ

児童生徒の現代的課題を踏まえ，栄養教諭としてどのように食育を取り組むべきか，600字以内であなたの考えを述べなさい。

●テーマの分析

「食育」とは何か。それは児童生徒一人一人が生涯を通して健全な食生活の実現，食生活の継承，健康の確保等が図れるように教育することである。と同時に，食について考える習慣やさまざまな知識，食を選択する判断力を身に付けるための取り組みも行う必要がある。

中央教育審議会答申の「子どもの体力向上策」に「健康3原則」がある。その内容は，

① 調和のとれた食事
② 適切な運動
③ 充分な休養・睡眠

である。これらを実現するための方策として具体的には,

A 望ましい食習慣を身に付ける。

B 栄養バランスのとれた食生活を形成する。

などがある。問題は，これらを栄養教諭としてどのように実践するかなのである。

これらの授業指導では，小学校であるなら学級担任と，中学校ならば保健体育科や家庭科担当教員及び学級担任との調整が必要である。また先のAやBにしても，家庭教育と大きく関わってくることが予想されるので，単純に印刷物を配布すればよいというものではないだろう。あなたの持つ栄養教諭としての専門性を，どの場でどのように発揮するか。これについて論じるといいだろう。

●論点

まず「食育」の定義付けについて述べ，食育に関する児童生徒の現代的課題を取り上げよう。そしてその教育課題に対し，筆者であるあなたはどのような手段をどうやって実践するのか，ここでは基本的な考えを示す。これが前文であり結論である。文字数が少ないので，結論を先に述べてコンパクトにまとめることを考えよう。

本文は，前文で述べたこの結論を掘り下げる段落である。先のA，Bの実践について児童生徒，教師，保護者とどのように向き合うかなどを2つ以上の観点から具体的に，かつ丁寧に記していく。理想論や評論ではなく，「あなたがどうやって取り組むか」を問われていることを意識して書き進めたい。

このテーマに対するあなた個人の課題と解決策を簡潔に述べるのが最終段落である。例としてあげると，栄養教諭の仕事の成果は人間関係によって大きく左右されることがあるので，これがひとつの研修課題となるだろう。

【養護教諭】

●テーマ

平成20年1月17日に中央教育審議会から出された答申「子どもの心身の健康を守り，安全・安心を確保するために学校全体としての取組を進めるための方策について」には，子どもの健康を取り巻く状況について，次のように述べられています。

近年，都市化・少子高齢化，情報化，国際化などによる社会環境や生活環境の急激な変化は子どもの心身の健康に大きな影響を与えており，学校生活においても生活習慣の乱れ，いじめ，不登校，児童虐待などのメンタルヘルスに関する課題，アレルギー疾患，性の問題行動や薬物乱用・感染症など，新たな課題が顕在化している。同時に，小児医療の進歩と小児の疾病構造の変化に伴い，長期にわたり継続的な医療を受けながら学校生活を送る子どもの数も増えている。また，過度な運動・スポーツによる運動器疾患・障害を抱える子どもも見られる状況にある。

あなたは，このような児童生徒の現代的な健康課題を解決するために，養護教諭として，どのように取り組みたいと考えますか。取り組みたい健康課題を一つあげて，それを解決するための具体的な方法について，600字以内で書きなさい。

●テーマの分析

この答申「子どもの心身の～」では，近年の社会環境や生活環境の急激な変化による，子どもの心身の健康阻害例を挙げている。このテーマで求めているのは，現代的健康課題の解決策だ。まずはこの答申で取り上げている課題と解決策を整理してみよう。

① 生活習慣の乱れ等→子どもと保護者の意識改革

② メンタルヘルスに関する課題→相談活動の充実

③ アレルギー疾患→保護者や学級担任と連携協力

④ 性の問題や薬物乱用→個人や授業などでの集団の指導充実

⑤ その他→課題を抱えた子どもの把握と対応，保護者や学級担任と連携協力

また新たな学校保健安全法が施行されたことにより，養護教諭については，

A 学校内の教職員の協力を求め，連携した組織的保健指導の充実を図る。

B 常に地域の医療関係機関等との連携して，保健管理の充実を図る。

の2点が求められていることにも注意したい。子どもへの関わりと同時に，教師集団の教育力を高める指導充実もあるのだ。養護教諭として，その分野でいかにリーダー的役割を果たすかを問われているのである。

●論点

上記①～⑤のように，現代的健康課題は数多くある。その中から一つを取り上げ，養護教諭としての責務をどのように果たすか，最初にその結論を述べる。これが前文である。また「生きる力」の育成を中心に述べるのもよい。

本文は，結論の具現化についての説明を行う。具体的な方策を2つの観点から述べる(多面的な視点を有していることを示すため)。養護教諭としてどのように関わるかを述べるのであるから，そこには子どもの発達段階への配慮をするとともに，文章の端々にあなた自身の優しさなど人柄をにじませるようにする。

最後の段落は，この設問に関するあなたの課題及び解決策を簡潔に述べる。学級担任や保護者との連携協力という「人間関係の構築」などが挙げられる。文字数制限にはくれぐれも注意したい。

面接試験　実施問題

2024年度

◆集団面接・集団討論(1次試験)

▼小学校　面接官3人　受験者7人　30分

【質問内容】

□理想の教師像は。

□社会人として大切にすべきことは。

【集団討論テーマ】

□子どもの自尊感情を高めるためにどのような取組をするか。

▼中学社会　面接官3人　受験者7人　15分

【質問内容】

□教員になって挑戦したいことは。

□信頼される教師になるためにあなたができることは。

【集団討論テーマ】

□個別最適な学びと協働的な学びのためにあなたはどう取り組むか。

◆個人面接　2次試験

▼小学校　面接官3人　10分

【質問内容】

□滋賀の教員を志望した理由は。

□長所と短所について。

□地元から見た琵琶湖はどうか。

□中高の国語の免許も取っているが，国語の授業を通して子どもたちに「読み解く力」をどう育むか。

□仲間と協力してきて感じたことは。

▼小学校　面接官3人　10分

【質問内容】

・不合格の場合4月からどうするのか。落ちたら滋賀には来ないのか。

・どの学年の指導に自信があるか。

・外国語担当をしているようだが，校内でどのような取組をしているか。

・学習に向かうことが難しい児童にどのように支援してきたか。

・ICTを用いた指導で何を行ってきたか。

◆指導実技試験(模擬授業)(2次試験)

〈共通指示〉

□次の内容について授業を行いなさい。

(制限時間内に指導の主題が伝わるように授業を行うこと。必ず板書を用いること。)

【模擬授業課題】

▼小学校

※外国語科の指導に必要な英語による簡単なコミュニケーションの力をみる質問を含む。

[国語]

【課題】

□1年生に，平仮名の長音の書き方について指導をしなさい。

□お話のお気に入りの場面とその場面を選んだわけを紹介する学習活動をします。導入部分の指導をしなさい。

□自分たちの生活をよりよいものにするために提案する文章を書く学習をします。導入部分を指導しなさい。

□低学年に学校図書館の利用の仕方について指導します。本などの種類や配置，探し方を指導しなさい。

□聞くことの学習で，メモの取り方の工夫について考えさせる指導をしなさい。

□よりよい学校をつくるために互いの立場を明確にして話し合う学習の指導をしなさい。

［社会］

【課題】

□スーパーマーケットの販売が，消費者のニーズをもとにし，売り上げが高まるよう工夫して行われていることについて指導しなさい。

□我が国の食料自給率の現状を踏まえ，これからの食料生産の在り方について指導しなさい。

□鎌倉幕府は元とどのように戦い，戦いの後，幕府はどうなっていったのか，指導しなさい。

□琵琶湖の特徴や役割を取り上げ，地域の環境保全への具体的な取組について指導しなさい。

□農業のうち，稲作を取り上げ，その特徴について指導しなさい。

□世界で起きている環境問題の解決に向けて，我が国が果たす役割について指導しなさい。

［算数］

【課題】

□整数の減法について14－8を例にして，くり下がりがある計算の仕方を指導しなさい。

□長さの単位(km)について指導しなさい。

□縮図を利用して，実際の長さを求める方法を指導しなさい。

□整数の加法について86＋57を例にして，くり上がりがある計算の仕方を指導しなさい。

□速さと時間がわかっている時の，道のりの求め方について指導しなさい。

□最頻値についてデータの例を示して指導しなさい。

［理科］

【課題】

□太陽の位置の変化や影の向きを調べる活動を通して，時間がたつと，影の向きが変わることについて指導しなさい。

□空気を温めたり冷やしたりすると体積が変わることについて，児童の予想や仮説を大切にしながら指導しなさい。

□条件を変えながら調べる活動を通して，植物の成長には，水の他に，日光と肥料が関係していることを指導しなさい。

□乾電池と豆電球などを導線でつないだときの，つなぎ方と豆電球などの様子に着目して，電気を通すつなぎ方と通さないつなぎ方があることを指導しなさい。

□同じ川において，流れる水の量が多くなると，水の流れが速くなり，侵食したり運搬したりする働きが大きくなることを指導しなさい。

□ろうそくが燃えるとき，空気中の酸素が使われて二酸化炭素ができることについて指導しなさい。

［音楽］

【課題】

□「さんぽ」を教材にして，体を動かす活動を取り入れながら，拍を感じて歌う指導をしなさい。

□タブレット端末を活用して，短いリズムをつくり，それを反復したりつないだりして簡単な音楽をつくる指導をしなさい。

□「ソーラン節」を鑑賞教材として，日本の民謡に親しみ，音楽の特徴を感じ取って聴く指導をしなさい。

□「かっこう」を教材にして，音の高さに気を付けながら鍵盤ハーモニカを演奏する指導をしなさい。

□「ふじ山」を教材にして，曲の特徴を捉えて表現を工夫し，思いや意図をもって歌う指導をしなさい。

□世界の国々の音楽を鑑賞し，雰囲気の違いを感じ取ってそれぞれのよさを伝え合い，いろいろな国の音楽に親しむ指導をしなさい。

［図画工作］

【課題】

□低学年の児童に，お話を聞いたり，読んだりして，思い浮かべたことを，絵に表す題材の指導をしなさい。

□中学年の児童に，ビー玉が転がるコースを紙を使ってつくる題材の指導をしなさい。

□高学年の児童に，生活の中にある「和」を感じて日本の美術のよさや美しさを味わい，楽しむ鑑賞の指導をしなさい。

□低学年の児童に，油粘土をひもにしながら，思いついた形をつくる題材の指導をしなさい。

□中学年の児童に，自分で色をつくり，水彩絵の具で楽しくかく題材の指導をしなさい。

□高学年の児童に，未来の自分を想像して，ポーズや周りの様子を考えながら立体に表す題材の指導をしなさい。

［体育］

【課題】

□低学年の固定施設を使った運動遊びにおいて，固定施設での運動の行い方を理解させながら，児童が意欲的に取り組めるよう指導しなさい。

□中学年のゴール型ゲームにおいて，ハンドボールを基にした易しいゲームができるように指導しなさい。

□高学年の保健において，病気の予防について，喫煙，飲酒，薬物乱用などの行為は健康を損なう原因となることが理解できるように指導しなさい。

□低学年のマットを使った運動遊びにおいて，かえるの逆立ちの運動の行い方がわかるように指導しなさい。

□中学年の保健において，人の発育・発達には，個人差があることを理解することができるよう指導しなさい。

□高学年の平泳ぎにおいて，続けて長く泳ぐための呼吸や手足の動きについてのポイントを指導しなさい。

▼中学国語

【課題】

□次の俳句の意味を読みとり，表現の効果について考えたことを伝え合う指導をしなさい。

夏草やつはものどもが夢の跡

□本や資料から文章や図表などを引用して説明する文章を書く学習活動を行います。引用の仕方や出典の示し方について，留意することや配慮することについての指導をしなさい。

□自分の通っている学校のよさをわかりやすく伝える学習を行います。どのような言語活動を設定すればよいか考え，導入部分の指導をしなさい。

□「住んでいる地域のよさを発信する方法」をテーマに，互いの発言を生かしながら話し合い，考えをまとめる学習を行います。どのような言語活動を設定すればよいか考え，導入部分の指導をしなさい。

□形容詞と形容動詞の特徴を理解させる指導をしなさい。

□小説を読んで，登場人物の相互関係や，心情の変化などについて描写を基に捉え，考えたことを伝え合う学習を行います。導入部分の指導をしなさい。

▼中学社会

【課題】

□市場における価格の決まり方について理解できるよう指導しなさい。

□産業革命や市民革命を経て，欧米諸国が近代社会を成立させてアジアへ進出したことについて指導しなさい。

□アメリカ合衆国が，農産物を大量に生産したり，輸出したりできる理由について指導しなさい。

□国会を中心とする我が国の民主政治の仕組み，あらましや政党の役割について指導しなさい。

□九州地方について，自然環境を中心として，自然災害に応じた防災対策について指導しなさい。

□中国をはじめとする東アジアとの交流が，古代(古墳時代～平安時代頃)の日本の文化にどのような影響を与えたのか指導しなさい。

▼中学数学

【課題】

□円周角と中心角の関係について，指導しなさい。

□一次関数$y=ax+b$の表と式とグラフの関係について，具体的な例を用いて指導しなさい。

□具体的な場面において，一元一次方程式を活用して解決することについて，例を用いて指導しなさい。

□平方根の大小について，適切な例を用いて指導しなさい。

□三角形の内角の和は180°であるという性質が常に成り立つことについて，指導しなさい。

□「…は…の関数である」という言葉を用いて，関数の意味について，適切な例をあげて指導しなさい。

▼中学理科

【課題】

□親の特徴が子や孫へと伝わるしくみについて，遺伝の規則性や遺伝子と関連付けて指導しなさい。

□火成岩の観察を行い，火成岩には火山岩と深成岩があり，その組織に違いがあること，それらがそれぞれの成因と深くかかわっていることを指導しなさい。

□水やガラスなどの物質の境界面で，光が反射，屈折するときの規則性について指導しなさい。

□物質が水に溶ける様子の観察を行い，水溶液の中では溶質が均一に分散することについて指導しなさい。

□前線の通過に伴う天気の変化について，暖気，寒気と関連付けて指導しなさい。

□凸レンズの働きについての実験を行い，物体の位置と凸レンズによってできる像の位置及び像の大きさとの関係について指導しなさい。

▼中学英語

【課題】

□生徒が，以下に示す英語の表現を初めて学習するとき，どのような効果的な指導が考えられるか。言語活動を行うにあたり，特有の表現がよく使われる場面を設定して指導しなさい。なお，Classroom Englishを必ず使うこと。

〇言語の使用場面：買物

A: Hello. May l help you?

B: Yes, please. I'm looking for a T-shirt.

□生徒が，以下に示す英語の表現を初めて学習するとき，どのような効果的な指導が考えられるか。言語活動を行うにあたり，生徒の身近な暮らしにかかわる場面を設定して指導しなさい。なお，Classroom Englishを必ず使うこと。

〇言語の使用場面：家庭での生活

A: What do you want to do this summer vacation, Hana?

B: l want to go camping! It'll be fun to cook lunch by ourselves.

□生徒が，以下に示す英語の表現を初めて学習するとき，どのような効果的な指導が考えられるか。言語活動を行うにあたり，特有の表現がよく使われる場面を設定して指導しなさい。なお，Classroom Englishを必ず使うこと。

〇言語の使用場面：道案内

A: Excuse me. Could you tell me where ABC station is？

B: Sure. Go straight on this street. It's on your left. It'll take about ten minutes.

□生徒が，以下に示す英語の表現を初めて学習するとき，どのような効果的な指導が考えられるか。言語活動を行うにあたり，言語の働きを取り上げるようにして指導しなさい。なお，Classroom Englishを必ず使うこと。

○言語の働き：仮定する

A: If you had a ticket to go anywhere, where would you go ?

B: If l had it, I would go to America. I want to eat a big hamburger.

□生徒が，以下に示す英語の表現を初めて学習するとき，どのような効果的な指導が考えられるか。言語活動を行うにあたり，特有の表現がよく使われる場面を設定して指導しなさい。なお，Classroom Englishを必ず使うこと。

○言語の働き：申し出る

A: Would you like me to carry your heavy bag or something?

B: Oh. Thank you very much.

□生徒が，以下に示す英語の表現を初めて学習するとき，どのような効果的な指導が考えられるか。言語活動を行うにあたり，言語の働きを取り上げるようにして指導しなさい。なお，Classroom Englishを必ず使うこと。

○言語の働き：苦情を言う

A: Excuse me. l have a problem with my room.

B: Oh. What's the problem?

▼中学音楽

【課題】

□「アルトリコーダー」を使い，曲想にふさわしい奏法を創意工夫して表現する指導をしなさい。

□「交響曲第5番」を教材にして，曲の構成に注目しながら，曲想の変化を味わって聴く指導をしなさい。

□「夏の思い出」を教材にして，曲想と歌詞の内容との関わりを理解し，表現を創意工夫して歌う指導をしなさい。

▼中学美術

【課題】

□「空想の世界を表す」という題材で，夢や無意識の世界を，絵画に表現する指導をしなさい。

□「国宝　風神雷神図屛風を味わおう」という題材で，屛風のレプリカ等を活用して屛風のよさを鑑賞する指導をしなさい。

□「あかりの形とその空間」という題材で，光の効果を考え，材料の特徴を生かした，空間を演出するあかりを制作する指導をしなさい。

▼中学保健体育

【課題】

□水泳(平泳ぎ)において，効率的に泳ぐための技術のポイントについて例をあげて指導しなさい。

□球技(ゴール型)において，「空間を作りだす動き」について指導しなさい。

□生涯にわたって豊かなスポーツライフを実現する観点を踏まえて，運動やスポーツには多様な関わり方があることについて指導しなさい。

□器械運動(跳び箱)において，安全に授業を進めるために，配慮すべき事項について指導しなさい。

□応急手当の実際について，具体的な傷害名やその手段を踏まえて指導しなさい。

□球技(ネット型)における「ボールや用具の操作」のうち，腕や用具の振り方やボールの捉え方について指導しなさい。

▼中学技術

【課題】

□情報を発信する時のモラルの必要性について，具体的な例をあげながら指導しなさい。

□電気エネルギーから光，熱，動力等へのエネルギー変換について，具体例を示しながら指導しなさい。
□両刃のこぎりの使用方法について，注意すべきことに触れながら指導しなさい。

▼中学家庭
【課題】
□中学生の時期に必要なエネルギーや栄養素について指導しなさい。
□環境に配慮した生活の工夫について，SDGsと関連付けて指導しなさい。
□家族や地域の人々との関わり方について指導しなさい。

▼高校国語
【課題】
□次の文について音読した後に授業を展開しなさい。

> 男もすなる日記といふものを，女もしてみむとてするなり。
> それの年の十二月の二十日あまり一日の日の戌の時に，門出す。そのよし，いささかに物に書きつく。
> ある人，県の四年五年はてて，例の事どもみなし終へて，解由など取りて，住む館より出でて，船に乗るべき所へ渡る。かれこれ，知る知らぬ，送りす。年ごろよくくらべつる人々なむ，別れ難く思ひて，日しきりにとかくしつつのしるうちに，夜更けぬ。

□次の文について音読した後に授業を展開しなさい。

> 行く河の流れは絶えずして，しかも，もとの水にあらず。よどみに浮かぶうたかたは，かつ消え，かつ結びて，久しくとどまりたるためしなし。世の中にある人とすみかと，またかくのごとし。

〈共通指示〉

単に現代語訳に終始するのではなく，当時の文化的背景や物事の捉え方，文法的事項などを取り入れること。また，生徒の思考を促すような発問を考え，その発問に対する生徒の答えも織り込みながら授業すること。

▼高校地理歴史(日本史)

【課題】

□15世紀から16世紀の日本の東アジアにおける交易について。

□第二次世界大戦後の世界秩序と日本における初期の占領政策について。

▼高校地理歴史(世界史)

【課題】

□魏晋南北朝時代から隋唐時代にかけての，官吏任用制度の変遷について。

□ニクソン米大統領の政策が世界に与えた影響について。

▼高校数学

【課題】

□余弦定理の証明について。

□ある病原菌を検出する検査方法によると，病原菌がいるかいないかを誤って判定してしまう確率が2%である。全体の1 %にこの病原菌がいるとされる検体の中から1個の検体を取り出して検査するとき，次の確率を求めよ。

(1)　病原菌がいると判定される確率。

(2)　病原菌がいると判定されたときに，実際には病原菌がいない確率。

▼高校理科(物理)

【課題】

□地表から投射された物体が無限遠方に飛んでいくための最小の初速

度の大きさ(第2宇宙速度)について(値を導く過程を説明すること)。

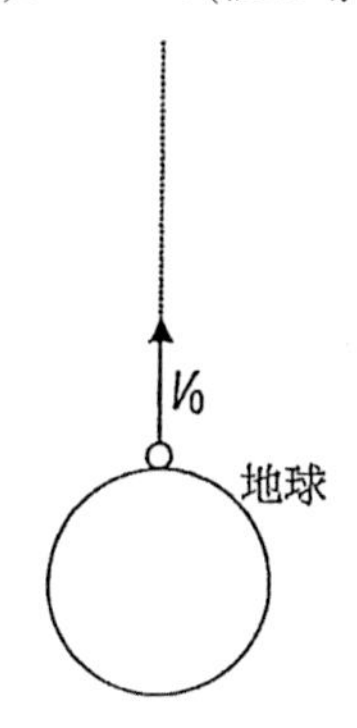

▼高校理科(化学)

【課題】

□異性体について。

▼高校理科(生物)

【課題】

□クエン酸回路について。

▼高校理科(地学)

【課題】

□太陽系の誕生について。

▼高校英語

【課題】

□次の英文を教材として，高校2年生を対象に「英語コミュニケーションⅡ」の授業を行いなさい。授業は原則として英語で行うものとします。なお，英文は既習のものとし，内容理解や表現の定着のための言語活動を中心に実施すること。また，ウォームアップの活動は不要とします。必ず板書を用いること。

Technology and digital devices might not replace traditional, paper bedtime books. A study shows that paper books are better than e-books. It said printed books, with real pages that you turn, make parents and children interact more than when using electronic books. Researchers studied how 37 pairs of parents and toddlers interacted with e-books and paper books. Parents asked fewer questions and made fewer comments with e-books.

Researchers gave parents three book formats. These were printed books, e-books, and e-books with animation and sound effects. The researchers found that parents and children spoke to each other less with the digital books. A researcher said parents and children talked about the device and the technology more than about the story. Children said things like, "don't push that button" or "don't change the volume". They asked few questions about the story. (139 words)

(出典Easy English News Lessons : Breaking English News Paper books better than e-books, for bedtime stories(28th March, 2019))

□次の英文を教材として，高校2年生を対象に「英語コミュニケーションⅡ」の授業を原則として英語で行いなさい。なお，英文は既習のものとし，内容理解や表現の定着のための言語活動を中心に実施すること。また，ウォームアップの活動は不要とします。必ず板書を用いること。

Digital devices are everywhere these days. Many of us are addicted to them. There are many studies about the dangers to health of being glued to screens. Children are not exercising; people are worrying about their body image; and people are being bullied by cyber-criminals. A study of 1,000 adults found that half of the participants were addicted to their smartphones and didn't realize it. The study called for people to try "digital detox".

Digital detox involves turning off the Internet to enjoy "real life". It means talking to people face to face and "doing everyday stuff". A digital detox organisation said detox was "a catalyst for people to rethink their distance from their devices". People should use devices less to avoid "nomophobia"－

NO Mobile PHOBIA. A psychologist warned that being too absorbed in smartphones means ignoring responsibilities. She said people should consider digital detox. (145 words)
(出典 Easy English News Lessons :Breaking News Lessons Digital detox leads to better health and lifestyle.(14th-March, 2022)

▼高校保体
【課題】
□精神疾患の特徴について。
□事故の現状と発生要因について。

▼高校音楽
【課題】
□日本歌曲における言葉と旋律について。

▼高校美術
【課題】
□文様(日用品や建物などを飾る模様)について，デザインや生活との関わりを指導をしなさい。

▼高校家庭
【課題】
□次の和風献立の調理実習を行ううえでの留意点について。
・ごはん
・すまし汁
・青菜のおひたし
・魚の鍋照り焼き

▼高校情報
【課題】

□2進数の補数について。

▼高校農業

【課題】

□肥料の役割と施肥の方法について。

▼高校工業(機械系)

【課題】

□鋼板にせん断荷重が加わっているとき，板に生じるせん断応力について。

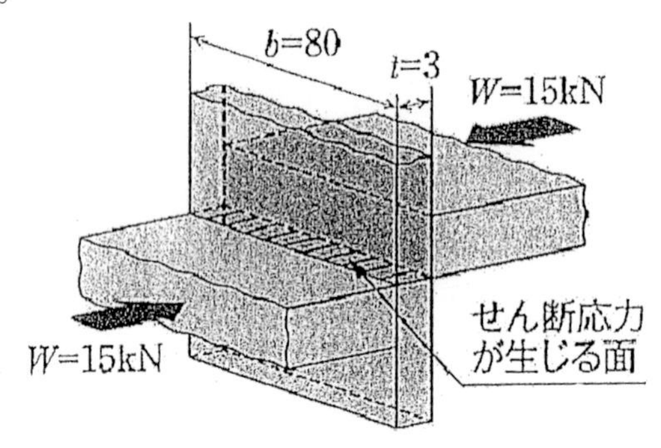

▼高校工業(電気系)

【課題】

□図の平行導体間に働く電磁力について。

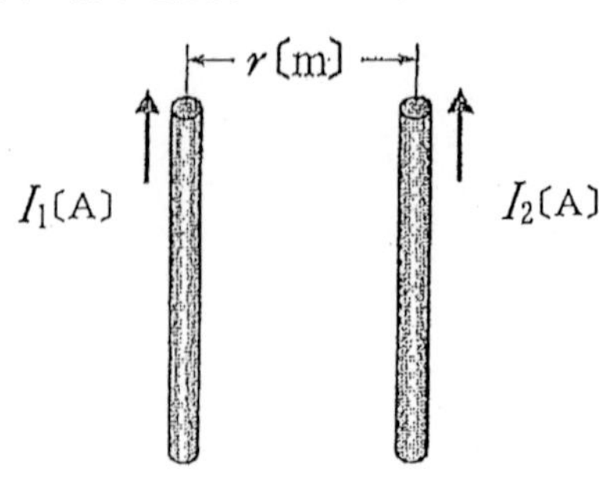

▼高校商業

【課題】

□製品ライフサイクルについて。

▼栄養教諭

【課題】

□小学校低学年の学級活動において，給食室の調理の様子を知らせ，給食当番や配膳を待っている時など，給食の準備の際の安全や衛生について指導しなさい。

□中学生の家庭科において，地域の食材のよさや，郷土料理・行事食など食文化について興味や関心を持つよう指導しなさい。

□小学校6年生の家庭科において，朝食の役割を知らせ，栄養バランスのよい朝食の内容について指導しなさい。

▼特別支援　小学部

【設題】

□国語：こ・そ・あ・ど言葉

「こ・そ・あ・ど言葉」について，例文を示しながら指導しなさい。

〈担当する学級〉

小学部：視覚障害を含む知的障害の学級

□算数：がい数の計算

次の問題について指導しなさい。

「Aさんの住んでいる市には3つの町があり，人口は右のとおりです。人口の合計は約何万人か見当をつけましょう。」

ひかり町	34067人
きぼう町	48279人
のぞみ町	40923人

〈担当する学級〉

※小学部・4年：肢体不自由児童の学級で，小学校に準じる教育課程の学級

□算数：場合の数

次の問題について指導しなさい。

「りんご，バナナ，みかん，メロンが1つずつあります。3つを選んで，果物セットをつくろうと思います。全部で，何通りのつくり方がありますか。」

〈担当する学級〉

※小学部・6年：聴覚障害児童の学級で，小学校に準じる教育課程の学級

□社会：火事からくらしを守る

次の問題について指導しなさい。

「消火活動をしたり，火事が起きないようにしたりするために，どのような人々が，どのような働きをしているのでしょうか。」

〈担当する学級〉

※小学部・4年：聴覚障害の学級で，小学校に準ずる教育課程の学級

□理科：温度計の使い方

棒温度計の温度の正しい読み方と，棒温度計の取り扱いで気をつけることについて指導しなさい。

〈担当する学級〉

※小学部・3年：病弱の学級で，小学校に準ずる教育課程の学級

▼特別支援学校　中学部

【設題】

□国語：表現力を高めよう

次の三つの文を、原因と結果がわかるように整理して1つの文に書き直し、わかりやすく伝えるよう指導しなさい。

・雨が降ってきた。
・バスに乗って帰った。
・かさを持っていなかった。

〈担当する学級〉
※中学部：知的障害の学級

□社会：水はどこから
次の問題について指導しなさい。
「私たちの生活に欠かせない水は，どこでどのようにしてつくられ，送られてくるのでしょうか。」
〈担当する学級〉
※中学部・2年：知的障害を主とした障害の学級

▼特別支援学校　高等部
【設題】
□国語：お礼の手紙を書こう
高等部1年2組のAさんは，5日間の職場体験を終えました。職場体験実習先へ出すお礼状について，書く内容の順番や決まりについて指導しなさい。

〈担当する学級〉

※高等部：知的障害の学級

□数学：面積

次の問題について指導しなさい。

次のAの長方形とBの正方形では，どちらが広いでしょうか。

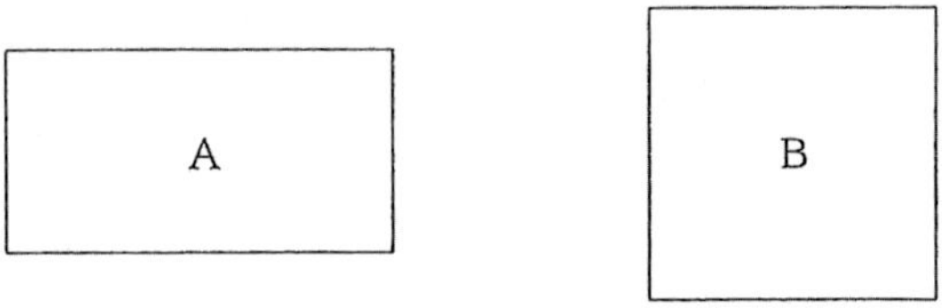

A　　　B

〈担当する学級〉

※高等部・1年：※知的障害を主とした障害の学級

□社会：店ではたらく人

次の問題について指導しなさい。

「スーパーマーケットではたらく人は，多くの人々が買い物をしやすくするために，どのようなくふうをしているのでしょうか。」

〈担当する学級〉

※高等部・2年：知的障害を主とした障害の学級

◆専門実技試験　2次試験

▼小学校

【課題　音楽実技】

□演奏実技

次の曲の中から，試験当日に示す1曲をソプラノリコーダーで演奏しなさい。

「オーラ　リー」　ジョージ　プールトン　作曲

「茶色の小びん」　ジョセフ　ウィナー　作曲

「パフ」　ピーター　ヤーロウ・レナード　リプトン　作曲

※リコーダーは，ジャーマン式，バロック式のどちらでもよい。
※主旋律を無伴奏で演奏すること。
※楽譜を見て演奏してよいが，児童の模範となるように演奏すること。
※楽譜は，小学校で使用されている教科書等を参照すること。
〈受験者持参物〉
○ソプラノリコーダー
○楽譜の持参　可
【課題　体育実技】
□小学校学習指導要領に準ずる内容の実技
〈受験者持参物〉
○体育実技ができる服装(Tシャツ・ジャージ等)
○体育館シューズ
○タオル(汗拭き用)，水分補給の用意

▼中高保体
【課題1】
□立ち三段跳び
・両足踏切→片足→片足(逆足)→両足着地で測定
※2回のうち，良い方の記録で評価
【課題2】
□器械運動(マット運動)
・3種目を順番に行う(①倒立前転，②後転，③ロンダート)
【課題3】
□球技(バスケットボール)
・フリースロー
・フリースローラインからドリブルし，センターラインのコーンを回ってからランニングシュート(レイアップシュート)
※ドリブルはセンターラインで手を変える
〈受験者持参物〉
○運動ができる服装

○ゼッケン(2枚)
※白地布で縦150mm，横250mm
※受験番号を油性マジックにより，黒字楷書でわかりやすくはっきりと書く。
※胸部および背部に縫い付けておく。
○屋外用運動シューズ，屋内用運動シューズ
○サブバッグ(貴重品持ち運び用)

▼中学家庭
【課題1】
□「かきたま汁」を2人分調理しなさい。また，専門実技作品票に番号と氏名，汁の調味に使用した調味料名とその分量を記入しなさい。(45分)
〈材料〉
○昆布(事前に水400mLに30分つけています)
○かつお節
○たまご
○しいたけ
○みつば
○かたくり粉
○調味料(塩・しょうゆ・みりん)
〈使用用具〉
○包丁
○まな板
○なべ
○ざる
○ボウル
○菜ばし
○玉じゃくし
○計量スプーン

○計量カップ
○ペーパータオル
【課題2】
□A4ファイル用のカバーを制作しなさい。ただし，下記の条件1から条件3を満たすこと。また，専門実技作品票に番号と氏名を記入しなさい。(45分)
〈条件〉
条件1　まつり縫いをすること
条件2　ミシン縫いをすること
条件3　スナップ1組をつけること
〈受験者持参物〉
○エプロン
○三角巾
○マスク
○ふきん2枚(食器用・台ふき用)
○手を拭くタオル
○裁縫道具
○筆記用具
○タオル，水分補給の用意

▼中学技術
【課題】
□配付された板材を用いて，下図に示した小物入れを製作しなさい。加えて，下の1～3の手順で進めること。(120分)
〈手順〉
1　材料取り図を別紙に書きなさい。寸法も記入すること(20分)。
2　机上の道具を使い，製作しなさい。ただし，接合には木工ボンドと釘の両方を使用するものとする(100分)。

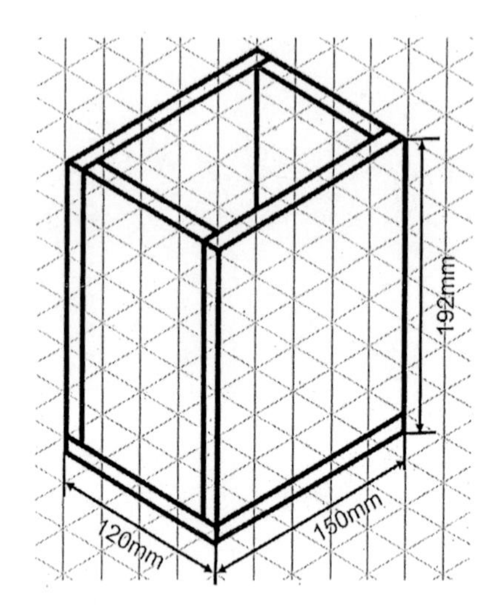

3　机上の道具を使い，製作しなさい。

〈材料及び配布物〉

○板材　165mm×12mm×1200mm　1枚

　　　　40mm×12mm×1200mm　1枚

○紙やすり(240番)　1枚

○釘(25mm，32mm)　それぞれ20本

〈使用工具〉

○両刃のこぎり

○さしがね

○げんのう

○かんな

○四つ目きり

○木工やすり

○万能やすり

○万力

○木槌

○くぎ抜き

○その他
〈受験者持参物〉
○鉛筆
○消しゴム
○直定規
○作業のできる服装
○タオル，水分補給の用意

▼中高音楽
【課題　演奏実技①】
□次の歌唱共通教材7曲の中から，直前に指定する1曲を，ピアノで伴奏をしながら歌いなさい。
※楽譜を見て演奏してもよいが，できるだけ生徒の顔を見ながら(生徒がいると想定して)演奏すること。
※1番，2番と演奏すること。ただし，「花」は1番，3番とする。
〈課題楽曲〉

「赤とんぼ」	三木　露風作詞	山田　耕筰作曲	1番，2番
「荒城の月」	土井　晩翠作詞	滝　廉太郎作曲	1番，2番
「早春賦」	吉丸　一昌作詞	中田　章作曲	1番，2番
「夏の思い出」	江間　章子作詞	中田　喜直作曲	1番，2番
「花」	武島　羽衣作詞	滝　廉太郎作曲	1番，3番
「花の街」	江間　章子作詞	團　伊玖磨作曲	1番，2番
「浜辺の歌」	林　古渓作詞	成田　為三作曲	1番，2番

【課題　演奏実技②】
□試験直前に示す1曲をアルトリコーダーで演奏しなさい。
※1分間，黙視するものとする。
※無伴奏で，生徒の模範となるように演奏すること。
※リコーダーはバロック式，ジャーマン式のどちらでも可とする。
冬(「四季」から)ヴィヴァルディ作曲

〈受験者持参物〉
○演奏実技①(歌唱共通教材)の楽譜
○アルトリコーダー
○演奏実技③(任意の器楽曲)で使用する楽器，楽譜のコピー(提出用)
※ピアノ以外の楽器は持参すること。
※5分程度の曲を選ぶこと。
○タオル，水分補給の用意

▼中高美術
【課題】
□授業で生徒に見せる参考作品を描きなさい。また，指導のポイントや作品について，別紙に簡潔に示しなさい。
1 実技試験の時間は，120分である。
2 題材名は「今を生きる私へ～自分の気持ちや心の中～」とし，対象学年は第3学年とする。
3 生徒の発想が広がるような自画像の参考作品を描くこと。
4 顔全体を紙面に入れること。
5 自画像と自分の気持ちや心の中を表現する具体物の組み合わせを工夫すること。
6 水彩絵の具を使って表現すること。
7 画用紙は縦横自由とし，裏面右下に受験番号を記入すること。
〈各自の持参物〉
○鉛筆デッサンができる道具(鉛筆，消しゴム等)※練り消しゴム可
○水彩絵の具セット(絵の具，筆，パレット等)

○筆洗
○雑巾
○筆記用具
〈配付物〉
○画用紙(四つ切りサイズ)　1枚
○A4用紙(試し用)　数枚
○別紙プリント　1枚
○画板　1枚
○卓上鏡　1個
〈別紙〉

「今を生きる私へ　～自分の気持ちや心の中～」

以下について簡潔に記入しなさい。

活動	指導のポイント
1．構想を練る	
2．下描き	
3．彩色	
4．鑑賞	

【作品タイトル】

【作品の意図】

▼高校家庭

【課題　折り紙】

□3種類以上の折り紙作品を作って，所定の画用紙に貼り，幼児の心を豊かに育む作品を作りなさい。ただし，次の①～⑤の条件に従うこと。

① 4月～6月の季節に合ったテーマを設定すること。

② 折り紙に必要な切り込みを入れてもよい。

③ 折り紙に必要な書き込みをしてもよい。

④ 画用紙に描画を加えること。

⑤ 解答用紙にテーマ，作品全体の説明，個々の折り紙作品の説明をそれぞれ書きなさい。

〈解答用紙〉

テーマ	
作品全体の説明	

個々の折り紙作品の説明

折り紙作品 1	
折り紙作品 2	
折り紙作品 3	
折り紙作品 4	
折り紙作品 5	
折り紙作品 6	
折り紙作品 7	
折り紙作品 8	

〈各自の持参物〉
○筆記用具
○ハサミ(工作用)
○色鉛筆(12色以上が望ましい)
○クレヨン(12色以上が望ましい)
○のり
○セロテープ(幅15mm程度)
○両面テープ(幅15mm程度)

▼高校工業(機械)
【課題1】
□次の品物の正面図，平面図，右側面図を原尺でかきなさい。ただし，矢印の向きから見た図を正面図とし，寸法は記入しないこと。また，穴はすべて貫通しているものとする。

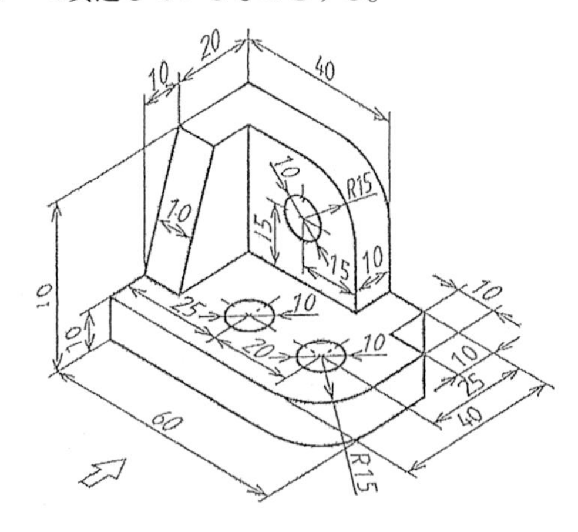

【課題2】
□次に示す投影図の展開図をかきなさい。

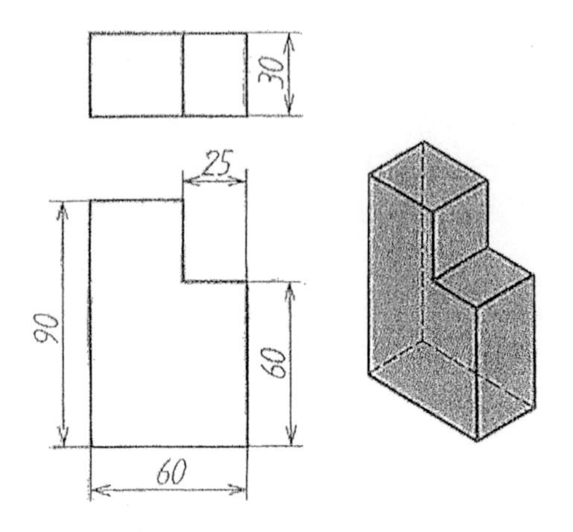

〈各自の持参物〉

○製図用具(シャープペン0.7mm・0.5mm・0.3mm)，三角定規一組，直定規(目盛り入り)，コンパス，消しゴム

○筆記用具

▼高校工業(電気)

【課題1】

□DCモータを双極双投スイッチによって正転，逆転させる回路を与えられた材料および工具を使用し，〈完成条件〉に従って接続しなさい。

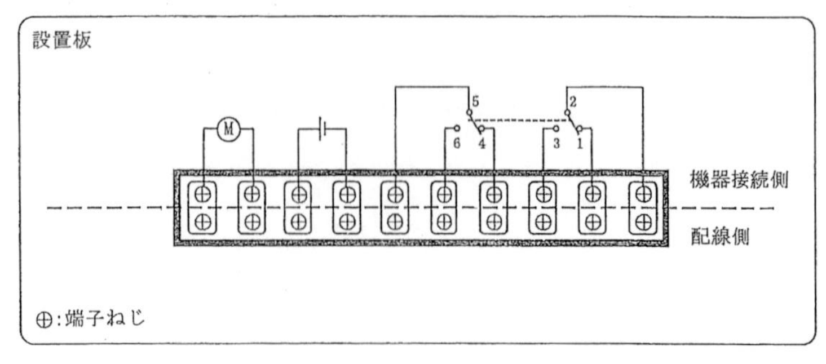

〈端子番号〉

双極双投スイッチの端子番号は次のとおりとする。

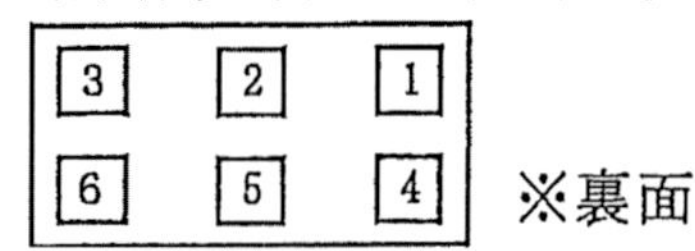

〈完成条件〉

① モータ，電池ボックス，双極双投スイッチは上の図のように端子台の機器接続側に接続すること。

② 端子台の配線側端子にリード線を縦続し回路を完成させること。

③ 正転・逆転のスイッチの方向は問わない。

④ 端子台裏面の両面テープをはがし，設置板に固定すること。

〈材料〉

○DCモータ	1個
○電池ボックス	1個
○単三乾電池	2個
○双極双投スイッチ	1個
○設置版	1枚
○端子台	1個
○Y端子付きリード線	10本

【課題2】

□2つのスイッチ(入力A・B)と２つのLED(どちらも出力F)が論理記号と同じ動作になるよう，与えられた材料および工具を使用し〈完成条件〉に従って完成させなさい。また，抵抗の値をテスターを使わず，計算によって求め付箋紙に記入し，セロハンテープでユニバーサル基板に貼り付けなさい。

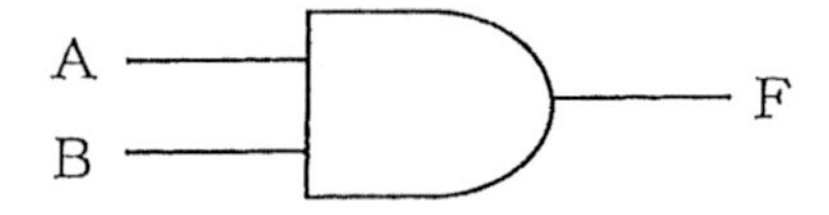

〈完成条件〉

① 2つのLEDは同じ出力となるよう配線すること。

② 電池ボックス以外はユニバーサル基盤に配置すること。
③ 各素子はユニバーサル基盤のおもて面に取り付けること。
④ 配線はメッキ線を使い，ランドをまたぐ斜め配線はせず直線でつなぐこと。

〈注意事項〉

抵抗はLEDの破損を防ぐため，LEDに対して直列に接続すること。また，配線を誤った場合，素子の再配布は1回のみ可とします。ただし，ユニバーサル基盤の再配布はありません。

〈材料(電線の再配布はありません)〉

○ユニバーサル基板	1枚
○抵抗	2個
○LED(赤色)	2個
○タクトスイッチ	2個
○電池ボックス	1個
○メッキ線	200mm
○単三乾電池	2個
○はんだ	少量
○はんだ吸い取り線	少量
○セロハンテープ	1巻
○付箋紙	数枚

▼高校商業

【課題1】

□次のⅠ～Ⅳにしたがい，「商業実技大問1.docx」(白紙)を用いて，以下のような文書を作成しなさい。ただし，書籍設定について，指示のない文字のフォントは明朝体の全角で入力し，サイズは12ポイントに統一すること。

Ⅰ 標題の挿入

出題内容に合った表題のオブジェクトを，用意されたフォルダ「商業実技大問1データ」から選び，指示された位置に掩入しセンタリングすることと。

Ⅱ　表作成

次の資料ならびに指示を参考に表を作成すること。

資料　単位：台

メーカー	出荷台数	特　　徴
ソニック	551,000	省エネ運転をするエコ自動運転
山芝	188,500	冷房と送風のハイブリッド運転
コウキン工業	391,500	自動で切り替える快適自動運転
ジープ	246,500	快適性と省エネ性を向上
その他	72,500	コスト重視の海外メーカー

〈指示〉

1. 表は，行頭・行末を越えずに作成し，行間は2.0とすること。
2. 罫線は太実線と細実線を区別すること。
3. 表の枠内の文字は1行で入力し，上下のスペースが同じであること。
4. 表内の「国内シェア」と「出荷台数」の数字は明朝体の半角で入力し，「出荷台数」は3桁ごとにコンマを付けること。
5. ソート機能を使って，表全体を「その他」を除き「出荷台数」の多いメーカーの順に並べ替え，「その他」を最後の行に加えること。
6. 表の「出荷台数」の合計は，計算機能を使って求めること。
7. 次の点に注意して，シェアを表現するための適切なグラフを作成すること。

・用意されたフォルダ「商業実技大問1データ」にあるエクセルファイル「ルームエアコン国内シェア一覧」よりグラフを作成すること。
・メーカー別のルームエアコン国内シェアの割合をあらわすグラフを作成すること。
・グラフは，ルームエアコン国内シェアの高い順に表示すること。
・データラベルは，メーカーと割合(%)を適切な位置に表示すること。

Ⅲ　テキスト・グラフの挿入

1. 挿入する文章は，用意されたフォルダ「商業実技大問１データ」にあるテキストファイルから取得し，編集すること。
2. 上記Ⅱの指示7で作成したグラフを，指示された位置に挿入すること。

Ⅳ　その他

1. 問題文にある校正記号にしたがうこと。
2. 次の文書内に記されている①～⑪の処理を行うこと。

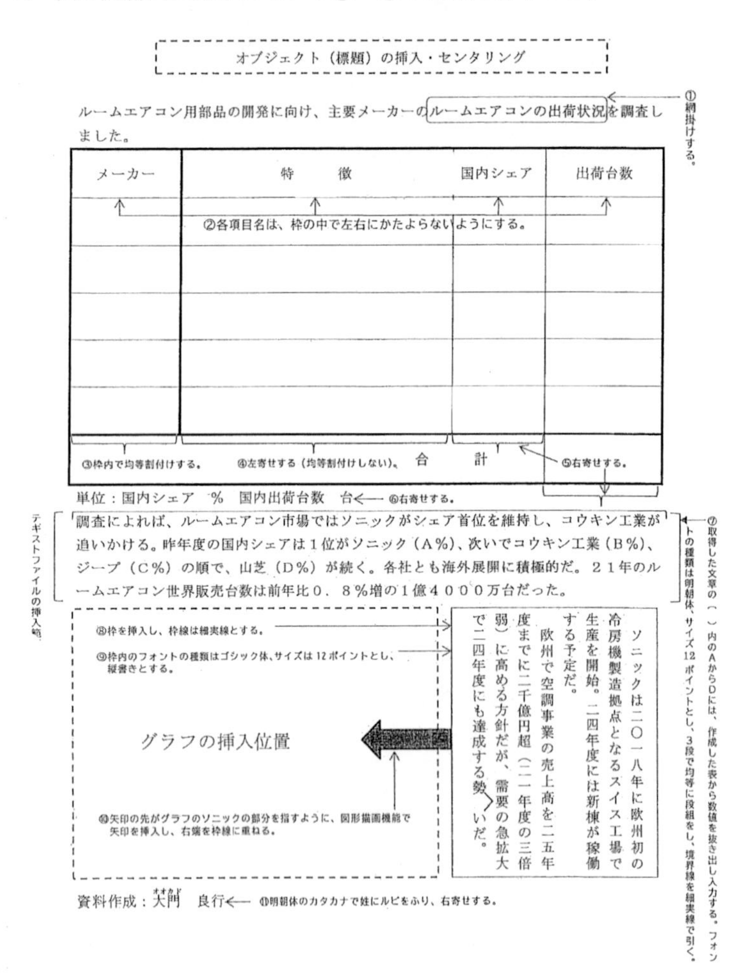

オブジェクト（標題）の挿入・センタリング

ルームエアコン用部品の開発に向け、主要メーカーのルームエアコンの出荷状況を調査しました。 ←①網掛けする。

メーカー	特　　徴	国内シェア	出荷台数
	②各項目名は、枠の中で左右にかたよらないようにする。		
③枠内で均等割付けする。	④左寄せする（均等割付けしない）。　合	計	⑤右寄せする。

単位：国内シェア　%　国内出荷台数　台← ⑥右寄せする。

テキストファイルの挿入範

調査によれば、ルームエアコン市場ではソニックがシェア首位を維持し、コウキン工業が追いかける。昨年度の国内シェアは１位がソニック（A%）、次いでコウキン工業（B%）、ジープ（C%）の順で、山芝（D%）が続く。各社とも海外展開に積極的だ。２１年のルームエアコン世界販売台数は前年比０．８%増の１億４０００万台だった。

←⑦取得した文章の（ ）内のAからDには、作成した表から数値を抜き出し入力する。フォントの種類は明朝体、サイズ12ポイントとし、3段で均等に段組をし、境界線を細実線で引く。

⑧枠を挿入し、枠線は細実線とする。

⑨枠内のフォントの種類はゴシック体、サイズは12ポイントとし、縦書きとする。

グラフの挿入位置

⑩矢印の先がグラフのソニックの部分を指すように、図形描画機能で矢印を挿入し、右端を枠線に重ねる。

ソニックは二〇一八年に欧州初の冷房機製造拠点となるスイス工場で生産を開始。二四年度には新棟が稼働する予定だ。
欧州で空調事業の売上高を二五年度までに二千億円超（二一年度の三倍弱）に高める方針だが、需要の急拡大で二四年度にも達成する勢いだ。

資料作成：大門（オオカド）　良行← ⑪明朝体のカタカナで姓にルビをふり、右寄せする。

【課題2】

□ある大学では，学生を対象に国別の留学希望調査を行い，報告書を作成することになった。「商業実技大問2. xlsx」を使用して，次の作成条件にしたがい，シート名「国名表」とシート名「登録表」から，シート名「報告書」を作成しなさい。

〈作成条件〉

1. 表およびグラフの体裁は，以下を参考にして設定する。
   設定する書式：罫線
   設定する数値の表示形式：%，小数の表示桁数
2. 表の※印の部分は，式や関数などを利用して求める。
3. グラフの※印の部分は，表に入力された値をもとに表示する。
4. シート名「登録表」の「留学の有無」は，1(留学の経験：あり)，0(留学の経験：なし)である。
5. 「1.国別留学希望調査一覧」は，次のように作成する。

(1) 「国名」は「国名コード」をもとに，シート名「国名表」を参照して表示する。

(2) 「募集人数」は「国名コード」をもとに，シート名「国名表」を参照して表示する。

(3) 「希望人数」は，シート名「登録表」から「国名コード」ごとの件数を求める。

(4) 「募集達成率」は，次の式で求める。ただし，%で小数第1位まで表示する。

　　希望人数÷募集人数

(5) 「留学経験者数」は，シート名「登録表」から「国名コード」ごとに「留学の有無」の合計を求める。

(6) 「留学未経験者数」は，次の式で求める。

　　希望人数－留学経験者数

(7) 「順位」は，「留学未経験者数」を基準として，降順に順位を求める。

(8) 「備考」は，「募集達成率」が70%以上，かつ「順位」が5以下の

場合，「○」を表示し，それ以外の場合，何も表示しない。

(9) 「合計」は，各列の合計を求める。

6. 複合グラフは，「1. 国別留学希望調査一覧」から作成する。

(1) 数値軸(縦軸)目盛は，最小値(20.0%)，最大値(80.0%)および間隔(20.0%)を設定する。

(2) 第2数植軸(縦軸)目盛は，最小値(0)，最大値(60)および間隔(20)を設定する。

(3) 軸ラベルの方向を設定する。

(4) 凡例の位置を設定する。

(5) データラベルは，「募集達成率」を表示し，「留学経験者数」と「留学未経験者数」は表示しない。

7. 「2.留学未経験者数上位5国」は，次のように作成する。

(1) 「1.国別留学希望調査一覧」より，「順位」が5以下の「国名コード」，「国名」，「留学未経験者数」を値コピーする。

(2) 「留学未経験者割合」の「国」は，次の式で求める。ただし，小数第3位未満を切り捨て，%表示で小数第1位まで表示する。

留学未経験者数÷(「国名コード」をもとに，シート名「国名表」を参照して求めた募集人数)

(3) 「留学未経験者割合」の「全体」は，次の式で求める。ただし，小数第3位未満を切り捨て，%表示で小数第1位まで表示する。

留学未経験者数÷(「1.国別留学希望調査一覧」の留学未経験者数の合計)

(4) 「合計」は，「留学未経験者数」の合計を求める。

(5) 表の作成後，45～49行目のデータを「留学未経験者数」を基準として，降順に並べ替える。

	A	B	C
1			
2	国名表		
3	国名コード	国名	募集人数
4	KR	韓国	60
5	CN	中国	80
6	TH	タイ	50
7	AU	オーストラリア	80
8	CA	カナダ	80
9	ES	スペイン	20
10	PH	フィリピン	50
11	VN	ベトナム	50
12	GB	イギリス	80
13	US	アメリカ	80

（国名表）

	A	B	C
1			
2	登録表		
3	登録番号	国名コード	留学の有無
4	1	TH	0
5	2	AU	1
6	3	CA	0
7	4	AU	0
8	5	GB	0
9	6	AU	0
～	～	～	～
400	397	CA	1
401	398	GB	0
402	399	US	1
403	400	US	1

（登録表）

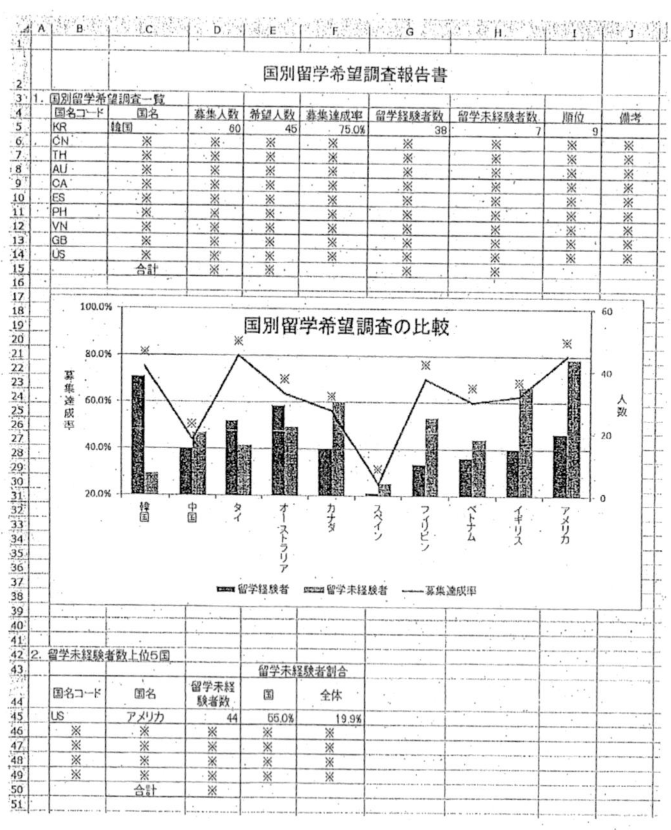

国別留学希望調査報告書

1．国別留学希望調査一覧

国名コード	国名	募集人数	希望人数	募集達成率	留学経験者数	留学未経験者数	順位	備考
KR	韓国	60	45	75.0%	38	7	9	
CN	※	※	※	※	※	※	※	※
TH	※	※	※	※	※	※	※	※
AU	※	※	※	※	※	※	※	※
CA	※	※	※	※	※	※	※	※
ES	※	※	※	※	※	※	※	※
PH	※	※	※	※	※	※	※	※
VN	※	※	※	※	※	※	※	※
GB	※	※	※	※	※	※	※	※
US	※	※	※	※	※	※	※	※
	合計	※	※		※	※		

2．留学未経験者数上位5国

国名コード	国名	留学未経験者数	留学未経験者割合 国	留学未経験者割合 全体
US	アメリカ	44	55.0%	19.9%
※	※	※	※	※
※	※	※	※	※
※	※	※	※	※
※	※	※	※	※
	合計	※		

（報告書）

【課題3】

□ある会社の製品ごとの売上高推移から，第1期を基準とした売上高の変動割合を求め，ファンチャートを作成し，データを分析した。「商業実技大問3.xlsx」を使用して，次の作成条件にしたがい，シート名「分析シート」を作成しなさい。

〈作成条件〉

1. 「製品別伸び率」における「第2期」～「第4期」の※印の値は，それぞれの売上高を「第1期」の売上高で割って求める。ただし，%で小数第1位まで表示する。
2. グラフの※印の部分は，表に入力された値をもとに表示する。
3. グラフは，「製品伸び率」から作成する。

(1) 数値軸(縦軸)目盛は，最小値(60.0%)，最大値(180.0%)および間隔(20.0%)を設定する。

(2) 凡例の位置を設定する。

4. 「分析」の(　　)に当てはまる製品名をそれぞれ入力しなさい。

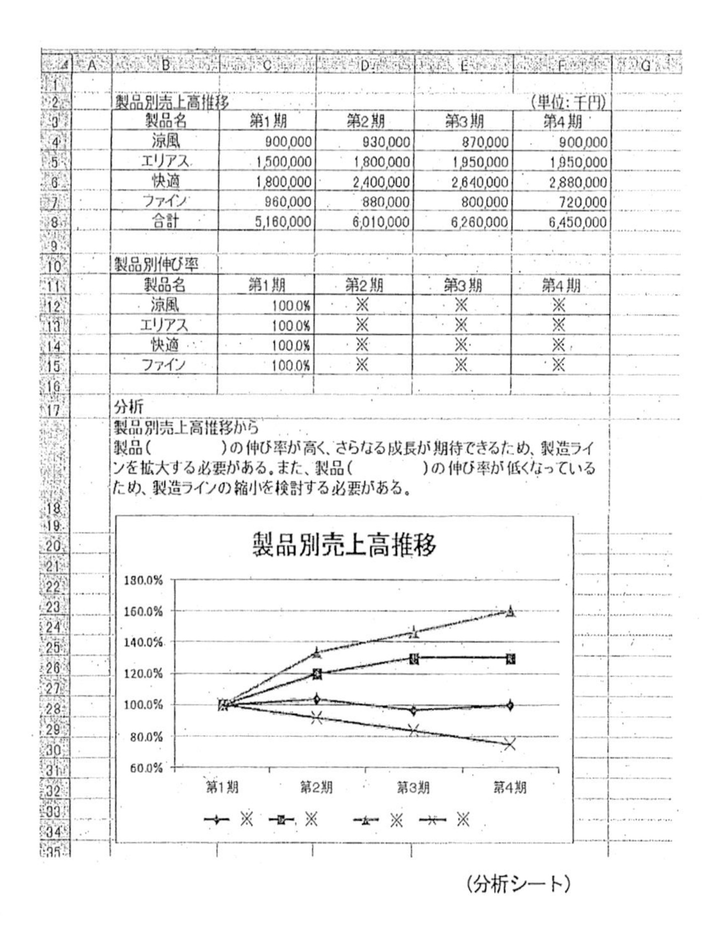

製品別売上高推移　(単位:千円)

製品名	第1期	第2期	第3期	第4期
涼風	900,000	930,000	870,000	900,000
エリアス	1,500,000	1,800,000	1,950,000	1,950,000
快適	1,800,000	2,400,000	2,640,000	2,880,000
ファイン	960,000	880,000	800,000	720,000
合計	5,160,000	6,010,000	6,260,000	6,450,000

製品別伸び率

製品名	第1期	第2期	第3期	第4期
涼風	100.0%	※	※	※
エリアス	100.0%	※	※	※
快適	100.0%	※	※	※
ファイン	100.0%	※	※	※

分析
製品別売上高推移から
製品(　　　　)の伸び率が高く、さらなる成長が期待できるため、製造ラインを拡大する必要がある。また、製品(　　　　)の伸び率が低くなっているため、製造ラインの縮小を検討する必要がある。

(分析シート)

▼高校農業

【課題1】

□ニンジンおよびハクサイの種をまきます。それぞれの種まきの方法について,「直まき」「ポットまき」「セルトレイまき」のいずれかを選び,その方法にふさわしい用具を用いて種をまきなさい。ただし,同じ方法は選べないこととする。

作業時間には,清掃および整理整頓の時間を含む。(作業時間30分)

【課題2】

□レポート作成作業(作業時間15分)

1　ニンジンの種まきについて，あなたが実施した方法(直まき，ポットまき，セルトレイまき)，その方法を選んだ理由を説明しなさい。また，種をまく時に気を付けたことを説明しなさい。

○実施した方法

○選んだ理由

○種をまく時に気を付けたこと

2　ハクサイの種まきについて，あなたが実施した方法(直まき，ポットまき，セルトレイまき)，種をまく時に気を付けたことを説明しなさい。

○実施した方法

○種をまく時に気を付けたこと

〈各自の持参物〉

○軍手またはそれに準じるもの

○筆記用具

○実習指導するうえで望ましい服装

▼高校養護

【課題1】

□小学校5年生の保健「けがの防止」について学級担任とチームティーチングで授業をする際，学校内で起こっているけがの状況について資料を使って指導しなさい。(4分以内)

〈資料〉

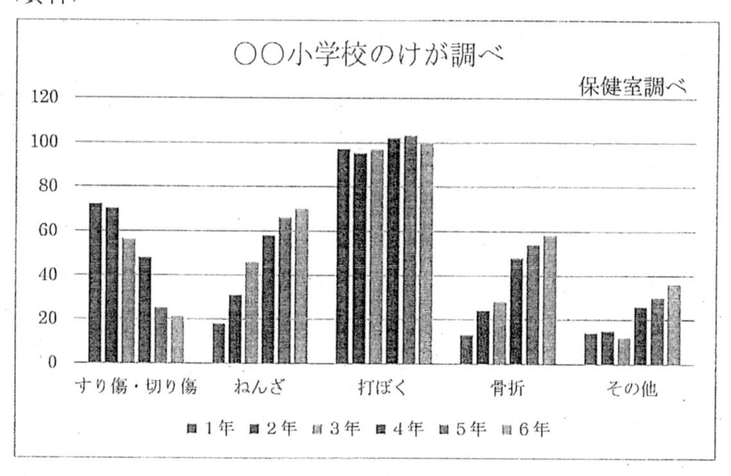

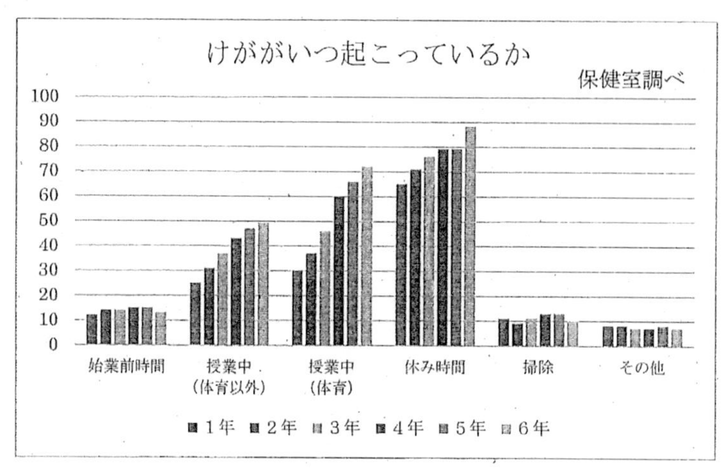

【課題2】

□ あなたは中学校の養護教諭である。4時間目の保健体育の授業終了後，保健体育科担当教員が「3年1組のAさんが頭痛，吐き気，手足がしびれると訴えている」と，Aさんを保健室へ連れてきた。担当教員に活動内容を確認したところ，運動場でハードルを実施していたことがわかった。12:30現在，外気温は31度，暑さ指数は30であった。

　このような設定において，ダミー人形をAに見立て処置を実施しなさい。なお，机上の用具は自由に使ってよい。(4分以内)

〈机上〉

携帯電話　パルスオキシメーター　血圧計　AED　体温計　保冷剤　保冷BOX　経口補水液(スポーツドリンク)　救急箱　タオル　記録用紙・ペン　うちわ　扇風機

〈他準備物〉

ダミー人形　ビニールシート　アルコールティッシュ

2023年度

◆集団面接・集団討論(1次試験)

▼小学校　面接官3人　受験者7人　15分

【質問内容】

□理想の教師像は。

□ワークライフバランスのためにどの様に取り組むか。

【集団討論テーマ】

□障害のある子供に対応していくために教師に必要な資質能力とは

▼小学校　面接官3人　受験者6人　20分

【質問内容】

□教師になりたいと考えたのはなぜか。

□教師として必要なこととは何か(子供たちと接する上で)。

□どのような授業をしたいか(教科を指定してもよい)。

【集団討論テーマ】

□教科担任制についてどう考えるのか。

・集団面接を数問行った後に，そのままの流れで面接官が前にいるまま集団討論を行った。

・少ない人で2回，多い人は4回発言をしていた。

〈面接配置〉

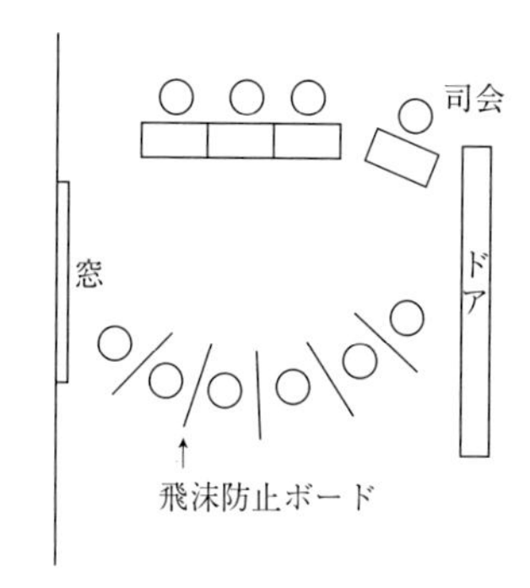

▼小学校　面接官3人　受験者7人　15分

【質問内容】

□1分間スピーチ(理想の教師像について)。

□ワークライフバランスを保つためにはどうするか。

・挙手制だった。

・1分程度で答えるようにと注意があった。

【集団討論テーマ】

□特別な支援を必要としている子が増えている中で，教育的ニーズや専門性が必要となる。どのような資質・能力を身につけるべきか。

・コロナ禍だが，パーテーションがあったため，マスクを外して行った。

・司会を立てないという注意があった。

▼中学社会　面接官3人　受験者8人　30分

【質問内容】

□理想の教師像とそうなるために今自分が取り組んでいること。

□SNSのトラブルについて，どんな指導をするか。

【集団討論テーマ】

□日本の子どもは海外に比べて自尊心が低いが，改善するにはどうすればよいか。
・a～hのアルファベットが受験者に割り振られ，試験官からもアルファベットで呼ばれる。

▼特別支援学校　面接官3人　受験者6人　15分
【質問内容】
□生きる力を高めるために，教師として何をするか。
□特別支援学校教員の魅力とは。
【集団討論テーマ】
□障害のある子とない子の交流についての課題。

◆個人面接　2次試験
▼小学校　面接官3人　10分
【質問内容】
□実習でほめることの大切さがわかったと書いているが，具体的にどういうことか(面接カードより)。
→それを今後どう生かすか。
□教師を志望した理由に小6のエピソードがあるが，具体的にどんなエピソードか(面接カードより)。
□高校のときの生徒会長で苦労したことは(面接カードより)。
□大学推薦をもらえた理由は何だと思うか。
□教師になるまで何を頑張るか。
□学生ボランティアで生徒指導や生活面で学んだことはあるか。
□不合格の場合どうするか。
□他府県を受けているか，県内どこでも勤務できるか。
・受験者の前にパーテーションがあったため，面接官の声が少し聞きにくかった。
・マスクは外した。

▼小学校　面接官3人　15分

【質問内容】

□基本的には，面接カードからの質問であった。

□滋賀県の志望理由。

□併願はしているか。

→両方受かったらどうするか。

□今まで協力してきたことは。

□教科担任制はできるか。

▼小学校

【質問内容】

□滋賀県の職員を志望した理由(できるだけ具体的に)。

□子供との体験について(これまでの子供と関わった体験の中で学んだこと)。

□指導できるクラブ，部活動は。

□教育実習(校種，期間，学年，教科)について。

□ボランティア活動歴について。

□現在の職業について。

□アピールポイント(特技，性格，資格など)。

▼特別支援学校

【質問内容】

□面接カードを事前に記入して当日持参し，基本的にその内容について，詳しく質問された。

□特別支援教育における専門性とは何か，一言で答えろ。

◆指導実技試験(模擬授業)(2次試験)

〈共通指示〉

□次の内容について授業を行いなさい。

(制限時間内に指導の主題が伝わるように授業を行うこと。必ず板書を用いること。)

【模擬授業課題】

▼小学校

[国語]

【課題】

小学校 教科	番号	問題文
小学校　国語	1	主語と述語の関係について例文を使って指導をしなさい。
小学校　国語	2	修飾と被修飾との関係について例文を使って指導をしなさい。
小学校　国語	3	互いの意見の共通点や相違点に着目して考えをまとめる司会の仕方について指導しなさい。
小学校　国語	4	事実と感想・意見とを区別して解説文を書く学習をします。導入部分を指導しなさい。
小学校　国語	5	「１年生と仲良くなろう会」に向けて、異学年で行う遊びを決めるために話し合う学習をします。導入部分の指導をしなさい。
小学校　国語	6	見出しや記事の割り付けを工夫して、学級新聞を作る学習の指導をしなさい。
小学校　国語	7	１年生に、助詞の「は」「を」「へ」の使い方について指導をしなさい。
小学校　国語	8	話し言葉と書き言葉を、場面に応じて適切に使い分けることができるように指導をしなさい。
小学校　国語	9	初めての毛筆を使った学習の、導入部分の指導をしなさい。
小学校　国語	10	聞くことの学習で、メモの取り方の工夫について考えさせる指導をしなさい。
小学校　国語	11	漢字辞典の使い方について指導をしなさい。
小学校　国語	12	物語を読み、心に残ったことを感想文に書き、互いに読み合い交流します。導入部分の指導をしなさい。
小学校　国語	13	「水に流す」や「油を売る」などの慣用句を適切に使えるように、短文を作って指導しなさい。
小学校　国語	14	調べ学習で、図鑑から知りたいことを探す方法について指導しなさい。
小学校　国語	15	「閑かさや　岩にしみ入る　蝉の声」 松尾芭蕉 の俳句を使って、「季語」について指導をしなさい。
小学校　国語	16	お話のお気に入りの場面とその場面を選んだわけを紹介する学習活動をします。導入部分の指導をしなさい。
小学校　国語	17	自分の憧れの仕事について、地域で働く方々にインタビューをしに行く直前の指導をしなさい。

［社会］

【課題】

小学校　教科	番号	問題文
小学校　社会	1	自分の住んでいる地域の特色ある地形や土地利用の様子などを取り上げ、地域の様子に違いがあることについて指導しなさい。
小学校　社会	2	スーパーマーケットの販売が、消費者のニーズをもとにし、売り上げが高まるよう工夫して行われていることについて指導しなさい。
小学校　社会	3	消防署や警察署などの関係機関が、地域の安全を守るために、相互に連携して緊急時に対処する体制をとっていることについて指導しなさい。
小学校　社会	4	飲料水が、安全で安定的に供給できるよう、進められていることについて指導しなさい。
小学校　社会	5	身近な地域や市の様子を地図に表したり読み取ったりする際に、必要な方位や地図記号等について指導しなさい。
小学校　社会	6	ごはんの炊き方や洗濯の仕方を例にして、道具の変化により人々の生活が向上したことについて指導しなさい。
小学校　社会	7	琵琶湖の特徴や役割を取り上げ、地域の環境保全への具体的な取組について指導しなさい。
小学校　社会	8	放送、新聞などの産業は、国民生活に大きな影響を及ぼしていることについて指導しなさい。
小学校　社会	9	世界における我が国の国土の位置、国土の構成、領土の範囲について指導しなさい。
小学校　社会	10	我が国の食料自給率の現状を踏まえ、これからの食料生産の在り方について指導しなさい。
小学校　社会	11	農業のうち、稲作を取り上げ、その特徴について指導しなさい。
小学校　社会	12	日本国憲法の基本的な考え方に着目して、国会と国民との関わりについて指導しなさい。
小学校　社会	13	参勤交代や鎖国などの幕府の政策を手がかりに、武士による政治について指導しなさい。
小学校　社会	14	世界で起きている環境問題の解決に向けて、我が国が果たす役割について指導しなさい。

[算数]

【課題】

小学校 教科	番号	問題文
小学校　算数	1	整数の減法について15－７を例にして、くり下がりがある計算の仕方を指導しなさい。
小学校　算数	2	長さの単位(cm、mm)について指導しなさい。
小学校　算数	3	10より大きい数の数え方について指導しなさい。
小学校　算数	4	同分母の分数の減法について指導しなさい。
小学校　算数	5	Ｌ字型の面積の求め方について指導しなさい。
小学校　算数	6	角の大きさのはかり方について指導しなさい。
小学校　算数	7	伴って変わる２つの量を、表や式に表すことについて指導しなさい。
小学校　算数	8	時刻と時間の違いについて、具体的な場面を例にして指導しなさい。
小学校　算数	9	垂直な直線のひき方について指導しなさい。
小学校　算数	10	四角形の内角の和が360°であることを指導しなさい。
小学校　算数	11	遊園地でA,B,C,Dの４つの遊びをすべて1回ずつします。まわる順番は、全部で何通りあるかについて指導しなさい。
小学校　算数	12	除法の筆算について72÷３を例にして指導しなさい。
小学校　算数	13	平均値についてデータの例を示して指導しなさい。
小学校　算数	14	直方体の体積の求め方について指導しなさい。
小学校　算数	15	二等辺三角形や正三角形を、定規とコンパスを用いて作図することについて指導しなさい。
小学校　算数	16	九九の七の段について指導しなさい。
小学校　算数	17	整数の加法について76＋58を例にして、くり上がりがある計算の仕方を指導しなさい。
小学校　算数	18	速さと時間がわかっている時の、道のりの求め方について指導しなさい。
小学校　算数	19	分数×整数の計算方法について指導しなさい。

［理科］

【課題】

小学校　教科	番号	問題文
小学校　理科	1	電磁石を強くするにはどうすればよいかについて、児童の予想や仮説を大切にしながら指導しなさい。
小学校　理科	2	磁石を身の回りのものに近づける活動を通して、磁石に引き付けられる物と引き付けられない物があることを指導しなさい。
小学校　理科	3	昆虫の成虫の体は頭、胸および腹からできていることについて、児童が共通点や相違点もとに考えることができるよう指導しなさい。
小学校　理科	4	閉じ込めた空気を押したとき、空気の体積が小さくなるほど、押す力が大きくなることについて、児童の予想や仮説を大切にしながら指導しなさい。
小学校　理科	5	月は日によって形が変わって見え、１日のうちでも時刻によって位置が変わることについて指導しなさい。
小学校　理科	6	乾電池と豆電球などを導線でつないだときの、つなぎ方と豆電球などの様子に着目して、電気を通すつなぎ方と通さないつなぎ方があることを指導しなさい。
小学校　理科	7	条件を変えながら調べる活動を通して、植物の発芽には、水、空気及び温度が関係していることを指導しなさい。
小学校　理科	8	物を水に溶かすとき、水に溶ける量は水の温度や量、溶ける物によって違いがあることを指導しなさい。
小学校　理科	9	空気を温めたり冷やしたりすると体積が変わることについて、児童の予想や仮説を大切にしながら指導しなさい。
小学校　理科	10	ろうそくが燃えるとき、空気中の酸素が使われて二酸化炭素ができることについて指導しなさい。
小学校　理科	11	重さを比較しながら調べる活動を通して、物は、形が変わっても重さは変わらないことについて指導しなさい。
小学校　理科	12	リトマス紙を使って、水溶液を仲間分けした実験結果をもとに考察し、水溶液には、酸性、アルカリ性及び中性のものがあることについて指導しなさい。
小学校　理科	13	振り子の１往復する時間は何によって変わるのかについて、児童の予想や仮説を大切にしながら指導しなさい。
小学校　理科	14	水は、水面や地面などから蒸発し、水蒸気になって空気中に含まれていくことや、空気中の水蒸気は、結露して再び水になって現れることについて指導しなさい。

［音楽］

【課題】

小学校　教科	番号	問題文
小学校　音楽	1	「うみ」を教材にして、歌詞の表す情景を想像し、曲の雰囲気を感じ取って歌う指導をしなさい。
小学校　音楽	2	「ドレミのうた」を教材にして、音の高さに気を付けて、階名で歌う指導をしなさい。
小学校　音楽	3	「かくれんぼ」を教材にして、体を動かす活動を取り入れながら、リズムを感じて歌う指導をしなさい。
小学校　音楽	4	「うさぎ」を教材にして、発音の仕方に気を付けて、自然で無理のない歌い方で歌う指導をしなさい。
小学校　音楽	5	「もみじ」を教材にして、旋律の重なり方の特徴を感じ取り、歌い方を工夫して合唱する指導をしなさい。
小学校　音楽	6	「つばさをください」を教材にして、リズムを工夫し、子どもが思いをもって歌う指導をしなさい。
小学校　音楽	7	「冬げしき」を教材にして、範唱を聴き、歌詞の表す情景や気持ちを想像し、子どもが思いをもって歌う指導をしなさい。
小学校　音楽	8	「ふるさと」を教材にして、歌詞の内容や曲想を生かした表現を工夫し、子どもが思いや意図をもって歌う指導をしなさい。
小学校　音楽	9	「かえるのがっしょう」を教材にして、鍵盤ハーモニカに親しみ、簡単な旋律を演奏する指導をしなさい。
小学校　音楽	10	３年生を対象に、リコーダーの構え方とタンギングの指導をしなさい。
小学校　音楽	11	タブレット端末を活用して、短いリズムをつくり、それを反復したりつないだりして簡単な音楽をつくる指導をしなさい。
小学校　音楽	12	「ソーラン節」と「かりぼし切り歌」を鑑賞教材として、日本の民謡に親しみ、リズムの違いを感じ取って聴く指導をしなさい。
小学校　音楽	13	音の重なりに気付き、パートの役割を考えながら演奏する指導をしなさい。

[図画工作]

【課題】

小学校 教科	番号	問題文
小学校 図画工作	1	低学年の児童に、油粘土をにぎったり、ひっぱったりしてできる形から、想像した立体をつくる題材の指導をしなさい。
小学校 図画工作	2	低学年の児童に、色水を作る造形遊びを題材にした指導をしなさい。
小学校 図画工作	3	低学年の児童に、紙をやぶいたりちぎったりして並べ、色々な形をみつけて絵に表す題材の指導をしなさい。
小学校 図画工作	4	低学年の児童に、お話を聞いたり、読んだりして、思い浮かべたことを、絵に表す題材の指導をしなさい。
小学校 図画工作	5	低学年の児童に、セロハン紙を使ってできる色の重なりを鑑賞する題材の指導をしなさい。
小学校 図画工作	6	中学年の児童に、のこぎりを使って木を切ったり、材料を組み合わせたりして、自分の生活に役立つものをつくる題材の指導をしなさい。
小学校 図画工作	7	中学年の児童に、自分で色をつくり、水彩絵の具で楽しく描く題材の指導をしなさい。
小学校 図画工作	8	中学年の児童に、学校生活の場面をテーマにした木版画の指導をしなさい。
小学校 図画工作	9	中学年の児童に、数種のひもを結んだりつなげたりしてどんどん組み合わせていく造形遊びの指導をしなさい。
小学校 図画工作	10	中学年の児童に、光を通す材料を集めて工夫し、ランプシェードをつくる題材の指導をしなさい。
小学校 図画工作	11	高学年の児童に、身の周りにある日常の風景から自分だけの大切な風景を見つけ、絵に表す題材の指導をしなさい。
小学校 図画工作	12	高学年の児童に、アニメーションの仕組みを使って、楽しい動きや変化をつくる題材の指導をしなさい。
小学校 図画工作	13	高学年の児童に、生活の中にある「和」を感じて日本の美術のよさや美しさを味わい、楽しむ鑑賞の指導をしなさい。
小学校 図画工作	14	高学年の児童に、針金の曲げ方、巻き方、立たせ方を工夫して、思いついた形を立体に表す題材の指導をしなさい。

[体育]

【課題】

小学校 教科	番号	問題文
小学校 体育	1	中学年の保健において、健康の保持増進のために体や衣服を清潔に保つことが必要であることを指導しなさい。
小学校 体育	2	中学年の保健において、人の発育・発達には、個人差があることを理解することができるよう指導しなさい。
小学校 体育	3	低学年のマット運動において、かえるの逆立ちの運動の行い方がわかるように指導しなさい。
小学校 体育	4	高学年のハードル走において、リズミカルにハードルを走り越えるためのポイントを理解できるように指導しなさい。
小学校 体育	5	高学年の保健において、けがの手当について、傷口を清潔にする、圧迫して出血を止める、患部を冷やすなどの方法が理解できるように指導しなさい。
小学校 体育	6	高学年のマット運動において、児童の手本をつかって開脚前転のポイントを指導しなさい。
小学校 体育	7	高学年のクロールにおいて、続けて長く泳ぐための呼吸や手足の動きについてのポイントを指導しなさい。
小学校 体育	8	高学年のバスケットボールにおいて、得点しやすい場所に移動し、パス、シュートができる動きについて、具体的な手本を示し、理解できるように指導しなさい。
小学校 体育	9	低学年の体つくりの運動遊びにおいて、用具を操作できない児童への配慮を具体的に示し、指導しなさい。
小学校 体育	10	低学年の固定施設を使った運動遊びにおいて、固定施設での運動の行い方を理解させながら、児童が意欲的に取り組めるよう指導しなさい。
小学校 体育	11	低学年の表現遊びにおいて、苦手な児童が、身近なものになりきり、全身を使って即興的に踊れるよう、具体的な手立てを示し、指導しなさい。
小学校 体育	12	中学年のマット運動において、後転の行い方について苦手な児童にも配慮をした内容を取り入れ、指導しなさい。
小学校 体育	13	低学年の多様な動きをつくる運動遊びにおいて、跳ぶ、はねるなどの動きが身につけられるよう指導しなさい。
小学校 体育	14	中学年のゴール型ゲームにおいて、ポートボールを基にした易しいゲームができるように指導しなさい。

・教科は事前に選べて，当日カードを引く。一度引き直しができるが，必ず引き直したものをする。
・15分で構想し，8分で発表する。
・マスクを外して行う。
・板書は主題とめあてだけでもよい。
・授業後，英語での質問，指示が3つあった。

▼中学国語

【課題】

教科名	番号	指導実技問題
中学校　国語	1	小説を読んで、登場人物の言動や考え方について自分の考えを伝え合う学習を行います。導入部分の指導をしなさい。
中学校　国語	2	本や資料から文章や図表などを引用して説明する文章を書く学習活動を行います。引用の仕方や出典の示し方について、留意することや配慮することについての指導をしなさい。
中学校　国語	3	自分の通っている学校のよさを分かりやすく伝える学習を行います。どのような言語活動を設定すればよいか考え、導入部分の指導をしなさい。
中学校　国語	4	形容詞と形容動詞の特徴を理解させる指導をしなさい。
中学校　国語	5	「話す」という言葉を用いて、尊敬語、謙譲語、丁寧語の特徴を理解させる指導をしなさい。
中学校　国語	6	お礼の気持ちを伝えるために手紙を書く学習を行います。便箋に手紙を書くときの形式や相手のことを考慮して書くことの指導をしなさい。
中学校　国語	7	『竹取物語』の冒頭を用いて、音読に必要な文語のきまりについて知り、古典特有のリズムを通してその世界に親しむ指導をしなさい。 今は昔、竹取の翁といふ者ありけり。野山にまじりて竹を取りつつ、よろづのことに使ひけり。名をば、さぬきのみやつこなむいひける。 その竹の中に、もと光る竹なむ一筋ありける。あやしがりて、寄りて見るに、筒の中光りたり。それを見れば、三寸ばかりなる人、いとうつくしうてゐたり。
中学校　国語	8	意見文を書く学習を行います。自分の考えが伝わる文章にするための工夫として、根拠の適切さを考え、説明や具体例を加えることについて指導をしなさい。
中学校　国語	9	学校図書館を利用し、テーマに基づいた資料等から情報を取り出し、それらをまとめる学習活動を行います。必要な資料等を収集する方法について指導をしなさい。
中学校　国語	10	長く親しまれている言葉について、次の古典を基に、指導しなさい。 子曰はく、「故きを温めて新しきを知れば、以て師為るべし。」と。
中学校　国語	11	書写の時間に、「和」という漢字を使って、行書の基礎的な書き方を理解させる指導をしなさい。
中学校　国語	12	次の俳句の意味を読みとり、表現の効果について考えたことを伝え合う指導をしなさい。 夏草やつはものどもが夢の跡
中学校　国語	13	比喩や反復、倒置、体言止めなどの表現の技法についての理解を深められるよう、例を挙げながら指導しなさい。
中学校　国語	14	「住んでいる地域のよさ」をテーマに話題や展開を捉えながら話し合い、互いの発言を結び付けて考えをまとめる学習を行います。どのような言語活動を設定すればよいか考え、導入部分の指導をしなさい。

▼中学社会

【課題】

教科名	番号	指導実技問題
中学校　社会	1	日本と世界各地との時差から地球上における我が国と世界各地との位置関係について指導しなさい。
中学校　社会	2	世界各地の暑い地域と寒い地域、山岳地域と島嶼(とうしょ)地域など、特色のある自然環境とそれに関係する衣食住について指導しなさい。
中学校　社会	3	アメリカ合衆国において、様々な農業がどのように分布しているのか、自然環境と関連付けながら特徴的な農業について指導しなさい。
中学校　社会	4	少子高齢化の課題にふれながら、日本の人口の特徴について指導しなさい。
中学校　社会	5	第二次世界大戦後の世界や国内の動きの中で、新しい日本の建設が進められたことを指導しなさい。
中学校　社会	6	九州地方について、自然環境を中心として、自然災害に応じた防災対策について指導しなさい。
中学校　社会	7	世界の古代文明について、生活技術の発達や文字の使用など共通する特徴をふまえ指導しなさい。
中学校　社会	8	中国をはじめとする東アジアとの交流について、日本の文化にどのような影響を与えたのか指導しなさい。
中学校　社会	9	鎌倉幕府の成立を取り上げ、武士が台頭して主従の結び付きや武力を背景とした武家政権が成立し、その支配が広まったことについて指導しなさい。
中学校　社会	10	産業革命や市民革命を経て、欧米諸国が近代社会を成立させてアジアへ進出したことについて指導しなさい。
中学校　社会	11	対立と合意、効率と公正について、現代社会の見方・考え方の基礎となる枠組みとして理解できるよう指導しなさい。
中学校　社会	12	市場における価格の決まり方について理解できるよう指導しなさい。
中学校　社会	13	国会を中心とする我が国の民主政治の仕組み、あらましや政党の役割について指導しなさい。
中学校　社会	14	財政及び租税の意義、国民の納税の義務について理解できるよう指導しなさい。
中学校　社会	15	持続可能な社会の形成について、社会や経済の発展と環境保全の調和を基に進めていくことが必要であることを指導しなさい。

▼中学数学

【課題】

教科名	番号	指導実技問題
中学校 数学	1	様々な事象を正の数と負の数を用いて表現したり、処理したりできることについて、具体的な例を用いて指導しなさい。
中学校 数学	2	具体的な場面において、一元一次方程式を活用して解決することについて、例を用いて指導しなさい。
中学校 数学	3	確率pを表す数の範囲が、$0 \leqq p \leqq 1$になることを指導しなさい。
中学校 数学	4	比例の変化や対応の特徴を見いだすことについて、適切な例をあげて指導しなさい。
中学校 数学	5	円周角と中心角の関係について、指導しなさい。
中学校 数学	6	文字を用いた式を具体的な場面で活用することについて、適切な例を用いて指導しなさい。
中学校 数学	7	三角形の内角の和は180°であるという性質が常に成り立つことについて、指導しなさい。
中学校 数学	8	二等辺三角形の性質について、指導しなさい。
中学校 数学	9	標本での割合をもとにして、母集団全体の数量を推定する方法について、適切な例を用いて指導しなさい。
中学校 数学	10	一次関数 $y=ax+b$ のグラフにおいて、a(傾き)の意味について指導しなさい。
中学校 数学	11	扇形の弧の長さと面積について指導しなさい。
中学校 数学	12	目的に応じた式の変形について、三角形の面積を求める公式を例に指導しなさい。
中学校 数学	13	三平方の定理について指導しなさい。
中学校 数学	14	因数分解して二次方程式を解くことについて、適切な例を用いて指導しなさい。
中学校 数学	15	関数 $y=ax^2$について、具体的な事象を用いて指導しなさい。

▼中学理科

【課題】

教科名	番号	指導実技問題
中学校　理科	1	水やガラスなどの物質の境界面で、光が反射、屈折するときの規則性について指導しなさい。
中学校　理科	2	磁石とコイルを用いた実験を行い、コイルや磁石を動かすことにより電流が得られることについて指導しなさい。
中学校　理科	3	前線の通過に伴う天気の変化について、暖気、寒気と関連付けて指導しなさい。
中学校　理科	4	うすい塩酸と水酸化ナトリウム水溶液を中和させる実験を行い、中性になった水溶液を蒸発乾固させると塩化ナトリウムの結晶が生じることについて指導しなさい。
中学校　理科	5	観測資料などをもとに太陽系の構造と関連付けて、惑星の見え方について指導しなさい。
中学校　理科	6	花のつくりの基本的な特徴とともに、受粉後の花の変化について指導しなさい。
中学校　理科	7	金属を電解質水溶液に入れる実験を行い、金属によってイオンへのなりやすさが異なることについて指導しなさい。
中学校　理科	8	物質が水に溶ける様子の観察を行い、水溶液の中では溶質が均一に分散することについて指導しなさい。
中学校　理科	9	火成岩の観察を行い、火成岩には火山岩と深成岩があり、その組織に違いがあること、それらがそれぞれの成因と深くかかわっていることを指導しなさい。
中学校　理科	10	凸レンズの働きについての実験を行い、物体の位置と凸レンズによってできる像の位置及び像の大きさとの関係について指導しなさい。
中学校　理科	11	地震の体験や記録を基に、その揺れの大きさや伝わり方の規則性に気付くとともに、地震の原因を地球内部の働きと関連付けて指導しなさい。
中学校　理科	12	位置エネルギーと運動エネルギーとは相互に移り変わることに気づかせるとともに、摩擦力や空気の抵抗などが働かない場合には、力学的エネルギーは保存されることを指導しなさい。
中学校　理科	13	動物が外界の刺激に適切に反応している様子の観察を行い、その仕組みを感覚器官、神経系及び運動器官のつくりと関連付けて指導しなさい。
中学校　理科	14	自然環境の保全と科学技術の利用の在り方について科学的に考察することを通して、持続可能な社会をつくることが重要であることについて指導しなさい。

▼中学英語

【課題】

教科	番号	指導実技問題1	指導実技問題2
中学校　英語	1	生徒が、以下に示す英語の表現を初めて学習するとき、どのような効果的な指導が考えられるか。言語活動を行うにあたり、特有の表現がよく使われる場面を設定して指導しなさい。 なお、Classroom Englishを必ず使うこと。	◆言語の使用場面：電話での応答 A: Hello? This is Lucy. Can I talk to Mike? B: Sorry, Lucy. He's out now. Shall I take a message?
中学校　英語	2	生徒が、以下に示す英語の表現を初めて学習するとき、どのような効果的な指導が考えられるか。言語活動を行うにあたり、生徒の身近な暮らしにかかわる場面を設定して指導しなさい。 なお、Classroom Englishを必ず使うこと。	◆言語の使用場面：家庭での生活 A: What do you want to do this summer vacation, Hana? B: I want to go camping! It'll be fun to cook lunch by ourselves.
中学校　英語	3	生徒が、以下に示す英語の表現を初めて学習するとき、どのような効果的な指導が考えられるか。言語活動を行うにあたり、言語の働きを取り上げるようにして指導しなさい。 なお、Classroom Englishを必ず使うこと。	◆言語の働き：褒める A: What a nice watch! Where did you buy it? B: My father bought me it for my birthday.
中学校　英語	4	生徒が、以下に示す英語の表現を初めて学習するとき、どのような効果的な指導が考えられるか。言語活動を行うにあたり、特有の表現がよく使われる場面を設定して指導しなさい。 なお、Classroom Englishを必ず使うこと。	◆言語の使用場面：手紙や電子メールでのやり取り A: Hi. Are you free tomorrow? Shall we go fishing? B: That sounds good. Thank you for your mail.
中学校　英語	5	生徒が、以下に示す英語の表現を初めて学習するとき、どのような効果的な指導が考えられるか。言語活動を行うにあたり、生徒の身近な暮らしにかかわる場面を設定して指導しなさい。 なお、Classroom Englishを必ず使うこと。	◆言語の使用場面：学校での学習 A: I saw a movie last Sunday. It was interesting. B: Oh, you saw a movie. Tell me more about it.
中学校　英語	6	生徒が、以下に示す英語の表現を初めて学習するとき、どのような効果的な指導が考えられるか。言語活動を行うにあたり、言語の働きを取り上げるようにして指導しなさい。 なお、Classroom Englishを必ず使うこと。	◆言語の働き：相づちを打つ A: I'm going to go to a concert with my sister this evening. B: That's nice. Where will it be held?

中学校　英語	7	生徒が、以下に示す英語の表現を初めて学習するとき、どのような効果的な指導が考えられるか。言語活動を行うにあたり、特有の表現がよく使われる場面を設定して指導しなさい。 なお、Classroom Englishを必ず使うこと。	◆言語の使用場面：道案内 A: Excuse me. Could you tell me where ABC station is? B: Sure. Go straight on this street. It's on your left. It'll take about ten minutes.
中学校　英語	8	生徒が、以下に示す英語の表現を初めて学習するとき、どのような効果的な指導が考えられるか。言語活動を行うにあたり、生徒の身近な暮らしにかかわる場面を設定して指導しなさい。 なお、Classroom Englishを必ず使うこと。	◆言語の使用場面：学校での活動 A: What is the best memory in your junior high school days? B: The school festival is. I really enjoyed it.
中学校　英語	9	生徒が、以下に示す英語の表現を初めて学習するとき、どのような効果的な指導が考えられるか。言語活動を行うにあたり、言語の働きを取り上げるようにして指導しなさい。 なお、Classroom Englishを必ず使うこと。	◆言語の働き：報告する A: I'd like to tell you about my research. B: Well, I'm very interested in it. Go ahead.
中学校　英語	10	生徒が、以下に示す英語の表現を初めて学習するとき、どのような効果的な指導が考えられるか。言語活動を行うにあたり、特有の表現がよく使われる場面を設定して指導しなさい。 なお、Classroom Englishを必ず使うこと。	◆言語の使用場面：旅行 A: Can I help you? B: I'd like to go to the city zoo. Which bus should I take?
中学校　英語	11	生徒が、以下に示す英語の表現を初めて学習するとき、どのような効果的な指導が考えられるか。言語活動を行うにあたり、言語の働きを取り上げるようにして指導しなさい。 なお、Classroom Englishを必ず使うこと。	◆言語の使用場面：承諾する A: Mom, can I eat these cookies? B: Sure, but you have to finish your homework first.
中学校　英語	12	生徒が、以下に示す英語の表現を初めて学習するとき、どのような効果的な指導が考えられるか。言語活動を行うにあたり、言語の働きを取り上げるようにして指導しなさい。 なお、Classroom Englishを必ず使うこと。	◆言語の働き：依頼する A: I want to go to the library. Will you show me which bus to take? B: O.K, you should take that green bus.

中学校　英語	13	生徒が、以下に示す英語の表現を初めて学習するとき、どのような効果的な指導が考えられるか。言語活動を行うにあたり、言語の働きを取り上げるようにして指導しなさい。 なお、Classroom Englishを必ず使うこと。	◆言語の働き：仮定する A: If you had a ticket to go anywhere, where would you go? B: If I had it, I would go to America. I want to eat a big hamburger.
中学校　英語	14	生徒が、以下に示す英語の表現を初めて学習するとき、どのような効果的な指導が考えられるか。言語活動を行うにあたり、生徒の身近な暮らしにかかわる場面を設定して指導しなさい。 なお、Classroom Englishを必ず使うこと。	◆言語の使用場面：地域の行事 A: What big events do you have in your town? B: Well, we have a fireworks festival in summer. It's very beautiful.
中学校　英語	15	生徒が、以下に示す英語の表現を初めて学習するとき、どのような効果的な指導が考えられるか。言語活動を行うにあたり、特有の表現がよく使われる場面を設定して指導しなさい。 なお、Classroom Englishを必ず使うこと。	◆言語の使用場面：食事 A: What would you like to drink? B: Coffee, please. Thank you.

▼中学音楽

【課題】

教科名	番号	指導実技問題
中学校　音楽	1	「赤とんぼ」を教材にして、曲想と歌詞の内容との関わりを理解し、表現を工夫して歌う指導をしなさい。
中学校　音楽	2	「サンタ ルチア」を教材にして、曲種に応じた発声や言葉の特性を理解して、それらを生かして歌う指導をしなさい。
中学校　音楽	3	「浜辺の歌」を教材にして、曲想と音楽の構造との関わりを理解し、表現を工夫して歌う指導をしなさい。
中学校　音楽	4	「交響曲第5番」を教材にして、曲の構成に注目しながら、曲想の変化を味わって聴く指導をしなさい。
中学校　音楽	5	器楽教材を1曲選び、曲想を感じ取り、表現を工夫して演奏する指導をしなさい。
中学校　音楽	6	日本の民謡を1曲選び、音楽の特徴や曲の背景を理解し、よさや美しさを味わって聴き、伝え合う指導をしなさい。
中学校　音楽	7	言葉のリズムの特徴を感じ取り、表現を工夫して簡単な音楽をつくる指導をしなさい。
中学校　音楽	8	「魔王」を教材にして、音楽を形づくっている要素と曲想とのかかわりを感じ取って鑑賞する指導をしなさい。
中学校　音楽	9	「ブルタバ(モルダウ)」を教材にして、音楽の特徴をその背景となる文化・歴史と関連付け、理解して鑑賞する指導をしなさい。

▼中学美術

【課題】

教科名	番号	指導実技問題
中学校 美術	1	「空想の世界を表す」という題材で、夢や無意識の世界を、絵画に表現する指導をしなさい。
中学校 美術	2	「気になる情景」というテーマで、見上げる、見下ろす、近づくなど、視点の違いに着目し、風景画を描く指導をしなさい。
中学校 美術	3	「水墨画の世界」という題材で、墨による表現の特徴を生かして、絵に表す制作の指導をしなさい。
中学校 美術	4	写真で対象の魅力をとらえる「構図に思いをのせて」という題材の指導をしなさい。
中学校 美術	5	「仏像に宿る心」という鑑賞の題材で、仏像を通して受け継がれてきた美術文化について考える活動の指導をしなさい。
中学校 美術	6	「今を生きる私へ」という題材で、自分と向き合い、自分の思いを絵に表す指導をしなさい。
中学校 美術	7	「○○のための器」という題材で、使う相手を考えて器を制作する指導をしなさい。
中学校 美術	8	「あかりの形とその空間」という題材で、光の効果を考え、材料の特徴を生かした、空間を演出する明りを制作する指導をしなさい。
中学校 美術	9	「木版画の魅力」という題材で、木版画の特徴をとらえ、工夫した年賀状を制作する指導をしなさい。

▼中学保健体育

【課題】

教科名	番号	指導実技問題
中学校　保健体育	1	生涯にわたって豊かなスポーツライフを実現する観点を踏まえて、運動やスポーツには多様な関わり方があることについて指導しなさい。
中学校　保健体育	2	オリンピックやパラリンピックなどの国際的なスポーツ大会などが果たす文化的な意義や役割について指導しなさい。
中学校　保健体育	3	体つくり運動(体の動きを高める運動)においては、安全で合理的に高める行い方があることについて指導しなさい。
中学校　保健体育	4	欲求やストレスとその対処について、具体的な対処の方法を踏まえて指導しなさい。
中学校　保健体育	5	器械運動(マット運動)において、回転系と巧技系の基本的な技を組み合わせて、滑らかに演技することができるよう指導しなさい。
中学校　保健体育	6	生活習慣病を予防するために、身に付ける生活習慣について指導しなさい。
中学校　保健体育	7	陸上運動(走り幅跳び)において、「スピードに乗った助走や素早い踏み切りをすること」について指導しなさい。
中学校　保健体育	8	球技(ゴール型)において、「空間を作りだす動き」について指導しなさい。
中学校　保健体育	9	陸上競技(走り高跳び)において、「リズミカルな走りから力強く踏み切って大きな動作で跳ぶこと」について指導を展開しなさい。
中学校　保健体育	10	水泳(クロール)において、効率的に泳ぐための技術のポイントについて例をあげて指導しなさい。
中学校　保健体育	11	武道(柔道)において、安全性に配慮した段階的な受け身の指導を展開しなさい。
中学校　保健体育	12	球技(ネット型)における「ボールや用具の操作」のうち、腕や用具の振り方やボールの捉え方について指導しなさい。
中学校　保健体育	13	球技(ベースボール型)において、「基本的なバット操作と走塁での攻撃」について指導しなさい。
中学校　保健体育	14	創作ダンスにおいて「多様なテーマから表したいイメージを端的に捉え、動きで表現する」ことについて具体例をあげて指導しなさい。
中学校　保健体育	15	器械運動(跳び箱)において、安全に授業を進めるために、配慮すべき事項について指導しなさい。

▼中学技術

【課題】

教科名	番号	指導実技問題
中学校　技術	1	動力を伝え、変換するしくみについて、機械や機構などの例をあげながら指導しなさい。
中学校　技術	2	電気エネルギーから光、熱、動力等へのエネルギー変換について、具体例を示しながら指導しなさい。
中学校　技術	3	情報セキュリティについて、情報通信ネットワークの危険性と安全に利用するための対策を指導しなさい。
中学校　技術	4	双方向性のあるコンテンツについて、身の周りにある例をあげながら指導しなさい。

▼中学家庭

【課題】

教科名	番号	指導実技問題
中学校　家庭	1	朝食の役割と健康的な食習慣について指導しなさい。
中学校　家庭	2	幼児との触れ合い体験の事前学習における指導をしなさい。
中学校　家庭	3	ミシン縫いの特徴と、安全で適切なミシンの取り扱い方について指導しなさい。
中学校　家庭	4	クレジットカードによる三者間契約について指導しなさい。
中学校　家庭	5	衣服等を再利用することについてその意義と工夫について指導しなさい。
中学校　家庭	6	幼児の生活習慣の習得の意義について指導しなさい。
中学校　家庭	7	既製服の適切な選び方について指導しなさい。
中学校　家庭	8	地産地消について、その意義を指導しなさい。

▼高校国語

【課題1】

□次の文について音読した後に授業を展開しなさい。

> 夏
>
> 「灌仏(くわんぶつ)のころ，祭りのころ，若葉の，梢涼しげに茂ゆくほどこそ，世のあはれも，人の恋しさもまされ。」と人の仰せられしこそ，げにさるものなれ。五月，あやめふくころ，早苗とるころ，水鶏(くひな)のたたくなど，心細からぬかは。六月のころ，あやしき家に夕顔の白く見えて，蚊遣火(かやりび)ふすぶるもあはれなり。
>
> 六月祓(ばらへ)またをかし。(徒然草)

【課題2】

□次の文について音読した後に授業を展開しなさい。

静夜思　李白

牀(しやう)前看ル二月光ヲ一

疑フラクハ是レ地上ノ霜カト

挙ゲテレ頭(かうべ)ヲ望ミ二山月ヲ一

低レテレ頭ヲ思フ二故郷ヲ一

〈共通指示〉

単に現代語訳に終始するのではなく，当時の文化的背景や物事の捉え方，文法的事項などを取り入れること。また，生徒の思考を促すような発問を考え，その発問に対する生徒の答えも織り込みながら授業すること。

▼高校地理歴史(日本史)

【課題】

□11世紀後半から12世紀前半にかけての政治体制について。

▼高校地理歴史(世界史)

【課題】

□日露戦争後のイランとオスマン帝国について。

▼高校数学

【課題】

□極限 $\lim_{x \to 0} \frac{\sin x}{x} = 1$ の証明について。

▼高校理科(物理)

【課題】

□なめらかな半円筒の面上をすべり落ちる小物体の運動について(慣性力の考え方を使って説明すること)。

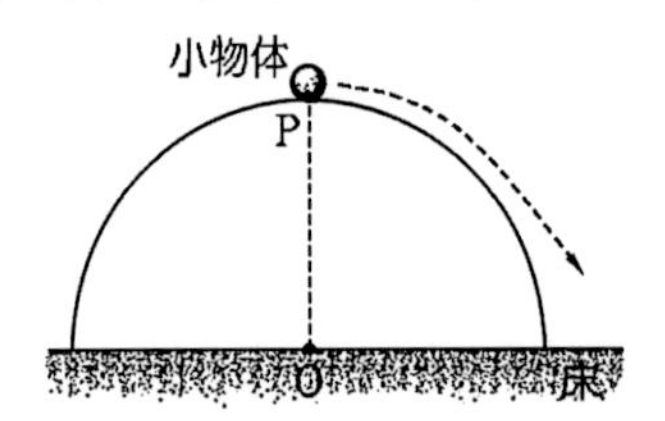

▼高校理科(化学)

【課題】

□電池の原理について。

▼高校理科(生物)

【課題】

□アミノ酸とタンパク質の構造について。

▼高校理科(地学)

【課題】

□西南日本の基盤岩の基本構造の特徴について(付加体に触れて説明すること)。

▼高校英語

【課題1】

□次の英文を教材として，高校2年生を対象に「英語コミュニケーションⅡ」の授業を原則として英語で行いなさい。なお，英文は既習のものとし，内容理解や表現の定着のための言語活動を中心に実施すること。また，ウォームアップの活動は不要とします。必ず板書を用いること。

The fashion industry is a big problem for the environment. 20% of the world's wastewater comes from the fashion industry, and the industry is also responsible for 10% of world carbon emissions. It is more than all planes and ships make together.

An interesting fact is that it takes about 7,500 liters of water to make a pair of jeans. At the same time, people throw a lot of clothes away. Every second, they throw away so many clothes that they would fill one garbage truck. People follow the latest fashions and they keep buying new clothes. They throw away clothes that are still nice, and somebody else could wear them.

Some fashion companies try to be more friendly to the environment, and they make clothes from recycled materials. They use modern technologies that do not harm the environment.

(News in Levels World News for Students of English, "Fashion Industry" October 29,2020)

【課題2】

□次の英文を教材として，高校2年生を対象に「英語コミュニケーションⅡ」の授業を原則として英語で行いなさい。なお，英文は既習のものとし，内容理解や表現の定着のための言語活動を中心に実施すること。また，ウォームアップの活動は不要とします。必ず板書を用いること。

Farmers are using a special robot that goes through their grain. Farmers store grain in special towers and the work is very demanding.

If the grain gets wet, it gets warmer. More bugs come. and dangerous fungi start to grow in the grain. It is not possible to use such grain for food, and it means a big loss for farmers. Reports say that farmers all over the world must throw away around 630 million tons of grain.

The robot could change this problem. It moves through the grain, and its little sensor checks the temperature and moisture of the grain. It sends information to a farmer's phone, and he immediately knows if everything is okay.

(News in Levels World News for Students of English, "Robot saves grain" March 4,2022)

▼高校保健体育

【課題1】

□労働災害と健康について。

【課題2】

□食品の安全性について。

▼高校家庭

【課題】

□将来の経済生活について。

▼高校情報

【課題】

□下表に示すデータにおいて，データ51を二分検索により探し出すアルゴリズムについて。

リストの要素	a[0]	a[1]	a[2]	a[3]	a[4]	a[5]	a[6]
データ	20	43	51	58	64	84	91

▼高校農業

【課題】

□単粒構造と団粒構造について。

▼高校工業(機械系)

【課題】

□図のように，2本のひもOA，OBの支点Oに500Nの力がABに垂直に働くとき，それぞれのひもに働く力の大きさについて。

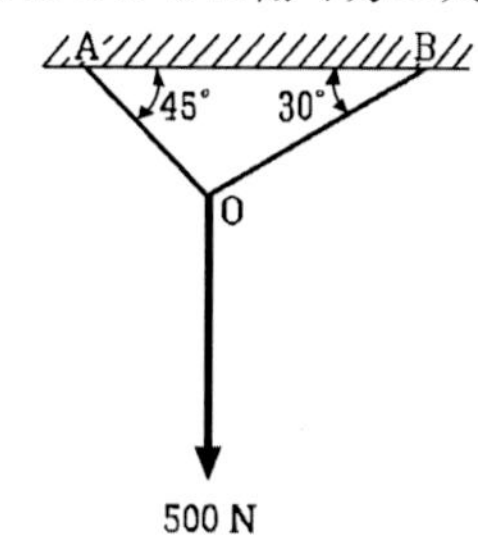

▼高校工業(電気系)

【課題】

□トランジスタのスイッチング作用について。

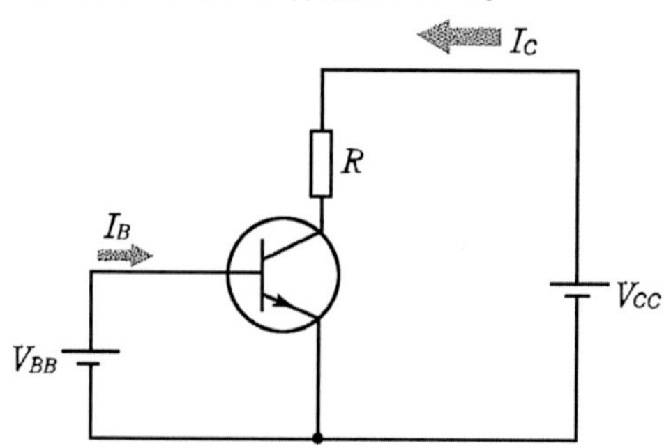

▼高校工業(化学工業系)

【課題】

□炭素を完全燃焼させると二酸化炭素が11.0g発生する反応における次の①，②の量を求める方法について。

①炭素の質量[g]

②反応した酸素の体積(0℃，101.3kPa)[L]

▼高校商業

【課題】

□小売業者の組織化におけるレギュラーチェーンとフランチャイズチェーンの違いについて。

▼栄養教諭

【課題】

教科名	番号	指導実技問題
栄養教諭	1	小学校2年生の生活科において、旬の野菜の種類やその良さについて知らせ、関心を持たせることで、進んで育てたり食べたりしようとする気持ちを持たせる指導をしなさい。
栄養教諭	2	小学校中学年の学級活動において、給食の残食の状況を知らせ、「残食を減らすためには何ができるか」を考えさせる指導をしなさい。
栄養教諭	3	小学校中学年の学級活動において、給食は多くの人々の苦労や努力に支えられていることや、自然の恩恵の上に成り立っていることについて指導しなさい。
栄養教諭	4	小学校4年生の体育科において、発育・発達に必要な「食事」「運動」「休養・睡眠」のうち「食事」が果たしている役割について指導しなさい。
栄養教諭	5	小学校5年生の学級活動において、給食の食材の生産地や食料自給率を知らせ、地産地消の良さについて指導しなさい。
栄養教諭	6	中学生の家庭科において、中学生にとって特に必要な栄養について知らせ、よりよく成長するために自らの食生活に生かせるよう指導しなさい。
栄養教諭	7	小学校5年生の家庭科において、ゆでたり炒めたりする目的や良さについて気づかせ、野菜を使った簡単な料理の作り方について指導しなさい。

▼特別支援　小学部

〈共通指示〉

□次の設題について指導しなさい。

※実際に教壇に立ったつもりで，次の設題に基づきできるだけわかりやすく授業を展開しなさい。必ず板書を用いること。

【設題】

□国語：もじをかこう

体の部位の名前を，ひらがなで表すことについて指導しなさい。

〈担当する学級〉

※小学部

※知的障害の学級

□(算数：おなじかずにわけましょう)

次のイラストをもとに，同じ数に全部わけることについて指導しなさい。

〈担当する学級〉

※小学部

※知的障害の学級

□算数：計算の工夫

次の問題を用いて，たし算について指導しなさい。

「校ていで，1年生が7人あそんでいます。そこへ1年生が12人，2年生が8人来ました。校ていには，みんなで何人いますか。」
〈担当する学級〉
※小学部・2年
※病弱の学級で，小学校に準ずる教育課程の学級
□算数：時刻と時間の求め方
次の問題を用いて，時刻の求め方について指導しなさい。
「学校を8時50分に出て，45分歩くと図書館に着きました。着いた時こくは何時何分ですか。」
〈担当する学級〉
※小学部・3年
※聴覚障害の学級で，小学校に準ずる教育課程の学級
□(算数：大きい数の計算を考えよう)
おさいふに542円入っています。368円のおかしを買うと，何円のこるでしょう。
〈担当する学級〉
※小学部・3年
※聴覚障害児童の学級で，小学校に準ずる教育課程の学級
□理科：明かりをつけよう
豆電球と乾電池，導線をどのようにつなぐと豆電球の明かりがつくかを考えさせ，明かりがつくつなぎ方と明かりがつかないつなぎ方について指導しなさい。
〈担当する学級〉
※小学部・3年
※病弱の学級で，小学校に準ずる教育課程の学級
□理科：水のあたたまり方
水を熱すると，水の温度やようすはどのように変わるか考えさせ，水を熱し続けると水じょう気に変わることについて指導しなさい。
〈担当する学級〉
※小学部・4年
※聴覚障害の学級で，小学校に準ずる教育課程の学級

▼特別支援学校　中学部

□次の設題について指導しなさい。

※実際に教壇に立ったつもりで，次の設題に基づきできるだけわかりやすく授業を展開しなさい。必ず板書を用いること。

【設題】

□国語：主語と述語

次の文を用いて、主語と述語について指導しなさい。

光が　当たる。

兄が　調理する。

桜は　きれいだ。

〈担当する学級〉

※中学部

※知的障害の学級

□国語：順序よく書こう

作業手順が示された次の文を用いて、順序を表す言葉を使う指導をしなさい。

昨日、学校の畑にジャガイモを植えました。

初めに、うね作りをしました。土を少し盛り上げて、ジャガイモを植える土手を作るのです。

次に、うねにジャガイモを植えました。植えるジャガイモが、小さく切ったジャガイモだったので、びっくりしました。

最後に、手でジャガイモに土をかけて、じょうろで水をまいてできあがりです。

〈担当する学級〉
※中学部
※知的障害の学級

□数学：3位数のひき算
生徒が100円こう貨を5枚持って買い物をする場面を設定し，ひき算について指導しなさい。
〈担当する学級〉
※中学部
※知的障害の学級

▼特別支援学校　高等部
□次の設題について指導しなさい。
※実際に教壇に立ったつもりで，次の設題に基づきできるだけわかりやすく授業を展開しなさい。必ず板書を用いること。
【設題】
□数学：余りのある計算
次の問題を用いて，余りのある計算について指導しなさい。
「あめが30個あります。4個ずつふくろに入れると何ふくろできるでしょう。」
〈担当する学級〉
※高等部
※知的障害の学級
□数学：数のいろいろな表し方
次のことを用いて，数のいろいろな表し方について指導しなさい。
「防災倉庫には，マスクが1600枚保管されています。マスクは1箱に100枚入っています。」
〈担当する学級〉
※高等部
※知的障害の学級

□数学：かけ算

次の問題を用いて，かけ算について指導しなさい。

「パソコン室には1列に9台のパソコンが4列分あります。パソコンは全部で何台ありますか。」

〈担当する学級〉

※高等部

※知的障害の学級

□数学：図形と数量

正弦定理について指導しなさい。

〈担当する学級〉

※高等部・1年

※肢体不自由生徒の学級で，高等学校に準ずる教育課程の学級

◆専門実技試験　2次試験

▼小学校

【課題　音楽実技】

□演奏実技

次の曲の中から，試験当日に示す1曲をソプラノリコーダーで演奏しなさい。

「オーラ　リー」　ジョージ　プールトン　作曲

「エーデルワイス」　リチャード　ロジャーズ　作曲

「パフ」　ピーター　ヤーロウ・レナード　リプトン　作曲

※リコーダーは，ジャーマン式，バロック式のどちらでもよい。

※主旋律を無伴奏で演奏すること。

※楽譜を見て演奏してよいが，児童の模範となるように演奏すること。

※楽譜は，小学校で使用されている教科書等を参照すること。

〈受験者持参物〉

○ソプラノリコーダー

○楽譜の持参　可

【課題　体育実技】
□小学校学習指導要領に準ずる内容の実技
・とぶ，はしる，ねじるなどの運動を取り入れ，速さを変えて遊ぶことのできる運動遊びを考えなさい。
・フラフープ，コーン，大縄，棒を使って低学年ができる体つくり運動の動きを取り入れた活動を考えなさい。
※準備運動4分，構想時間15分，発表3分
※約8人のグループで全て行い，発表の際は，全員一度は児童の手本となる動きをする。
※コロナに気をつけてできる運動を考えるという注意がある。
〈受験者持参物〉
○体育実技ができる服装(Tシャツ・ジャージ等)
○体育館シューズ
○タオル(汗拭き用)，水分補給の用意

▼中高保体
【課題1】
□立ち三段跳び
・両足踏切→片足→片足(逆足)→両足着地で測定
※2回のうち，良い方の記録で評価
【課題2】
□器械運動(跳び箱運動)
・切り返し跳びを連続で2回(同じ技を2回跳んでもかまわない)
【課題3】
□球技(バレーボール)
・直上パス10回
　オーバーハンドパスとアンダーハンドパスを交互に
・サーブ3本
　コートを横に3分割し，①奥，②中央，③手前の順番にねらって打つ。

▼中学家庭

【課題1】

□「筑前煮」を調理しなさい。(45分)

〈材料〉

○とり肉(もも)
○ごぼう
○にんじん
○だいこん
○さといも
○干ししいたけ(水100mlで戻し済み)
○さやえんどう
○こんにゃく
○ごま油
○調味料(しょうゆ・砂糖・みりん・料理酒)

〈使用用具〉

○包丁
○まな板
○なべ(2)
○ざる
○ボール
○菜ばし
○玉じゃくし
○計量スプーン
○計量カップ
○落しぶた(アルミホイル)

【課題2】

□生活を豊かにするための布を用いた袋物を製作しなさい。ただし，下記の条件1から条件4を満たす袋物とする。(45分)

〈条件〉

条件1　ミシン縫いをすること

条件2　まつり縫いをすること
条件3　マチをつけること
条件4　スナップをつけること

▼中学技術

【課題1】

□配付された板材を用いて，単行本を収納するための木製品を設計し，製作しなさい。ただし，板材の余りは最小限にすること。加えて，下の1～4の手順で進めること。(120分)

〈手順〉

1　木製品の製作にあたって，「収納方法(立てる，横に寝かせて重ねる等)」，「設置する場所」などを自ら想定したうえで製作品を設計しなさい。また，設計した製作品の機能(例：単行本10冊を立てて収納が可能で，取り出しやすい本立て)を別紙に記入しなさい。

2　製作品の構想を，別紙に簡単なスケッチで表しなさい。

3　スケッチで表した構想から，別紙に材料取り図を作成しなさい。なお，単行本の大きさについては，下の図を参考にすること。

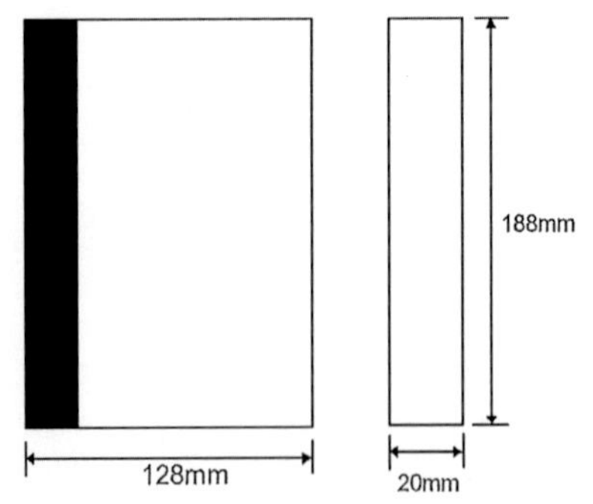

4　机上の道具を使い，製作しなさい。

〈材料及び配布物〉

○板材　165mm×12mm×1200mm　1枚
　　　　40mm×12mm×1200mm　1枚

○紙やすり(240番)　1枚

○釘(25mm，32mm)　それぞれ20本
〈使用工具〉
○両刃のこぎり
○さしがね
○げんのう
○かんな
○四つ目きり
○木工やすり
○万能やすり
○万力
○木槌
○くぎ抜き
○その他

▼中学音楽
【課題　演奏実技①】
□中学校学習指導要領に示されている次の歌唱共通教材7曲の中から，直前に指定する1曲を，ピアノで伴奏をしながら歌いなさい。
※楽譜を見て演奏してもよいが，できるだけ生徒の顔を見ながら(生徒がいると想定して)演奏すること。
※1番，2番と演奏すること。ただし，「花」は1番，3番とする。
〈課題楽曲〉

「赤とんぼ」	三木　露風作詞	山田　耕筰作曲	1番，2番
「荒城の月」	土井　晩翠作詞	滝　廉太郎作曲	1番，2番
「早春賦」	吉丸　一昌作詞	中田　章作曲	1番，2番
「夏の思い出」	江間　章子作詞	中田　喜直作曲	1番，2番
「花」	武島　羽衣作詞	滝　廉太郎作曲	1番，3番
「花の街」	江間　章子作詞	團　伊玖磨作曲	1番，2番
「浜辺の歌」	林　古溪作詞	成田　為三作曲	1番，2番

【課題　演奏実技②】

□試験直前に示す1曲をソプラノリコーダーとアルトリコーダーで演奏しなさい。

※1分間，黙視するものとする。

※無伴奏で，生徒の模範となるように演奏すること。

※リコーダーはバロック式，ジャーマン式のどちらでも可とする。

シューベルトの子守歌

♩＝48くらい

▼中高美術

【課題1】

□授業で生徒に見せる参考作品を描きなさい。また，指導のポイントや作品について，別紙に簡潔に示しなさい。

1　実技試験の時間は，120分である。

2　題材名は「3人の私～過去・現在・未来～」とし，対象学年は任意とする。

3　生徒の発想が広がるような参考作品を描くこと。

4　「現在の私」は自画像として表現し，顔全体を紙面に入れること。

5　水彩絵の具を使って表現すること。

6　画用紙は縦横自由とし，裏面右下に受験番号を記入すること。

〈各自の持参物〉

○鉛筆デッサンができる道具(鉛筆，消しゴム等)※練り消しゴム可

○水彩絵の具セット(絵の具，筆，パレット等)

○筆洗

○雑巾

○筆記用具

〈配付物〉

○画用紙(四つ切りサイズ)	1枚
○A4用紙(試し用)	数枚
○別紙プリント	1枚
○画板	1枚
○卓上鏡	1個

〈別紙〉

対象学年	年
活動	指導のポイント
1．構想を練る	
2．下描き	
3．彩色	
4．鑑賞	
【作品タイトル】	
【今の自分を表現した自画像と、過去や未来を表現したものとの関係や、その組合せの意図について書きなさい。】	

▼高校家庭

【課題　被服製作】

□きんちゃく袋作成を通して，手縫いやミシン縫いの基本を生徒に学ばせるための教材を作成しなさい。

(1)　①から③の条件に従って，きんちゃく袋を作りなさい。

①　ポケットを付ける：ミシン縫い

・出来上がり寸法は縦10cm，横10cmの正方とする。

　生地を適切に裁断し，ポケット部分とする。余りは試し縫い等に使用してもよい。

・ポケット口は1cm，2cmの三つ折りとし，他の三辺は1cmの縫いしろとする。

・ポケットをミシンで縫い付ける。その際，力布を縫い付けること。

②　本体を縫う：手縫い，ミシン縫いどちらを用いてもよい

・生地のサイズはそのまま用いる。できあがり寸法は縫い方によって変化してよい。

・基本縫いの見本とするため，袋の両端やひもを通す部分について，それぞれ適切な，複数の縫い方を用いる。

③　ひもを通す

(2)　解答用紙に仕上がり図を描き，縫い方の名称やポイント等の説明を書きなさい。

※縫製作品には名札を添付しておくこと(待ち針で留める)。

※ミシンの調子は調整済みです。

▼高校工業(化学工業)

【課題1】

□分子式$C_2H_4O_2$で表される物質について，そのうちの2種類の物質の名称と構造式，示性式を解答用紙の指定された欄に記入しなさい。また，それぞれの物質の分子模型を指示に従って作成し，指定された場所に置きなさい。

〈分子模型の作成についての注意点〉

発泡スチロール球(水素用25mm球，酸素用35mm球，炭素用35mm球)を原子に見立てる。原子の種類を判別しやすくするため，酸素用35mm球は赤色に，炭素用35mm球は黒色に着色すること。球同士の結合は，両面テープを使用すること。必要に応じて球を切り取っても構わない。

【課題2】

□器具を用いて測定等を行い，次の間に答えなさい。

① 指定された位置にある試料1について，電子てんびんを用いて質量を測定し，次に，メスシリンダーを用いて体積を測定し，これらの測定値から，この試料1の密度[g/cm^3]を求めなさい。

② ビュレットに入っている水溶液の体積を測定しなさい。

③ 0.041mol/L塩化ナトリウム水溶液を1L調製することとする。調製に必要な塩化ナトリウムの質量を求めなさい。次に，上皿てんびんを用いて，調製に必要な塩化ナトリウムをはかり取り，指定された位置に置きなさい。ただし，はかり取る場合に薬包紙を必ず使用しなさい。上皿てんびんは0調整済みである。

▼高校工業(機械)

【課題】

□次の立体図の正面図，平面図，右側面図をかきなさい。ただし，矢印の向きから見た図を正面図とし，寸法線は記入しないこと。また，穴はすべて貫通しているものとする。

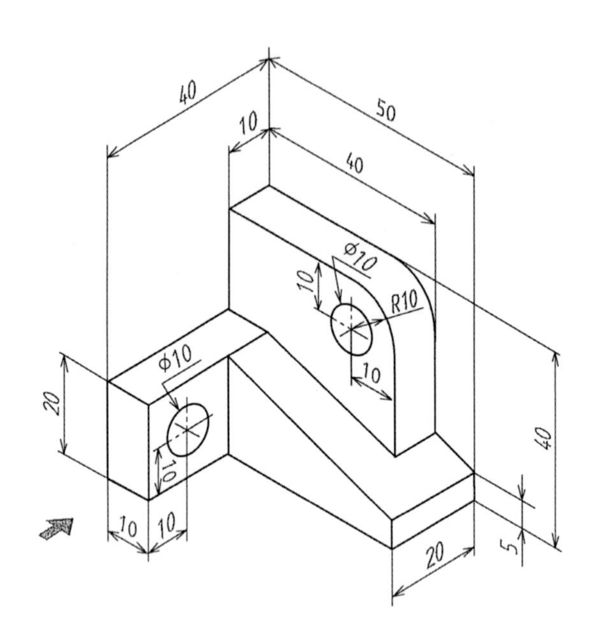

▼高校工業(電気)

【課題1】

□下の図は，低圧屋内配線工事における，スイッチによって電灯を点灯させる回路とコンセント回路を示している。与えられた材料および工具を使用し，〈施工条件〉に従って工事を完成させなさい。

〈注意事項〉

VVFジョイントボックスおよびスイッチボックスは支給していないので，その取り付けは省略する。被覆がはぎ取ってある電線はそのまま利用してもよい。電線の再配布はない。

〈施工条件〉

① 配線および器具の配置は，図に従って行うこと。なお，タンブラスイッチとコンセントは取付枠に取り付けること。

② 電線の色別(絶縁被覆の色)は次によること。

・電源からの接地側電線には，すべて白色を使用する。

・電源から点滅器及びコンセントまでの非接地側電線には，すべて黒色を使用する。
・コンセントの接地側極端子は白色の電線を結線する。
・ランプレセプタクルの受金ねじ部の端子は白色の電線を結線する。

③　VVFジョイントボックス部分を経由する電線は，その部分ですべて接続箇所を設け，接続方法はすべて差込型コネクタによる接続とする。

〈図〉

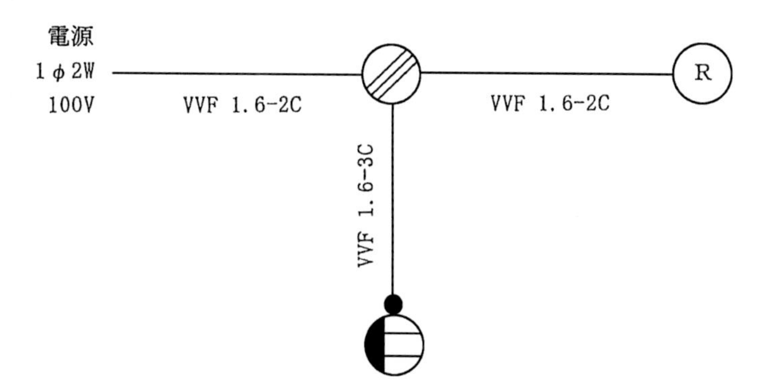

〈材料(電線の再配布はありません)〉

1. 600V ビニル絶縁シースケーブル平型，1.6mm，2心，長さ約400mm……2本
2. 600V ビニル絶縁シースケーブル平型，1.6mm，3心，長さ約500mm……1本
3. ランプレセプタクル(カバーなし)……1個
4. 埋込連用タンブラスイッチ……1個
5. 埋込連用コンセント……1個
6. 埋込連用取付枠……1個
7. 差込コネクタ(2本用)……2個
8. 差込コネクタ(3本用)……1個

【課題2】

2つのスイッチとLEDが表に示す真理値表の動作になるよう，与えられた材料および工具を使用し〈完成条件〉に従って電子工作を完成させなさい。また，抵抗の値をテスターを使わず，計算によって求め付箋紙に記入し，セロハンテープでユニバーサル基板に貼り付けなさい。

〈真理値表〉

スイッチ①	スイッチ②	LED①	LED②
0	0	0	0
0	1	0	0
1	0	0	0
1	1	1	1

0：off もしくは消灯　　1：on もしくは点灯

〈注意事項〉

抵抗はLEDの破損を防ぐため，LEDに対して直列に接続すること。また，配線を誤った場合，素子の再配布は1回のみ可とする。ただし，ユニバーサル基盤の再配布はない。

〈完成条件〉

① 電池ボックス以外はユニバーサル基盤に配置すること。

② 各素子はユニバーサル基盤の表面に取り付けること。

③ 配線はメッキ線を使い，ランドをまたぐ斜め配線はせず，直線でつなぐこと。

〈材料(電線の再配布はありません)〉

1. ユニバーサル基板……1枚
2. 抵抗……2個
3. LED(赤色)……2個
4. タクトスイッチ……2個
5. 電池ボックス……1個
6. メッキ線……200mm
7. 単三乾電池……4個
8. はんだ……少量
9. はんだ吸い……少量

▼高校商業

【課題1】

□エクセルの問題

エクセルファイル「問題1」を開き，下のような問題シートに入力されているデータを用いて，下の処理条件に従って，ホテル一覧表を作成しなさい。なお，完成したファイルは，ファイル名を「各自の受験番号」として保存しなさい。

宿泊料金表(一人分料金)

形態コード	形態	日	月	火	水	木	金	土
1	1名で1室利用	26,000	20,000	20,000	20,000	20,000	30,000	33,000
2	2名で1室利用	14,000	12,000	12,000	12,000	12,000	18,000	22,000
3	3名で1室利用	10,000	8,000	8,000	8,000	8,000	14,000	18,000
4	4名で1室利用	8,000	6,000	6,000	6,000	6,000	12,000	15,000

曜日表

曜日コード	曜日
1	日
2	月
3	火
4	水
5	木
6	金
7	土

部屋タイプ表

部屋コード	部屋タイプ
S	シングル
T	ツイン
W	和室

食事表

食事コード	0	1	2
食事	食事なし	朝食のみ	夕食・朝食

ホテル一覧表

宿泊コード	ホテル名	部屋タイプ	食事	一人分料金
406T2	Hotel A			
205S1	Hotel B			
301W0	Hotel C			
304T2	Hotel D			
103T2	Hotel E			
107S2	Hotel F			
402T0	Hotel G			

〈処理条件〉

(1) ホテル一覧表の「宿泊コード」について，左から1桁目が「形態コード」，3桁目が宿泊する日の「曜日コード」，4桁目が「部屋コード」，5桁目が「食事コード」である。また，利用者の宿泊は全て1泊である。

(2) 「宿泊コード」から「部屋コード」を取り出し，それをもとに「部屋タイプ表」から「部屋タイプ」を検索して，ホテル一覧表の該当箇所に値を表示する。同様にして，ホテル一覧表の「食事」，「一人分料金」についても，該当箇所に値を表示する。

(3) すべて関数を使って該当箇所に値を表示すること。不要なデータを作成したり，別の列・行を使用したりしないこと。

【課題2】

□パワーポイントの問題

パワーポイントファイル「問題2」を開き，下記の処理条件に従って，問題[1]の内容を説明する授業用資料を作成しなさい。なお，完成したファイルは，ファイル名を「各自の受験番号」として保存しなさい。

〈処理条件〉

(1) スライド表紙の「受験番号」の後に，受験番号を入力すること。

(2) スライドは，表紙を除いて5枚以上は使用すること。なお，表紙以外は，前もって用意してあるスライドを使用する必要はない。

(3) アニメーション機能を1つは使用すること。

(4) 各スライドには，その内容のポイントとなるキーワードをタイトルとして示すこと。

(5) エクセルの関数についての深い学びにつながるような内容のスライドを1枚は作成すること。

パワーポイントファイル「問題2」

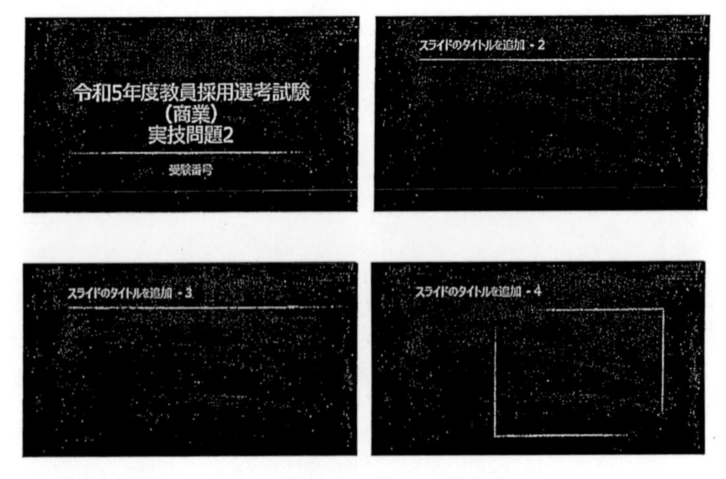

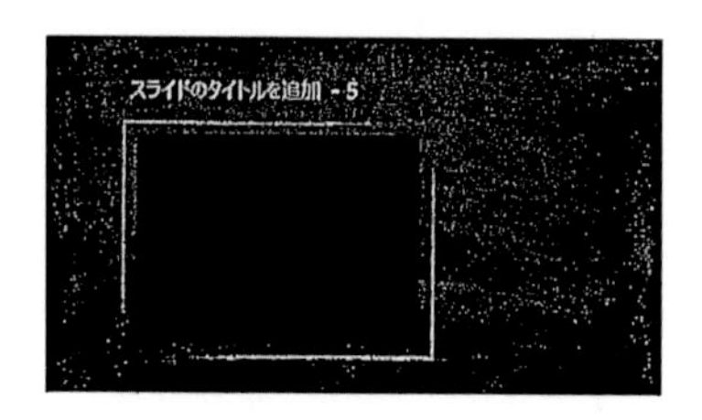

▼高校農業

【課題1】

□与えられた材料や資料を用いて，トマトの管理作業を行いなさい。ただし，作業時間には，清掃および整理整頓の時間を含む。(作業時間30分)

【課題2】

□レポート作成作業(作業時間15分)

トマトの栽培にはいくつかの管理作業がある。それらの注意点をまとめなさい。

▼養護教諭

【課題1】

□高等学校の保健の授業担当者と，第1学年の授業で，精神疾患の予防における『ストレスへの対処』について，ティームティーチングをすることになったものとして，次の指導をしなさい。

「ストレスや不安をコントロールする方法」について(4分以内)

【課題2】

□小学校の給食終了後，1年生担任が「Aさんが急に元気がなくなり，気持ち悪いと言っている」といってAさんを抱えて，保健室へ連れてきた。顔と名前を確認したところ，Aは食物アレルギーでエピペンを預かっている児童であった。

このような設定において，ダミー人形をAに見立て処置を実施しなさい。なお，机上の用具は自由に使ってよい。(3分以内)

〈机上〉

携帯電話　パルスオキシメーター　血圧計　AED　エピペン　体温計　救急箱　バスタオル　記録用紙・ペン

◆適性検査(2次試験)

【検査内容】

□バウムテスト

実のなる木を描きなさい。

・個人面接の待ち時間に行う。

2022年度

〈2次試験の事前準備〉

※2次試験の受験者はあらかじめ面接カードを記入し試験会場に持参する。

※面接カードは1次試験通過者のみに通知される。

【面接カードの記載事項例】

・滋賀県の教員採用試験に志望した理由(できるだけ具体的に)

・子どもとの体験について(これまで子どもとの関わった体験の中で学んだこと)

・指導できるクラブ・部活動について

・教育実習の校種，期間，学年，教科について

・ボランティア等の活動歴について

・現在の職業等(選択式)

・自己PR(特技，性格，資格等)

◆集団面接・集団討論(1次試験)

▼全科

・面接官3人　受験者4～8人　15～25分

▼小学校

【質問内容】

□①教師の魅力。

□③教師力を高める(教師としての力を高める)ためには何をしていけば良いか。

【集団討論テーマ】

□②さまざまな子どもがいるが，どの子にも主体的に学習させるためにはどうしていくか。

・①→②→③の順に集団面接と集団討論が同じ試験内で行われる。

▼小学校

〈面接配置〉

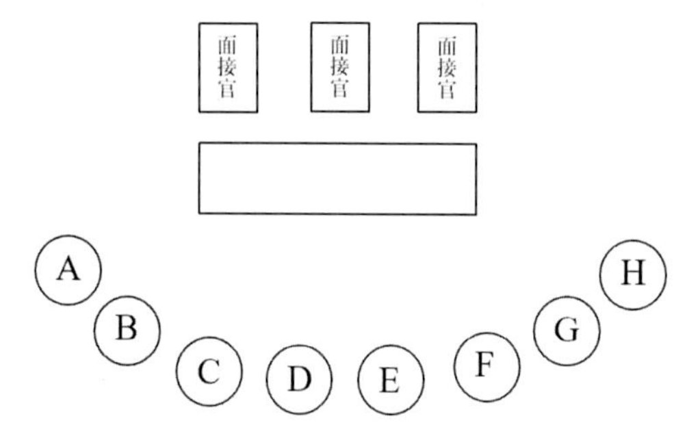

【質問内容】

□理想の教師像について。

□教師の喜びとは。

・集団面接・集団討論ともに挙手制である。

【集団討論テーマ】

□子どもの学びの質を向上させるためには。

・司会は作らず，結論も出さなくてよいと指示が出る。

・試験官の目は気にせず，他の受験生が話しているのをしっかりと見て，うなずくことが大事だと思う。

▼中学国語

【質問内容】

□SNSの問題をどのように指導できるか。

□教員として何をするか。また今どんな努力をしているか。

・発言は1人1分まで。

・1分になると知らされるが，話の中断はされない。

・1分を超えて話していた受験者は不合格だった。

【集団討論テーマ】

□GIGAスクール構想についてICTをどのように活用して，どんな資質を養うか。

・集団討論は集団面接の2つの質問の間に行われた。

▼中学英語

【質問内容】

□教員の志望理由とどのような教員になりたいか。

□自分にとって「ありがとう」とはどのような言葉か。

□理想の教師像と実現に向けて努力していること。

□信頼される教師とは。

□自己PR。

□教師のどこに喜びを感じるか。

□保護者と学校のトラブルに対してどのような対応が必要か。

□社会の一員と感じるのはどのようなときか。

・挙手制。

・1分過ぎたらタイマーが鳴るので，話をまとめるようにと用紙に記載されていた。

・特別な事情がある人以外はマスクを外すよう指示されたので口元の身だしなみを整えておいた方がよい。

【集団討論テーマ】

□すべての生徒がやる気をもてる授業づくりとは。

□生徒のコミュニケーション能力が低下しているがどう思うか，またコミュニケーション能力を高めるためにどう取り組むか。
□自尊感情を高めるには。
□もしあなたの学級でいじめを受けたという報告があった場合，どのように対応するか。
□不安や悩みを抱えた子供に対してどのように対応するか。
・司会は立てずに，それぞれ挙手制で討論を行うと2～3回ほど発言できる。
・15分のタイマーが鳴ったら討論の途中でも中断される。
・控室では私語厳禁であり，事前に他の面接受験者との会話はできなかった。

▼中学英語
【質問内容】
□志望動機とどのような教員になりたいか(1分)。
□「ありがとう」に対する考え(1分)。
【集団討論テーマ】
□教育課題と対策(討論)。

▼中学理科
【質問内容】
□社会人として大切にしたいことは何か。
・集団面接と集団討論は同じ試験内で行う(討論→面接の順。)
・集団面接では「1分以内に話すように」と指示される。
・同じ内容になっても自分の言葉で伝えることが大切だと思われる。
・討論も面接も人の意見を聞くことが大切だと思われる。
・過去問通りの質問が多いため，過去問はしっかりとやるべき。
【集団討論テーマ】
□諸外国と比べて日本は自己肯定感が低いと言われるが先生としてどうするか。
・討論が始まる前に1分間の自己アピールができる(挙手制)。

・1分間アピールはどのような先生になりたいか，そのために努力していることは何かについて。
・タイマーが鳴るが，その時は簡潔に最後まで言うように指示される。
・討論中2回しか発言しなかったが良い評価だった。回数よりも内容が重視されると思われる。
・だらだら話すと時間がなくなるため簡潔に話すとよい。

▼中学音楽
【質問内容】
□1分間スピーチ「教師になった時，生徒と一緒に取り組みたいこと」
□意見発表「情報化が進み，生徒がSNSを使う機会が増えているが，どのように指導するか」
【集団討論テーマ】
□心豊かな人間性の育成が大切だと叫ばれている。思いやりの心や感動する心を育てるため，どのようにしていくか。
・司会は立てずに「○○から始めませんか」は禁止の指示が出る。

▼中学音楽
【質問内容】
□教師になって生徒と取り組みたいこと。
□SNSの犯罪が増加しているが，どのような指導を行うか。
【集団討論テーマ】
□豊かな心の育成が大切だと言われているが，思いやりや感動的な体験をさせるためにどうするか。

▼高校英語
【質問内容】
□自己PR(1分間)。
・時間を超過すると面接官に中断される。
□教師として一生学び続けたいこと。

□「将来に迷っている。」と生徒に相談された。どうするか。
□教員に必要な資質。
・会場の窓側と廊下側から交互に指名され，順に答える。
【集団討論テーマ】
□保護者から「自分の子どもが勉強しなくなった。」と連絡がきた。どうするか。
・反対意見可。

▼養護教諭
【質問内容】
□始めに面接官が指す順に1分間で自己アピール。
【集団討論テーマ】
□外部の機関と連携するときに気を付けるべきこと。
□養護教諭として児童生徒と関わるときに気を付けていること。
□保護者に「学校は信頼できない」と言われる。どう対応するか。
・全て挙手式。
・進行役は立てない。
・結論は出さなくてもよい。

▼養護教諭
【質問内容】
□保護者から学校や担任が信頼できないと意見があったときどうするか。
□悩みを抱えた児童に，誰にも言わないでと言われた時，どう対応するか。
【集団討論テーマ】
□外部機関と連携するときに気を付けること。
・1人ずつ1分間自己PR→集団討論→集団面接(順に1人ずつ回答)。

▼特別支援学校

【質問内容】
□保護者が学校に求めているもの。
□生涯学び続けたいこと。
・発言はランダムの指名制。
【集団討論テーマ】
□先生と信頼関係を築くには。
□小中高や地域と連携することの良い点，留意点。
・欠席者が多いグループもあり，4人で集団討論しているグループもあった。

◆適性検査(2次試験)　5～10分
□バウムテスト
・白紙(A4用紙)に「実のなる木」を書いて下さい，という指示のみ。
・個人面接前に行われる。

◆個人面接(2次試験)
▼全科
・面接官3人　15～20分
▼小学校
【質問内容】
□なぜ滋賀県の教員を志望したのか。
□院の研究内容は?
□どんな教師になりたいか。
□子どもとの関わりで学んだこと(面接カードから)。
□どこか他府県は受けているか。
□僻地でも大丈夫か。
□教師になる上で鍛えなければならないと思っていること。

▼小学校

【質問内容】

□なぜ，小学校教員を志望したか。

□自分が，小学校教員に向いている所。

□教員以外の将来の夢は。

□「当たり前の違い」の具体的な話。(面接カードから)

□情報の差を埋めるためには。

□今と昔の子どもの違いについて。

□他の自治体は受けたか。

□落ちた場合どうするか。

・面接官の目を見て，素直に会話をする。覚えたことだけではなく，その時の直観的な考えも大事にする。

▼中学国語

【質問内容】

□教員を目指した理由。

□昨今の教員の不祥事についてどう思うか。

▼中学理科

・面接カードから聞かれることが多いため記入したことには全て答えられる準備をする方がよい。

▼中学音楽

【質問内容】

□今日はどのようにして来たか。

□(他府県)の学校の教育実習になぜ行ったのか。

□(他府県)の学校での学びは何か。

□「努力することの大切さ」をどのように生徒へ伝えるか。

□実習で困ったことは。

□周りからどう思われているか。

▼中学音楽
【質問内容】
□志望動機。
□特技，その楽器の魅力。
□意欲的に授業に取り組めない生徒と接したことはあるか。
□様々な生徒や保護者に対応することに不安や心配はないか。
□2回目の実習で成長したと思ったこと，課題に感じたこと。

▼養護教諭
【質問内容】
□志望理由。
□心の居場所となる保健室経営のためにどのようにしようと思っているか。
□自身の長所。
□看護師の免許は何に活かせるか。
□自分の意見と担任の意見が異なった時どうするか。
□講師をしていて学んだことや大変だったこと。
□養護教諭のやりがいを一言で説明する。
□今の学校の子どもたちをどう紹介するか。
□保護者と意見が食い違ったことの経験。

◆指導実技試験(模擬授業)(2次試験)
▼全科
・面接官2人　受験者1人　15分
〈共通指示〉
□次の内容について授業を行いなさい。
※制限時間内に指導の主題が伝わるように授業を行うこと。必ず板書を用いること。

【模擬授業課題】

▼小学校

［国語］

【課題】

小学校 教科	番号	問題文
小学校 国語	1	「入る」と「出る」など、反対の意味の言葉の組を作る指導をしなさい。
小学校 国語	2	修飾と被修飾との関係について例文を使って指導をしなさい。
小学校 国語	3	互いの意見の共通点や相違点に着目して考えをまとめる司会の仕方について指導しなさい。
小学校 国語	5	校外学習で学習したことを下学年の児童に発表することについて、内容や発表方法などを話し合う学習をします。導入部分の指導をしなさい。
小学校 国語	6	「運動会の案内」を例に、案内状を書くことの指導をしなさい。
小学校 国語	7	１年生に、助詞の「は」「を」「へ」の使い方について指導をしなさい。
小学校 国語	8	話し言葉と書き言葉の違いについて指導をしなさい。
小学校 国語	9	書写の時間で、文字の組み立て方に注意し、形を整えて書く指導をしなさい。
小学校 国語	10	自分たちの住んでいるところの魅力をリーフレットでＰＲします。説得力のある文章を書くための工夫について指導しなさい。
小学校 国語	11	「たいしょう」のような同音異義語を、正しく用いることができるよう、指導しなさい。
小学校 国語	12	物語を読み、作品の魅力について読書交流会で語り合う学習をします。単元の導入部分の指導をしなさい。
小学校 国語	15	調べ学習で、図鑑から知りたいことを探す方法について指導しなさい。
小学校 国語	16	「古池や　蛙飛び込む　水の音」 松尾芭蕉などの俳句を読み、楽しみ方について指導しなさい。
小学校 国語	17	お話のお気に入りの場面とその場面を選んだわけを紹介する学習活動をします。導入部分の指導をしなさい。
小学校 国語	18	自分の憧れの仕事について、地域で働く方々にインタビューをしに行く直前の指導をしなさい。
小学校 国語	19	「学級文庫に漫画を置いてもよいか」という議題について、自分の立場を明確にして討論会を行います。導入部分の指導をしなさい。

［社会］

【課題】

小学校　教科	番号	問題文
小学校　社会	1	自分の住んでいる地域の特色ある地形や土地利用の様子などを取り上げ、地域の様子に違いがあることについて指導しなさい。
小学校　社会	3	消防署や警察署などの関係機関が、地域の安全を守るために、相互に連携して緊急時に対処する体制をとっていることが理解できるように指導しなさい。
小学校　社会	4	飲料水が、安全で安定的に供給できるよう、進められていることについて指導しなさい。
小学校　社会	5	身近な地域や市町の様子を地図に表したり読み取ったりする際に、必要な方位や地図記号等について指導しなさい。
小学校　社会	6	人々の生活の変化や地域の発展に尽くした先人の具体的事例を取り上げ、地域の発展に対する先人の願いや工夫・努力、苦心、地域の人々の生活が向上したことについて指導しなさい。
小学校　社会	7	琵琶湖の特徴や役割を取り上げ、地域の環境保全への具体的な取組について指導しなさい。
小学校　社会	8	公害から国民の健康や生活環境を守ることの大切さについて、具体的事例を取り上げ指導しなさい。
小学校　社会	9	世界における我が国の国土の位置、国土の構成、領土の範囲について指導しなさい。
小学校　社会	10	食料の中には外国から輸入しているものがあり、それが国民の食料を確保する役割を果たしていることについて指導しなさい。
小学校　社会	12	大量の情報や情報通信技術の活用が、様々な産業を発展させ、国民生活を向上させていることについて指導しなさい。
小学校　社会	13	日本国憲法の基本的な考え方に着目して、国会と国民との関わりについて指導しなさい。
小学校　社会	15	外国の人々の生活の様子などに着目して、日本の文化や習慣との違いについて指導しなさい。

[算数]

【課題】

小学校　教科	番号	問題文
小学校　算数	1	整数の加法について８＋７を例にして、くり上がりがある計算の仕方を指導しなさい。
小学校　算数	2	長さくらべをする時に、cmやｍなどの普遍単位の必要性を指導しなさい。
小学校　算数	3	１００００までの数について、十進位取り記数法による数の表し方について指導しなさい。
小学校　算数	4	同分母分数の減法の仕方について指導しなさい。
小学校　算数	5	Ｌ字型の図形の面積の求め方について、例をあげて指導しなさい。
小学校　算数	6	末尾の位のそろっていない小数の引き算について指導しなさい。
小学校　算数	7	伴って変わる２つの量を、表や式に表すことについて、例をあげて指導しなさい。
小学校　算数	8	四則の混合した計算について、200－50×３を例にして指導しなさい。
小学校　算数	9	直方体に関連して、直線や平面の平行や垂直の関係について指導しなさい。
小学校　算数	10	五角形の内角の和が540°であることを指導しなさい。
小学校　算数	11	遊園地でA,B,C,Dの４つの遊具をすべて1回ずつまわります。まわる順番は、全部で何通りあるかについて指導しなさい。
小学校　算数	12	最小公倍数について、身近な例をあげて指導しなさい。
小学校　算数	13	平均値についてデータの例を示して指導しなさい。
小学校　算数	14	直方体の体積の求め方について指導しなさい。
小学校　算数	15	二等辺三角形や正三角形を、定規とコンパスを用いて作図することについて指導しなさい。
小学校　算数	16	１２÷３＝４の計算の意味を、具体的な場面を例に挙げて指導しなさい。
小学校　算数	17	繰り上がりのある２位数の加法について、例をあげて指導しなさい。
小学校　算数	18	速さと時間がわかっている時の、道のりの求め方について指導しなさい。
小学校　算数	19	分数×整数の計算方法について指導しなさい。

［理科］

【課題】

小学校　教科	番号	問題文
小学校　理科	1	電磁石を強くするにはどうすればよいかについて、児童が予想や仮説をもとに解決の方法を考えることができるよう指導しなさい。
小学校　理科	2	色々な物に磁石を近づける活動を通して、どんな物が磁石につくのかという問題を見いだすことができるよう指導しなさい。
小学校　理科	3	昆虫の成虫の体は頭、胸および腹からできていることについて、児童が共通点や相違点をもとに考えることができるよう指導しなさい。
小学校　理科	4	閉じ込めた空気を押すと、空気はどうなるのかについて、児童が根拠のある予想や仮説を考えることができるよう指導しなさい。
小学校　理科	5	月の見える位置は、時刻によってどのように変わっていくのかについて、児童が根拠のある予想や仮説を発想することができるよう指導しなさい。
小学校　理科	6	乾電池と豆電球などを導線でつないだときの、つなぎ方と豆電球などの様子に着目して、電気を通すつなぎ方と通さないつなぎ方があることを指導しなさい。
小学校　理科	7	条件を変えながら調べる活動を通して、植物の発芽には、水、空気及び温度が関係していることを指導しなさい。
小学校　理科	8	物を水に溶かし、水の温度や量による溶け方の違いを調べ、物が水に溶ける量には限度があることを指導しなさい。
小学校　理科	9	流れる水には、土地を侵食したり、石や土などを運搬したり堆積させたりする働きがあることを指導しなさい。
小学校　理科	10	空気は、温めたり冷やしたりすると体積が変わるのかについて、児童が根拠のある予想や仮説を考えることができるよう指導しなさい。
小学校　理科	11	児童がろうそくが燃える前と燃えた後の空気を調べた実験結果をもとに考察し、空気中の酸素が使われて二酸化炭素ができることが理解できるよう指導しなさい。
小学校　理科	12	身近にある文房具などの重さ比べを行う中で、児童が置き方や形を変えたときに重さは変わるのかという問題を見いだすことができるよう指導しなさい。
小学校　理科	13	リトマス紙を使って、水溶液を仲間分けした実験結果をもとに考察し、水溶液には、酸性、アルカリ性及び中性のものがあることが理解できるよう指導しなさい。
小学校　理科	14	振り子の１往復する時間は何によって変わるのかについて、児童が予想や仮説をもとに解決の方法を考えることができるよう指導しなさい。
小学校　理科	15	１日の気温の変化を天気の様子と関係付けて調べた結果をもとに考察し、天気によって１日の気温の変化の仕方に違いがあることが理解できるよう指導しなさい。

[音楽]

【課題】

小学校　教科	番号	問題文
小学校　音楽	1	「かたつむり」を教材にして、体を動かす活動を取り入れながら、リズムを感じて歌う指導をしなさい。
小学校　音楽	3	「うさぎ」を教材にして、発音の仕方に気を付けて、歌詞の意味を大切にした歌い方で歌う指導をしなさい。
小学校　音楽	4	「春の小川」を教材にして、範唱を聴き、ハ長調の楽譜を見て歌う指導をしなさい。
小学校　音楽	5	「つばさをください」を教材にして、リズムを工夫し、子どもが思いをもって歌う指導をしなさい。
小学校　音楽	7	「ふるさと」を教材にして、歌詞の内容や曲想を生かした表現を工夫し、子どもが思いや意図をもって歌う指導をしなさい。
小学校　音楽	8	「かえるのがっしょう」を教材にして、鍵盤ハーモニカに親しみ、簡単な旋律を演奏する指導をしなさい。
小学校　音楽	9	3年生を対象に、リコーダーの構え方とタンギングの指導をしなさい。
小学校　音楽	10	短いリズムをつくり、それを反復したりつないだりして簡単な音楽をつくる指導をしなさい。
小学校　音楽	11	「ソーラン節」を鑑賞教材として、日本の民謡に親しみ、音楽の特徴を感じ取って聴く指導をしなさい。
小学校　音楽	12	「春の海」を鑑賞教材として、和楽器の響きを感じ取って聴く指導をしなさい。
小学校　音楽	14	「ハンガリー舞曲第5番」を鑑賞教材として、感じ取ったことを言葉で表し、音楽の特徴やよさに気付かせる指導をしなさい。

[図画工作]

【課題】

小学校 教科	番号	問題文
小学校 図画工作	1	低学年の児童に、油粘土をにぎったり、ひっぱったりしてできる形から、想像した立体をつくる題材の指導をしなさい。
小学校 図画工作	2	低学年の児童に、色水を作る造形遊びを題材にした指導をしなさい。
小学校 図画工作	3	低学年の児童に、紙を折ったり、切ったりして、いろいろな形のかざりを作る題材の指導をしなさい。
小学校 図画工作	4	低学年の児童に、お話を聞いたり、読んだりして、思い浮かべたことを、絵に表す題材の指導をしなさい。
小学校 図画工作	5	低学年の児童に、色紙を使って、並べたりしたものを鑑賞する題材の指導をしなさい。
小学校 図画工作	6	中学年の児童に、角材をのこぎりで切って、木切れを組み合わせて立体をつくる題材の指導をしなさい。
小学校 図画工作	7	中学年の児童が初めて水彩絵の具のセットを使って、色や水の量をいろいろためしながら、絵の具でかくことを楽しめるような指導をしなさい。
小学校 図画工作	8	中学年の児童に、学校生活の場面をテーマにした木版画の指導をしなさい。
小学校 図画工作	9	中学年の児童に、数種のひもを結んだりつなげたりしてどんどん組み合わせていく造形遊びの指導をしなさい。
小学校 図画工作	10	中学年の児童に、光を通す材料を集めて工夫し、ランプシェードをつくる題材の指導をしなさい。
小学校 図画工作	11	高学年の児童に、あったらいいなと思う町の想像をふくらませて、絵に表す題材の指導をしなさい。
小学校 図画工作	12	高学年の児童に、アニメーションの仕組みを使って、楽しい動きや変化をつくる題材の指導をしなさい。
小学校 図画工作	13	高学年の児童に、生活の中にある「和」を感じて日本の美術のよさや美しさを味わい、楽しむ鑑賞の指導をしなさい。
小学校 図画工作	14	高学年の児童に、針金の曲げ方、巻き方、立たせ方を工夫して、思いついた形を立体に表す題材の指導をしなさい。

［体育］

【課題】

小学校　教科	番号	問題文
小学校　体育	1	中学年の保健において、健康の保持増進のために運動、食事、休養及び睡眠を取ることが必要であることを指導しなさい。
小学校　体育	2	中学年の保健において、体は思春期になると次第に大人の体に近づき、体型の変化、初経、精通などが起こったりすること、また個人差があることについて理解できるように指導しなさい。
小学校　体育	3	低学年のマット運動において、かえるの逆立ちの運動の行い方がわかるように指導しなさい。
小学校　体育	4	高学年のハードル走において、リズミカルにハードルを走り越えるためのポイントを理解できるように指導しなさい。
小学校　体育	5	高学年の保健において、けがの手当について、傷口を清潔にする、圧迫して出血を止める、患部を冷やすなどの方法が理解できるように指導しなさい。
小学校　体育	6	高学年のマット運動において、児童の手本をつかって開脚前転のポイントを指導しなさい。
小学校　体育	7	高学年のクロールにおいて、続けて長く泳ぐための呼吸や手足の動きについてのポイントを指導しなさい。
小学校　体育	8	高学年の保健において、喫煙が人体にもたらす影響について理解することができるよう指導しなさい。
小学校　体育	9	低学年のボールゲームにおいて、中学年のゴール型ゲームにつながるような簡単なボール操作が身につくように指導をしなさい。
小学校　体育	10	低学年の固定施設を使った運動遊びにおいて、固定施設での運動の行い方を理解させながら、児童が意欲的に取り組めるよう指導しなさい。
小学校　体育	11	中学年の表現運動において、「〇〇の世界」を設定し、その特徴をとらえた児童の表現のポイントを指導しなさい。
小学校　体育	12	中学年のマット運動において、後転の行い方について苦手な児童にも配慮をした内容を取り入れ、指導しなさい。
小学校　体育	13	低学年の多様な動きをつくる運動遊びにおいて、跳ぶ、はねるなどの動きが身につけられるよう指導しなさい。
小学校　体育	14	中学年のゴール型ゲームにおいて、ポートボールを基にした易しいゲームができるように指導しなさい。

・ICT機器を必ず使用するよう指示が出る。

・板書は必ず行う。

・模擬授業後，以下のような英語による質問がある。

→Do you like sports?

→What sports do you like?

・聞き取れなくても再度英語で同じ質問を繰り返してもらえる。

・別室で教科を選択し，くじを引く。引き直しは1回のみ。引き直した場合2回目引いたテーマで授業を行う。
・8分間で授業の構想を行い，7分間で実演する。
・教師と児童が1人1台タブレットを持っている想定で実演する。
・授業の目的とまとめを明確化し，ICT活用の授業を作る。

▼中学国語

教科名	番号	指導実技問題
中学校　国語	1	小説を読んで、登場人物の言動や考え方について自分の考えを伝え合う学習を行います。導入部分の指導をしなさい。
中学校　国語	2	図表などを引用して説明する文章を書く学習活動を行います。引用の仕方や出典の示し方について、留意することや配慮することについての指導をしなさい。
中学校　国語	3	資料や機器を用いて、自分の通っている学校のよさを分かりやすく伝える学習を行います。どのような言語活動を設定すればよいか考え、導入部分の指導をしなさい。
中学校　国語	4	形容詞と形容動詞の特徴を理解させる指導をしなさい。
中学校　国語	5	「話す」という言葉を用いて、尊敬語、謙譲語、丁寧語の特徴を理解させる指導をしなさい。
中学校　国語	6	お礼の気持ちを伝えるために手紙を書く学習を行います。便箋に手紙を書くときの形式や相手のことを考慮して書くことの指導をしなさい。
中学校　国語	7	『平家物語』の冒頭を用いて、古典に表れたものの見方や考え方を知る指導をしなさい。 祇園精舎の鐘の声、諸行無常の響きあり。 娑羅双樹の花の色、盛者必衰のことわりをあらはす。 おごれる人も久しからず、ただ春の夜の夢のごとし。 たけき者もつひには滅びぬ、ひとへに風の前の塵に同じ。
中学校　国語	8	意見文を書く学習を行います。書く内容の中心が明確になるように、段落の役割を意識して文章の構成や展開を考えることについての指導をしなさい。
中学校　国語	9	学校図書館を活用して、テーマに基づいた多様な情報を得て、それらを基に考えたことを資料にまとめる学習活動を行います。本などの種類や配置、資料の探し方についての指導をしなさい。
中学校　国語	10	故事成語についてグループで発表する学習活動を行います。導入部分の指導をしなさい。
中学校　国語	11	書写の時間に、「和」という漢字を使って、行書の基礎的な書き方を理解させる指導をしなさい。
中学校　国語	12	話し言葉と書き言葉の特徴について理解させるために、例を挙げながら指導しなさい。
中学校　国語	13	次の俳句の意味を読みとり、表現の効果について考えたことを伝え合う指導をしなさい。 草の戸も住み替はる代ぞ雛の家
中学校　国語	14	関心のある芸術的な作品について、鑑賞したことを書く学習活動を行います。導入部分の指導をしなさい。
中学校　国語	15	「住んでいる地域のよさ」をテーマに話題や展開を捉えながら話し合い、互いの発言を結び付けて考えをまとめる学習を行います。どのような言語活動を設定すればよいか考え、導入部分の指導をしなさい。

・生徒に対する配慮やコミュニケーションを図れているかがポイントである。

▼中学数学

教科名	番号	指導実技問題
中学校　数学	1	様々な事象を正の数と負の数を用いて表現したり、処理したりできることについて、具体的な例を用いて指導しなさい。
中学校　数学	2	空間における直線と直線の位置関係について、例を用いて指導しなさい。
中学校　数学	3	多数の観察や多数回の試行によって得られる確率の必要性と意味について、具体的な例を用いて指導しなさい。
中学校　数学	4	比例の変化や対応の特徴を見いだすことについて、例をあげて指導しなさい。
中学校　数学	5	データの分布の傾向を読み取り、批判的に考察し判断できることについて、例を用いて指導しなさい。
中学校　数学	6	文字を用いた式を具体的な場面で活用することについて、例を用いて指導しなさい。
中学校　数学	7	n角形の内角の和の求め方について、指導しなさい。
中学校　数学	8	三角形の１つの外角は、それととなり合わない２つの内角の和に等しいことについて指導しなさい。
中学校　数学	9	２つの直線がどのように交わっても対頂角は等しいことについて、指導しなさい。
中学校　数学	10	四分位範囲や箱ひげ図の必要性と意味について、例を用いて指導しなさい。
中学校　数学	11	一次関数　$y=ax+b$　のグラフにおいて、a（傾き）の意味について指導しなさい。
中学校　数学	12	扇形の弧の長さと面積について指導しなさい。
中学校　数学	13	目的に応じた式の変形について、三角形の面積を求める公式を例に指導しなさい。
中学校　数学	14	三平方の定理について指導しなさい。
中学校　数学	15	円錐の体積と円柱の体積の関係について、指導しなさい。
中学校　数学	16	関数　$y=ax^2$ の値の変化の割合が、どんな意味をもつのか、例を用いて指導しなさい。

▼中学英語

教科	番号	指導実技問題1	指導実技問題2
中学校　英語	1	生徒が、以下に示す英語の表現を初めて学習するとき、どのような効果的な指導が考えられるか。言語活動を行うにあたり、特有の表現がよく使われる場面を設定して指導しなさい。 なお、Classroom Englishを必ず使うこと。	◆言語の使用場面：電話での応答 A: Hello? This is Lucy. Can I talk to Mike? B: Sorry, Lucy. He's out now. Shall I take a message?
中学校　英語	2	生徒が、以下に示す英語の表現を初めて学習するとき、どのような効果的な指導が考えられるか。言語活動を行うにあたり、生徒の身近な暮らしにかかわる場面を設定して指導しなさい。 なお、Classroom Englishを必ず使うこと。	◆言語の使用場面：家庭での生活 A: John, can you help me? I want you to wash the dishes now. B: Sorry, but I'm doing my homework now.
中学校　英語	3	生徒が、以下に示す英語の表現を初めて学習するとき、どのような効果的な指導が考えられるか。言語活動を行うにあたり、言語の働きを取り上げるようにして指導しなさい。 なお、Classroom Englishを必ず使うこと。	◆言語の働き：褒める A: What a nice watch! Where did you buy it? B: My father bought me it for my birthday.
中学校　英語	4	生徒が、以下に示す英語の表現を初めて学習するとき、どのような効果的な指導が考えられるか。言語活動を行うにあたり、特有の表現がよく使われる場面を設定して指導しなさい。 なお、Classroom Englishを必ず使うこと。	◆言語の使用場面：手紙や電子メールでのやり取り A: Hi. Are you free tomorrow? Shall we go fishing? B: That sounds good. Thank you for your mail.
中学校　英語	5	生徒が、以下に示す英語の表現を初めて学習するとき、どのような効果的な指導が考えられるか。言語活動を行うにあたり、生徒の身近な暮らしにかかわる場面を設定して指導しなさい。 なお、Classroom Englishを必ず使うこと。	◆言語の使用場面：学校での学習 A: I saw a movie last Sunday. It was interesting. B: Oh, you saw a movie. Tell me more about it.

中学校　英語	6	生徒が、以下に示す英語の表現を初めて学習するとき、どのような効果的な指導が考えられるか。言語活動を行うにあたり、言語の働きを取り上げるようにして指導しなさい。 　なお、Classroom Englishを必ず使うこと。	◆言語の働き：説明する A: Are you going home early today? B: Yes, because my sister is waiting. We're going shopping.
中学校　英語	7	生徒が、以下に示す英語の表現を初めて学習するとき、どのような効果的な指導が考えられるか。言語活動を行うにあたり、特有の表現がよく使われる場面を設定して指導しなさい。 　なお、Classroom Englishを必ず使うこと。	◆言語の使用場面：道案内 A: Excuse me. Could you tell me where ABC station is? B: Sure. Go straight on this street. It's on your left. It'll take about ten minutes.
中学校　英語	8	生徒が、以下に示す英語の表現を初めて学習するとき、どのような効果的な指導が考えられるか。言語活動を行うにあたり、生徒の身近な暮らしにかかわる場面を設定して指導しなさい。 　なお、Classroom Englishを必ず使うこと。	◆言語の使用場面：学校での活動 A: What is the best memory in your junior high school days? B: The school festival is. I really enjoyed it.
中学校　英語	9	生徒が、以下に示す英語の表現を初めて学習するとき、どのような効果的な指導が考えられるか。言語活動を行うにあたり、言語の働きを取り上げるようにして指導しなさい。 　なお、Classroom Englishを必ず使うこと。	◆言語の働き：報告する A: I'd like to tell you about my research. B: Well, I'm very interested in it. Go ahead.
中学校　英語	10	生徒が、以下に示す英語の表現を初めて学習するとき、どのような効果的な指導が考えられるか。言語活動を行うにあたり、特有の表現がよく使われる場面を設定して指導しなさい。 　なお、Classroom Englishを必ず使うこと。	◆言語の使用場面：旅行 A: Can I help you? B: I'd like to go to the city zoo. Which bus should I take?

中学校　英語	11	生徒が、以下に示す英語の表現を初めて学習するとき、どのような効果的な指導が考えられるか。言語活動を行うにあたり、言語の働きを取り上げるようにして指導しなさい。 なお、Classroom Englishを必ず使うこと。	◆言語の使用場面：断る A: How about something cold to drink? B: No, thanks. I'm full.
中学校　英語	12	生徒が、以下に示す英語の表現を初めて学習するとき、どのような効果的な指導が考えられるか。言語活動を行うにあたり、言語の働きを取り上げるようにして指導しなさい。 なお、Classroom Englishを必ず使うこと。	◆言語の働き：招待する A: We're going to make a birthday cake for Yuki. Will you join us? B: Wonderful. That will make her happy.
中学校　英語	13	生徒が、以下に示す英語の表現を初めて学習するとき、どのような効果的な指導が考えられるか。言語活動を行うにあたり、言語の働きを取り上げるようにして指導しなさい。 なお、Classroom Englishを必ず使うこと。	◆言語の働き：仮定する A: If you had a time machine, what would you do? B: If I had a time machine, I would go to the future. I want to see my future life.
中学校　英語	14	生徒が、以下に示す英語の表現を初めて学習するとき、どのような効果的な指導が考えられるか。言語活動を行うにあたり、生徒の身近な暮らしにかかわる場面を設定して指導しなさい。 なお、Classroom Englishを必ず使うこと。	◆言語の使用場面：地域の行事 A: What big events do you have in your town? B: Well, we have a fireworks festival in summer. It's very beautiful.
中学校　英語	15	生徒が、以下に示す英語の表現を初めて学習するとき、どのような効果的な指導が考えられるか。言語活動を行うにあたり、特有の表現がよく使われる場面を設定して指導しなさい。 なお、Classroom Englishを必ず使うこと。	◆言語の使用場面：買物 A: May I help you? B: Yes, please. I like this T-shirt. Do you have a bigger one?

▼中学理科

教科名	番号	指導実技問題
中学校　理科	1	光の反射や屈折の実験を行い、光が水やガラスなどの物質の境界面で反射、屈折するときの規則性を見いだすことについて指導しなさい。
中学校　理科	2	磁石とコイルを用いた実験を行い、コイルや磁石を動かすことにより電流が得られることについて指導しなさい。
中学校　理科	3	霧や雲の発生についての観察、実験の結果をもとに、霧や雲のでき方を気圧、気温及び湿度の変化と関連付けてとらえることについて指導しなさい。
中学校　理科	4	化学変化によって熱を取り出す実験の結果をもとに、化学変化には熱の出入りが伴うことを見い出すことについて指導しなさい。
中学校　理科	5	観測資料などをもとに、太陽系の構造と関連付けて、惑星の見え方について指導しなさい。
中学校　理科	6	体細胞分裂の観察の結果をもとに、細胞の分裂を生物の成長と関連付けてとらえることについて指導しなさい。
中学校　理科	7	いろいろな植物の花のつくりの観察を行い、その観察記録に基づいて，花のつくりの基本的な特徴を見いだすとともに、それらを花の働きと関連付けてとらえることについて指導しなさい。
中学校　理科	8	金属を電解質水溶液に入れる実験を行い、金属によってイオンへのなりやすさが異なることについて指導しなさい。
中学校　理科	9	水溶液から溶質を取り出す実験の結果を、溶解度と関連付けてとらえることについて指導しなさい。
中学校　理科	10	物質を分解する実験を行い、分解して生成した物質は元の物質とは異なることについて指導しなさい。
中学校　理科	11	凸レンズの働きについての実験を行い、物体の位置と像の位置及び像の大きさの関係を見いだすことについて指導しなさい。
中学校　理科	12	地震の体験や記録をもとに、その揺れの大きさや伝わり方の規則性に気付くとともに、地震の原因を地球内部の働きと関連付けてとらえることを指導しなさい。
中学校　理科	13	位置エネルギーと運動エネルギーとは相互に移り変わることに気づかせるとともに、摩擦力や空気の抵抗などが働かない場合には、力学的エネルギーは保存されることを指導しなさい。
中学校　理科	14	動物が外界の刺激に適切に反応している様子の観察を行い、その仕組みを感覚器官、神経系及び運動器官のつくりと関連付けてとらえることについて指導しなさい。
中学校　理科	15	天体の日周運動の観察を行い、その観察記録を地球の自転と関連付けてとらえることについて指導しなさい。

・カードは15枚，その中から1枚選ぶ。

・授業の中で必ず一回はICT機器を使うことを指示される。

▼中学社会

教科名	番号	指導実技問題
中学校　社会	1	日本と世界各地との時差から、地球上における我が国と世界各地との位置関係について指導しなさい。
中学校　社会	2	世界各地の暑い地域と寒い地域、山岳地域と島嶼地域など、特色のある自然環境と、それに関係する衣食住について指導しなさい。
中学校　社会	3	日本の人口に関し、過疎・過密問題の課題について指導しなさい。
中学校　社会	4	地域の防災について、地震に伴う火災、豪雨に伴う河川の氾濫など、地域で想定される具体的な地理的課題を取り上げて指導しなさい。
中学校　社会	5	九州地方について、自然環境を中心として、自然災害に応じた防災対策について指導しなさい。
中学校　社会	6	仏教、キリスト教、イスラム教などを取り上げ、宗教のおこりについて、古代の文明と関連させて指導しなさい。
中学校　社会	7	中国をはじめとする東アジアとの交流について、日本の文化にどのような影響を与えたのか指導しなさい。
中学校　社会	8	鎌倉幕府の成立を取り上げ、武士が台頭して主従の結び付きや武力を背景とした武家政権が成立し、その支配が広まったことについて指導しなさい。
中学校　社会	9	産業革命や市民革命を経て、欧米諸国が近代社会を成立させてアジアへ進出したことについて指導しなさい。
中学校　社会	10	グローバル化が日本の経済に与える影響について考察できるよう指導しなさい。
中学校　社会	11	市場における価格の決まり方について指導しなさい。
中学校　社会	12	議会制民主主義の意義について指導しなさい。
中学校　社会	13	財政及び租税の意義、国民の納税の義務について指導しなさい。
中学校　社会	14	環境保全の取組が、持続可能な社会の形成について必要であることを指導しなさい。

▼中学音楽

教科名	番号	指導実技問題
中学校　音楽	1	「花の街」を教材にして、歌詞の内容や曲想を味わい、表現を工夫して歌う指導をしなさい。
中学校　音楽	2	「夏の思い出」を教材にして、歌詞の内容や曲想を感じ取り、表現を工夫して歌う指導をしなさい。
中学校　音楽	3	「帰れソレントへ」を教材にして、曲種に応じた発声や言葉の特性を理解して、それらを生かして歌う指導をしなさい。
中学校　音楽	4	「浜辺の歌」を教材にして、歌詞の内容や曲想を味わい、表現を工夫して歌う指導をしなさい。
中学校　音楽	5	「交響曲第５番」を教材として、曲の構成に注目しながら、曲想の変化を味わって聴く指導をしなさい。
中学校　音楽	7	器楽教材を１曲選び、曲想を感じ取り、表現を工夫して演奏する指導をしなさい。
中学校　音楽	9	「ギター」を使い、楽器の特徴を理解し、基礎的な奏法を生かして演奏する指導をしなさい。
中学校　音楽	10	「太鼓」を使い、姿勢や構え方に気を付けながら、基礎的な打ち方で演奏する指導をしなさい。
中学校　音楽	11	「箏」を使い、楽器の特徴を理解し、基礎的な奏法で演奏する指導をしなさい。
中学校　音楽	16	「ブルタバ（モルダウ）」を教材にして、音楽の特徴をその背景となる文化・歴史と関連付け、理解して鑑賞する指導をしなさい。

・タブレットを使う場面をつくること，机間支援は行わない。

・構想時には教科書やノートを見ることは禁止。

▼中学美術

教科名	番号	指導実技問題
中学校　美術	1	「空想の世界を表す」という題材で、夢や無意識の世界を、絵画に表現する指導をしなさい。
中学校　美術	2	「贈り物を包む包装紙をつくろう」という題材で、日本の伝統文様を基に、願いや思いを込めた文様を考え、デザインする指導をしなさい。
中学校　美術	3	「気になる情景」というテーマで、見上げる、見下ろす、近づくなど、視点の違いに着目した風景画の描き方を指導しなさい。
中学校　美術	6	「動きのおもしろさ」という題材で、コマ撮りアニメーションを使って効果的な伝え方を考え、表現する指導をしなさい。
中学校　美術	7	「鳥獣人物戯画を味わおう」という題材で、絵巻のレプリカ等を活用して絵巻物のよさを鑑賞する指導をしなさい。
中学校　美術	8	「生徒自身が伝えたい内容」をテーマにして、ポスターを制作する指導をしなさい。
中学校　美術	11	「あかりの形とその空間」という題材で、光の効果を考え、材料の特徴を生かした、空間を演出するあかりを制作する指導をしなさい。
中学校　美術	12	「木版画の魅力」という題材で、木版画の特徴をとらえ、工夫した年賀状を制作する指導をしなさい。
中学校　美術	13	「生活の中のパブリックアート」という題材で、設置する環境を考えて彫刻の模型を制作する指導をしなさい。

▼中学保健体育

教科名	番号	指導実技問題
中学校　保健体育	1	運動やスポーツには多様な関わり方があることについて、豊かなスポーツライフを実現する観点を踏まえて指導しなさい。
中学校　保健体育	2	国際的なスポーツ大会などが果たす文化的な意義や役割について指導しなさい。
中学校　保健体育	3	体つくり運動（体の動きを高める運動）においては、ねらいや体力の程度に応じて適切な強度、時間、回数、頻度などを考慮した組み合わせが大切であることについて指導しなさい。
中学校　保健体育	5	人間の適応能力とその限界について、「熱中症」を例にあげて指導しなさい。
中学校　保健体育	6	器械運動（跳び箱運動）において、切り返し系や回転系の基本的な技を滑らかに安定して行うことができるよう指導しなさい。
中学校　保健体育	7	生活習慣病を予防するために、身に付けるべき生活習慣について指導しなさい。
中学校　保健体育	8	陸上運動（リレー）において、バトンの受渡しでタイミングを合わせることについて指導しなさい。
中学校　保健体育	11	水泳（平泳ぎ）において、長く泳ぐための技術ポイントを指導をしなさい。
中学校　保健体育	12	武道(柔道）において、安全性に配慮した段階的な受け身の指導を展開しなさい。
中学校　保健体育	13	球技（ネット型）の攻防の特性を踏まえた動きを指導しなさい。
中学校　保健体育	14	球技（ベースボール型）において、「基本的なバット操作と走塁での攻撃」について指導しなさい。
中学校　保健体育	15	ダンス（現代的なリズムのダンス）でリズムに乗って弾んで踊るための、動きのポイントを具体的な例をあげて指導しなさい。
中学校　保健体育	16	器械運動（マット運動）において、安全に授業を進めるために、配慮すべき事項について指導しなさい。

▼中学技術

教科名	番号	指導実技問題
中学校　技術	1	製図の指導として、第三角法による正投影図のかき方の指導をしなさい。
中学校　技術	3	３種類の材料（木材、金属、プラスチック）について、それぞれの材料の長所と短所を指導しなさい。
中学校　技術	4	電気機器の安全な使用について、電気機器の定格の説明を入れて指導しなさい。
中学校　技術	6	再生可能エネルギーとはどのようなエネルギー資源か、いくつか例をあげながら指導しなさい。
中学校　技術	8	動力を伝え、変換するしくみについて、機械や機構などの例をあげながら指導しなさい。
中学校　技術	11	さまざまな栽培方法についてその目的を踏まえながら指導しなさい。
中学校　技術	13	情報セキュリティについて、情報通信ネットワークの危険性と安全に利用するための対策を指導しなさい。
中学校　技術	14	双方向性のあるコンテンツについて、身の周りにある例をあげながら指導しなさい。
中学校　技術	15	プログラムによる計測・制御システムに用いられるセンサの役割について、いくつか例を示しながら指導しなさい。

▼中学家庭

教科名	番号	指導実技問題
中学校　家庭	2	消費者トラブルとクーリング・オフ制度について指導しなさい。
中学校　家庭	6	消費者の基本的な権利と責任について指導しなさい。
中学校　家庭	7	衣服等を再利用することについて、その意義と工夫について指導しなさい。
中学校　家庭	9	幼児にとっての遊びの意義について指導しなさい。
中学校　家庭	11	布を用いた袋の製作における「マチ」のつけ方を指導しなさい。
中学校　家庭	12	生鮮食品の旬について指導しなさい。
中学校　家庭	13	魚の調理上の性質について指導しなさい。
中学校　家庭	14	日常着の手入れと、その必要性について指導しなさい。
中学校　家庭	15	地産地消について、その意義を指導しなさい。
中学校　家庭	16	持続可能な住生活の実現をめざした住まい方の工夫について指導しなさい。

▼高校国語

【課題1】

□次の文について音読した後に授業を展開しなさい。

> 前の世にも，御契りや深かりけむ，世になくきよらなる玉の男皇子さへ生まれたまひぬ。　(源氏物語)

【課題2】

□次の文について音読した後に授業を展開しなさい。

冬はつとめて。雪の降りたるは言ふべきにもあらず，霜のいと白きも，またさらでも，いと寒きに，火など急ぎおこして，炭もて渡るも，いとつきづきし。　(枕草子)

〈共通指示〉

※単に現代語訳に終始するのではなく，当時の文化的背景や物事のとらえ方，文法的事項などを取り入れること。また，生徒の思考を促すような発問を考え，その発問に対する生徒の答えも織り込みながら授業すること。

▼高校地理歴史(日本史)

【課題】

□9世紀後半から10世紀にかけての日本と東アジアの関係について。

▼高校地理歴史(世界史)

【課題】

□第一次世界大戦前のヨーロッパの情勢について。

▼高校地理歴史(地理)

【課題】

□ユーラシア大陸の中緯度における西岸気候と東岸気候の違いについて。

▼高校数学

【課題】

□二次方程式の解と係数の関係について。

▼高校理科(物理)

【課題】

□コンプトン効果について。(運動量およびエネルギーの保存則に基づ

いて説明すること)

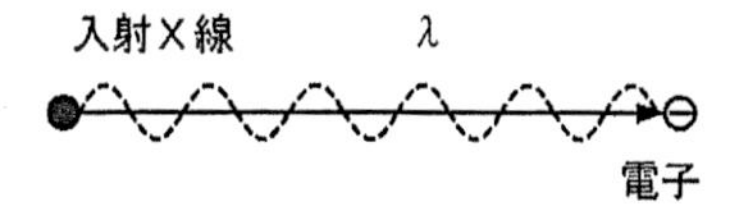

▼高校理科(化学)

【課題】

□次のような脂肪族化合物の構造式の決定について。

> ・分子式は$C_4H_{10}O$で表される。
> ・単体のナトリウムを加えたところ，水素が発生した。
> ・硫酸酸性の二クロム酸カリウム水溶液を加えて加熱したところ，ケトンが得られた。

▼高校理科(地学)

【課題】

□ハッブルの法則について。

▼高校保健体育

【課題1】

□運動・スポーツにおける技能と体力の関係について。

【課題2】

□日本や世界における保健活動について。

▼高校英語

【課題1】

□次の英文を教材として，高校2年生を対象に「コミュニケーション英語Ⅱ」の授業を，原則として英語で行いなさい。なお，英文は既習のものとし，内容理解や表現の定着のための活動を中心に実施すること。また，ウォームアップの活動は不要とします。必ず板書を用いること。

There is a beauty centre for cats and dogs in Russia. It provides similar services like spas for humans. Your pet can get a massage, do aqua aerobics, walk on a treadmill, or do fit ball exercises with a personal coach.

A dog owner explained that if you get a dog, you have to care for it. You must keep it in shape, bathe it, and feed it properly. This is easier with the help of the centre.

Haircuts, fur masks and pedicures are very popular. The set costs around 20 US dollars.

(News in Levels World News for Students of English, “Spa for Cats and Dogs" July 16, 2021)

【課題2】

□次の英文を教材として，高校2年生を対象に「コミュニケーション英語Ⅱ」の授業を，原則として英語で行いなさい。なお，英文は既習のものとし，内容理解や表現の定着のための活動を中心に活動すること。また，ウォームアップの活動は不要とします。必ず板書を用いること。

Utah authorities released a very interesting video. In the video, workers loaded fish onto a plane, and then, the plane flew to a lake. When the plane was flying just above the lake, it dropped the fish in the water below.

Utah and other US states put fish into lakes for many years, but then the method changed. In the past, fish traveled in milk cans, and horses took them to the right place. Today’s method is quicker, cheaper, and experts say that it is less stressful for the fish.

The fish end up in lakes where there are no other fish, which means that they cannot have a negative impact on other fish populations. Experts said that most fish survived the drop without injury.

(News in Levels World News for Students of English, "Plane drops fish" July 19, 2021)

▼高校家庭

【課題1】

□被服の材料の布について。

【課題2】

□生涯の健康を見通した食事計画について。

▼高校情報

【課題】

□公開鍵暗号方式について。

▼高校農業

【課題】

□発芽に必要な環境条件について。

▼高校工業(機械系)

【課題】

□平面図形の重心を求める方法について。

(生徒には下記の平面図形が記された資料が配布されているものとする。)

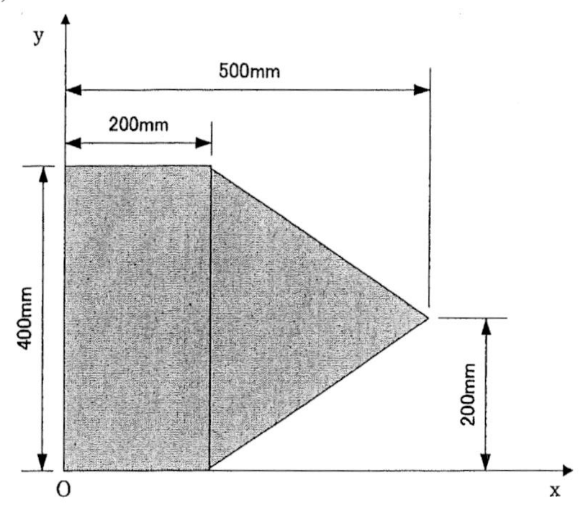

▼高校工業(電気系)

【課題】

□図の導体が磁界からうける力について。

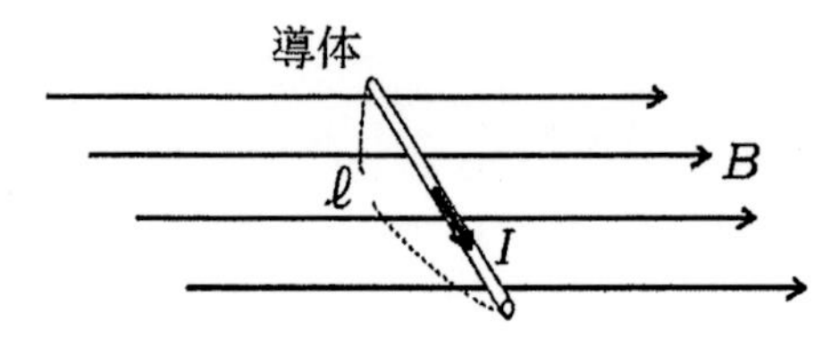

▼高校工業(化学工業系)

【課題】

□化学反応式の書き方について。

▼高校商業

【課題】

□国内総生産(GDP)について。

▼特別支援　小学部

〈共通指示〉

□次の問題について指導しなさい。

※実際に教壇に立ったつもりで，次の設題に基づきできるだけわかりやすく授業を展開しなさい。必ず板書を用いること。

【設題】

□(算数：時こくや時間のもとめ方)

ひとしさんは家を出てから学校に着くまで，15分かかります。午前8時までに学校に着くためには，午前何時何分までに家を出ればいいでしょう。

〈担当する学級〉

※小学部・3年

※聴覚障害児童の学級で，小学校に準ずる教育課程の学級

□(算数：あまりのあるわり算)

50枚のおり紙を，8人で同じ数ずつ分けると，1人分は何まいで，あまりは何まいでしょう。

〈担当する学級〉

※小学部・3年

※聴覚障害児童の学級で，小学校に準ずる教育課程の学級

□(算数：あまりのあるわり算)

花が41本あります。この花を1人に5本ずつ分けると，何人に分けられるでしょう。また，何本あまるでしょう。

〈担当する学級〉

※小学部・3年

※聴覚障害児童の学級で，小学校に準ずる教育課程の学級

□(算数：2けたの数をかける計算)

1箱に12本のえん筆が入っている箱が25箱あります。えん筆は全部で何本あるでしょう。

〈担当する学級〉

※小学部・3年

※病弱児童の学級で，小学校に準ずる教育課程の学級

□(算数：大きい数の計算を考えよう)

おさいふに542円入っています。368円のおかしを買うと，何円のこるでしょう。

〈担当する学級〉

※小学部・3年

※聴覚障害児童の学級で，小学校に準ずる教育課程の学級

□(算数：同じ数にわける計算を考えよう)

いちごが12こあります。3人で同じ数ずつ分けると，1人分は何こになるでしょう。

〈担当する学級〉

※小学部・3年

※病弱児童の学級で，小学校に準ずる教育課程の学級

▼特別支援学校　中学部
□次の問題について指導しなさい。
※実際に教壇に立ったつもりで，次の設題に基づきできるだけわかりやすく授業を展開しなさい。必ず板書を用いること。
□(数学：20までのかずのたしざん)
ひろこさんは　パンを　9こ　つくりました。ただしくんは　4こ　つくりました。ふたりで　なんこ　つくったでしょう。
〈担当する学級〉
※中学部・1年
※知的障害を主とした障害の学級
□(数学：20までのかずのたしざん)
白い花が12本，ピンクの花が4本さいています。あわせて　なん本でしょう。
〈担当する学級〉
※中学部・1年
※知的障害を主とした障害の学級
□(数学：20までのかずのひきざん)]
たまごが　14こありました。目玉やきを　つくるために2こ　つかいました。のこりは　なんこでしょう。
〈担当する学級〉
※中学部・1年
※知的障害を主とした障害の学級
□(数学：30より大きいかず)
おりがみが50まい　あります。30まい　つかうと　のこりは　なんまいに　なるでしょう。
〈担当する学級〉
※中学部・1年
※知的障害を主とした障害の学級
□(数学：ひき算)
みんなで読書をしました。本だなに，本が24冊あります。6冊借りると，残りは何冊でしょう。
〈担当する学級〉
※中学部・1年
※知的障害を主とした障害の学級
□(数学：かけ算)
　飲み物が3本ずつ入ったパックが5パックあります。飲み物は全部で何本あるでしょう。
〈担当する学級〉
※中学部・1年
※知的障害を主とした障害の学級
□(数学：かけ算)
　1ふくろに4個ずつなすをつめています。5ふくろのときなすは全部でいくつでしょう。
〈担当する学級〉
※中学部・1年：知的障害を主とした障害の学級

▼特別支援学校　高等部
□(数学：3けたのたし算)
　アルミかんを，5月は345個，6月は453個集めました。アルミかんは合わせて何個になりましたか。
〈担当する学級〉
※高等部・1年
※知的障害を主とした障害の学級
□(数学：3けたのひき算)
　ペットボトルのキャップを集めました。2組が集めた数は，先週が167個，今週が342個でした。今週集めた数は，先週集めた数より何個多いでしょう。
〈担当する学級〉
※高等部・1年
※知的障害を主とした障害の学級

□(数学：時刻と時間)

校外学習で，図書館と消防署に行きます。図書館で学習する時間は45分間，消防署で学習する時間は30分間です。学習する時間は，合わせて何分間ですか。

〈担当する学級〉

※高等部・1年

※知的障害を主とした障害の学級

□(数学：時刻と時間)

校外学習に出発する時刻は，午前8時50分です。学校にもどってくる時刻は，午前11時20分です。校外学習に出かけている時間は何時間何分ですか。

〈担当する学級〉

※高等部・1年

※知的障害を主とした障害の学級

□(数学：かけ算)

皿の上にりんごが3個とみかんが2個あります。同じ皿が6皿あります。りんごとみかんは全部で何個あるでしょう。

〈担当する学級〉

※高等部・1年

※知的障害を主とした障害の学級

□(数学：かけ算)

クッキーを8人に3枚ずつ配ります。全部で何枚のクッキーを用意したらよいでしょう。

〈担当する学級〉

※高等部・1年

※知的障害を主とした障害の学級

▼栄養教諭

教科名	番号	指導実技問題
栄養教諭	3	旬の野菜に関心をもたせ、進んで育てたり食べたりしようとする気持ちを持たせる指導をしなさい。
栄養教諭	4	給食のごみ処理の仕方を知らせ、ごみの減量について自分たちが考えたことを実行することについて指導しなさい。
栄養教諭	6	発育・発達には「食事」「運動」「休養・睡眠」が大切な役割を果たしていることについて指導しなさい。
栄養教諭	7	食べ物が、「煮る」「砕く」などの加工により形を変えて食べられていることを知り、食べ物について興味や関心を持つよう指導しなさい。
栄養教諭	8	自分自身の食生活を見つめ直し、望ましい食事の仕方や生活習慣を形成することについて指導しなさい。
栄養教諭	9	ゆでたり、炒めたりする調理法の目的や特性について気付かせ、野菜を使った簡単な料理の作り方について指導しなさい。
栄養教諭	10	地域の食材の良さや、郷土料理・行事食など食文化について興味や関心を持つよう指導しなさい。
栄養教諭	11	朝ごはんの役割を知らせ、栄養バランスのよい朝ごはんについて指導しなさい。

◆専門実技試験(2次試験)

▼小学校

〈音楽実技〉

【課題】

□演奏実技

次の曲の中から，試験当日に示す1曲をソプラノリコーダーで演奏しなさい。

「パフ」　ピーター　ヤーロウ・レナード　リプトン　作曲

「よろこびの歌」　ベートーベン　作曲

「オーラ　リー」　ジョージ　プールトン　作曲

※リコーダーは，ジャーマン式，バロック式のどちらでもよい。

※主旋律・無伴奏で演奏すること。

※楽譜を見て演奏してよいが，児童の模範となるように演奏すること。
※楽譜は，小学校で使用されている教科書等を参照すること。
〈受験者持参物〉
○ソプラノリコーダー
○楽譜の持参　可
・面接官1名
・1曲を指定されて演奏する。
・3曲を順番に回していると思われる。

〈体育実技〉
【課題】
□コロナ禍の中の体を動かすことができる活動を考えてください。
〈受験者持参物〉
○体育実技ができる服装(Tシャツ・ジャージ等)
○体育館シューズ
○タオル(汗拭き用)，水分補給の用意
・ひも，ボール，縄とび，フラフープ，ケンステップが用意されていて，自由に使用してよい。
・受験者8人程度のグループで話し合い，発表する。

▼中学家庭
【課題1】
□「煮魚」と「きんぴらごぼう」を調理しなさい。(45分)
〈材料〉
○魚
○しょうが
○ねぎ
○ごぼう
○にんじん
○調味料(しょうゆ・酒・砂糖・みそ・油)

〈使用用具〉
○包丁
○まな板
○さいばし
○なべ
○ざる
○ボール
【課題2】
□布を用いて生活に役立つ袋物を製作しなさい。ただし，下記の条件1から条件4を満たす袋物とする。　(45分)
〈条件〉
条件1　ミシン縫いをすること
条件2　まつり縫いをすること
条件3　マチをつけること
条件4　完成した袋物に，糸で自分の名前を入れること

▼中学音楽
【演奏実技①】
□中学校学習指導要領に示されている次の歌唱共通教材7曲の中から，直前に指定する1曲を，ピアノで伴奏をしながら歌いなさい。
※楽譜を見て演奏してもよいが，できるだけ生徒の顔を見ながら(生徒がいると想定して)演奏すること。
※1番，2番と演奏すること。ただし，「花」は1番，3番とする。
〈課題楽曲〉

「赤とんぼ」	三木　露風作詞	山田　耕筰作曲	1番，2番
「荒城の月」	土井　晩翠作詞	滝　廉太郎作曲	1番，2番
「早春賦」	吉丸　一昌作詞	中田　章作曲	1番，2番
「夏の思い出」	江間　章子作詞	中田　喜直作曲	1番，2番
「花」	武島　羽衣作詞	滝　廉太郎作曲	1番，3番
「花の街」	江間　章子作詞	團　伊玖磨作曲	1番，2番

「浜辺の歌」　林　古溪作詞　成田　為三作曲　1番，2番

【演奏実技②】

□試験直前に示す1曲をソプラノリコーダーとアルトリコーダーで演奏しなさい。

※無伴奏で，生徒の模範となるように演奏すること。

※1分間の黙視の時間があるが，音は出さないこと。

※リコーダーはバロック式，ジャーマン式のどちらでも可とする。

誰も寝てはならぬ

▼中高保体

【課題1　陸上競技(ハードル走)】1回

□距離は50mとし，ハードルを5台設置する。

□高さ，間隔は2種類あり，受験者はどちらを選んでもよい。

□スタート方法は自由とする。

【課題2　球技(バスケットボール)】1回

□①～④の手順でおこなう。

①　リング下よりボードにボールを当て，リバウンドを取る。

②　リング下からジャンプシュートを打つ。

③　自分でリバウンドを取り，他のゴールへドリブルで向かい，レイ

アップシュートを打つ。

④　自分でリバウンドを取り，元のゴールにドリブルで向かい，制限区域外からジャンプシュートを打つ。

【課題3　器械運動(マット運動)】1回

□①～③の技を連続して全ておこなう。

①　接点技群から1種目

②　ほん転技群から1種目

③　後転倒立

▼中学美術

【課題1】

□授業で生徒に見せる参考作品を描きなさい。また，指導のポイントや作品について，別紙に簡潔に示しなさい。

1　実技試験の時間は，120分である。

2　対象学年は第3学年で，題材名は「箱からあふれる，私の『思い出』」とする。

3　生徒が中学校生活で取り組んできたことや行事などから，主題を生み出せるよう具体的な「思い出」を想定し，描くこと。

4　用意された箱から「思い出」があふれる様子をイメージして描くこと。

5　「箱」は加工せず，鉛筆デッサンで表現すること。箱の開閉については自由とする。箱以外については，水彩絵の具も使って表現すること。

6　画用紙は縦横自由とし，裏面右下に受験番号を記入すること。

7　作品完成後，箱は，デッサンした方向にあわせて作品横に置くこと。

〈各自の持参物〉

○鉛筆デッサンができる道具(鉛筆，消しゴム等)※練り消しゴム可

○水彩絵の具セット(絵の具，筆，パレット等)

○筆洗

○雑巾
○筆記用具
〈配付物〉
○画用紙(四つ切りサイズ)　1枚
○A4用紙(試し用)　数枚
○別紙プリント　1枚
○画板　1枚
○箱　1個
【課題2】
「箱からあふれる，私の『思い出』」第3学年]
以下の4つの段階の指導のポイントについて，簡潔に記入しなさい。
また，作品のタイトルと意図を簡潔に記入しなさい。

段　階	指導のポイント
1．構想を練る	
2．下描き	
3．彩色	
4．鑑賞	
【作品タイトル】	
【作品の意図と具体的な思い出】	

▼中学技術

【課題1】

□配付された板材を用いて，CDケースを整理するための木製品を設計し，製作しなさい。ただし，板材の余りは最小限にすること。加えて，次の1～4の手順で進めること。(120分)

〈手順〉

1　木製品の製作にあたって，「整理方法(立てる，横に寝かせて重ねる等)」，「設置する場所」などを自ら想定したうえで製作品を設計しなさい。また，設計した製作品の説明および工夫した点を別紙に記入しなさい。

2　製作品の構想を，別紙に簡単なスケッチで表しなさい。

3　スケッチで表した構想から，別紙に材料取り図を作成しなさい。なお，CDケースの大きさについては，下の図を参考にすること。

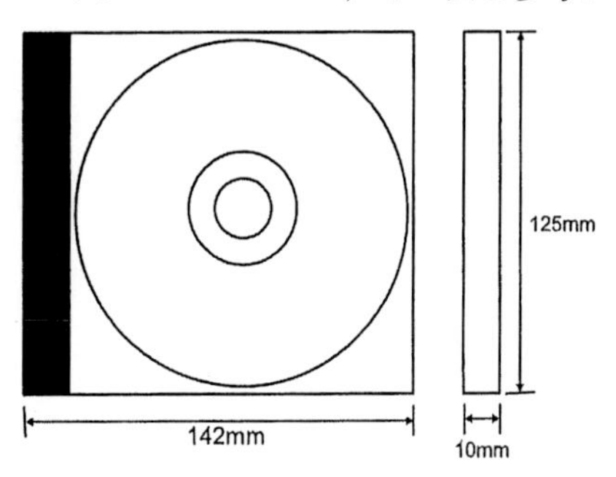

4　机上の道具を使い，製作しなさい。

〈材料及び配布物〉

○板材　165mm×12mm×1200mm　1枚

40mm×12mm×1200mm　1枚

○紙やすり(240番)　1枚

○釘(25mm，32mm)　それぞれ20本

〈使用工具〉

○両刃のこぎり

○さしがね

○げんのう
○かんな
○四つ目きり
○木工やすり
○万能やすり
○万力
○木槌
○くぎ抜き
□その他

1　設計した製作品の説明および工夫した点
2　構想図(スケッチ)
3　材料取り図　※寸法も記入すること

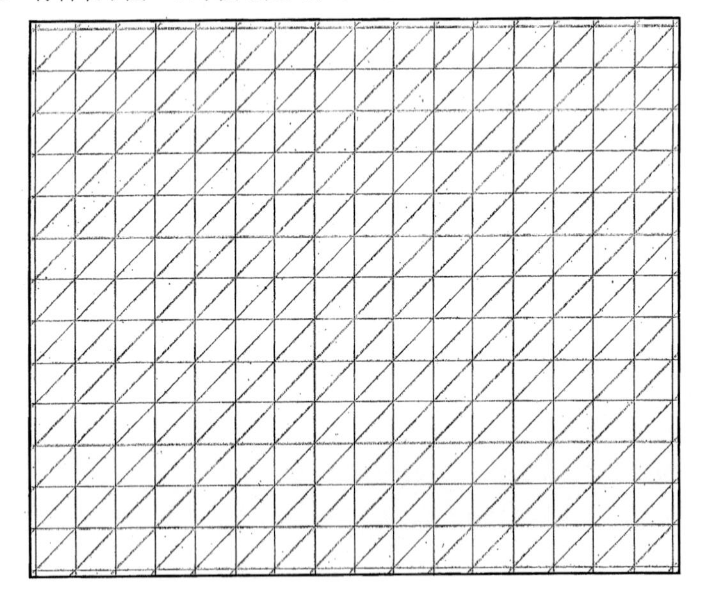

▼高校家庭

【課題(被服製作)】

□次の(1)～(4)の見本を製作しなさい。また，それぞれの製作のポイントを解答用紙に書きなさい。図などを描いて示してもよいものとする。

(1)　布2枚を用いた，脇の袋縫いの見本。

(2)　布2枚を用いた，脇の折り伏せ縫いの見本。

(3)　裾を縦まつりでしまつをした見本。折りしろの仕上がりが3cmとなるように三つ折りにすること。

(4)　裾をちどりがけでしまつをした見本。折りしろの仕上がりが3cmとなるように三つ折りにすること。

※縫製作品には名札を添付しておくこと。(待ち針で留める。)

※ミシンの調子は調整済みです。

▼高校工業(化学工業)

【課題1】

□分子式C_2H_6Oで表される物質の名称と示性式を解答用紙の指定された欄に記入し，その物質の分子模型を指示に従って作成し，指定された場所に置きなさい。ただし，物質が複数ある場合は，それら全てについて解答することとする。

〈分子模型の作成についての注意点〉

※発泡スチロール球(水素用25mm球，酸素用35mm球，炭素用35mm球)を原子に見立てる。原子の種類を判別しやすくするため，酸素用35mm球は赤色に，炭素用35mm球は黒色に着色すること。球同士の結合は，両面テープを使用すること。必要に応じて球を切り取っても構わない。

【課題2】

□器具の取扱について，次の問に答えなさい。

①　上皿てんびんを用いて指定された位置にある試料1の質量を測定し，解答用紙に測定値を記入しなさい。ただし，上皿てんびんは0

調整済みである。

② 0.100mol/L塩化ナトリウム水溶液を1L調製することとする。調製に必要な塩化ナトリウムの質量を解答用紙に記入しなさい。次に，電子てんびんを用いて，調製に必要な塩化ナトリウムを量り取りなさい。ただし，量り取る場合に薬包紙を必ず使用しなさい。量り取った塩化ナトリウムは，指定された位置に置きなさい。

③ メスシリンダー1には，水が入っている。水の体積を読み取り，解答用紙に測定値を記録しなさい。

▼高校工業(機械)

【課題】

□次の立体図の正面図，平面図，右側面図をかきなさい。ただし，矢印の向きから見た図を正面図とし，寸法線は記入しないこと。また，穴はすべて貫通しているものとする。

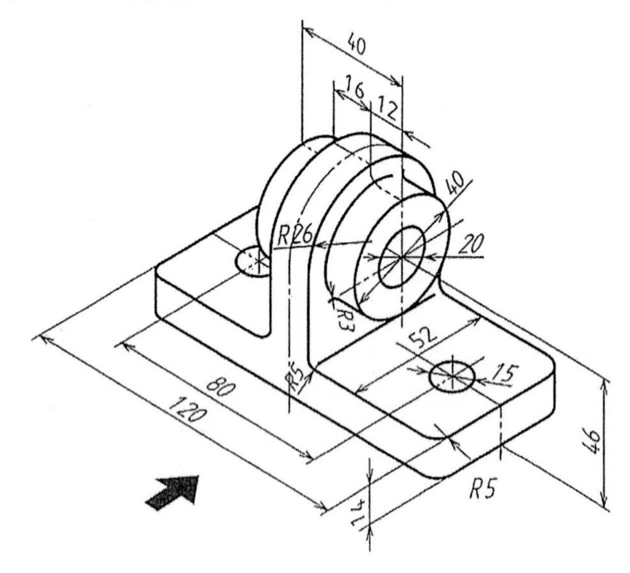

▼高校工業(電気)

【課題1】

□図に示す低圧屋内配線工事はスイッチによって電灯を点灯させる回路である。与えられた材料および工具を使用し，〈施工条件〉に従って完成させなさい。

〈注意事項〉

※VVFジョイントボックスおよびスイッチボックスは支給していないので，その取り付けは省略する。被覆がはぎ取ってある電線はそのまま利用してもよい。電線の再配布はありません。

〈施工条件〉

① 配線及び器具の配置は，図に従って行うこと。

② 電線の色別(絶縁被覆の色)は次によること。

※電源側からの接地側電線には，すべて白色を使用する。

※ランプレセプタクルの受金ねじ部の端子には，白色の電線を結線する。

③ VVFジョイントボックス部分を経由する電線は，その部分ですべて接続箇所を設け，接続方法はすべて差込型コネクタによる接続とする。

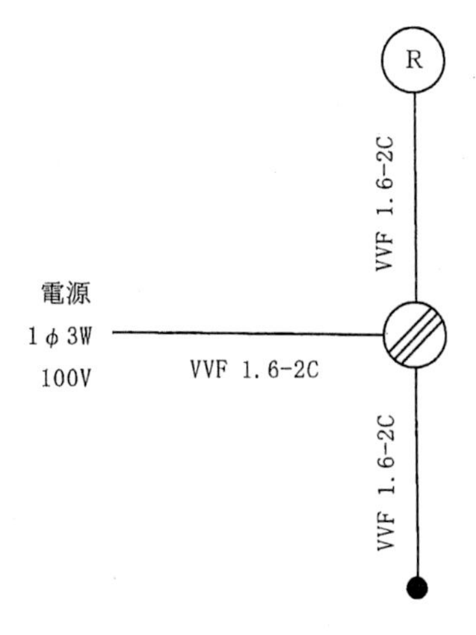

□材料(電線の再配布はありません)

1. 600Vビニル絶縁シースケーブル平型，1.6mm，2心，長さ約300mm ……3本
2. ランプレセプタクル(カバーなし)……1個
3. 埋込連用タンブラスイッチ……1個
4. 差込コネクタ(2本用)……3個]

【課題2】

図に示す回路はスイッチを押すと発光ダイオードが点灯し，スイッチを離すと徐々に消灯(残光)する回路である。与えられた材料および工具を使用し，〈完成条件〉に従って完成させなさい。また，抵抗(R1)の値を付箋紙に記入し，セロハンテープでユニバーサル基盤に貼り付けなさい。

〈注意事項〉

□配線を誤った場合，素子の再配布は1回のみ可とします。ただし，ユニバーサル基盤の再配布はありません。

〈完成条件〉

① 電池ボックス以外はユニバーサル基盤に配置すること。
② 各素子はユニバーサル基盤の表面に取り付けること。
③ 配線はメッキ線を使い，ランドをまたぐ斜め配線はせず，直線でつなぐこと。

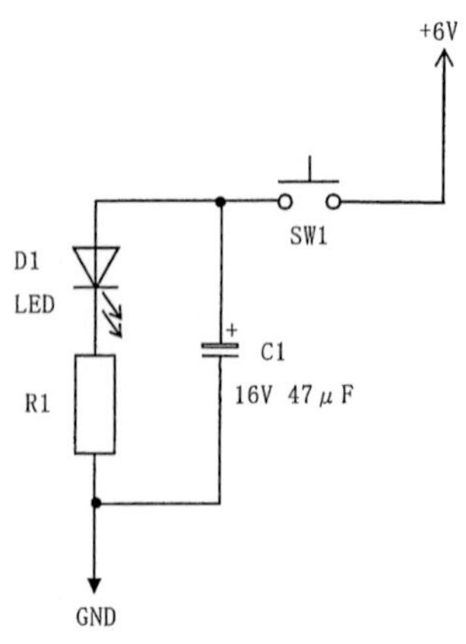

〈材料(電線の再配布はありません)〉

1. ユニバーサル基盤……1枚
2. 抵抗……1枚
3. LED(赤色)……1個
4. 電解コンデンサ(16V 47μF)……1個
5. タクトスイッチ……1個
6. 電池ボックス……1個
7. メッキ線……200mm
8. 単三乾電池……4個
9. はんだ……少量
10. はんだ吸い取り線……少量

▼高校農業

【課題1】

□セル成型苗の鉢上げ作業について，与えられた材料や資材を用いておこないなさい。ただし，作業時間には，清掃および整理整頓の時間を含む。(作業時間30分)

【課題2】

□レポート作成作業(作業時間15分)

セル成型苗の鉢上げ作業において注意する点を，具体的に4つ以上書きなさい。

▼養護教諭

【課題1】

□中学校の保健の授業担当者と，第1学年の授業で，ティームティーチングをすることになったものとして，次の指導をしなさい。

「感染症の予防における『主体の抵抗力を高める』ことについて」(2分以内)

【課題2】

□放課後，生徒が「Aさんにボールが当たって倒れた！」といって保健室に駆け込んできた。あなたは，養護教諭として現場に行く際，必要な物品をもってグラウンドに倒れているAのもとに駆けつけたところ，呼吸も意識もない状態であったものとする。
このような設定において，ダミー人形をAに見立て，救急隊に引き渡すまでの処置を実施しなさい。なお，机上の道具は自由に使ってもよい。(3分以内)

2021年度

◆集団面接・集団討論 (1次試験)

▼小学校　　面接官3人　受験者6～8人　15分

【質問内容】

□近年，子どもの地域貢献の意欲が低下しているが，どう考えるか。

□信頼される教師とは何か。

□開かれた学校にするためにはどうするか。

□小学校教諭の魅力をどこに感じるのか。

□あなたが目指している教師像とそれに向けて取り組んでいることは何か。

□地域の教育力についてどう考えているか。

・面接会場は次のようになっていた。

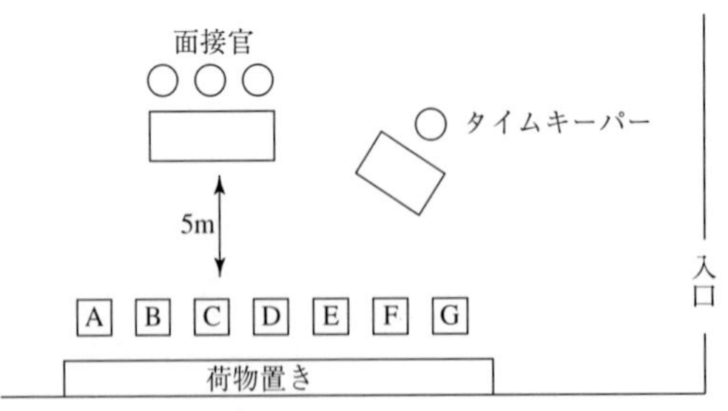

・答えられる人から挙手制だったので，2番目に答えた。

・つっこまれることはない。

・「1分以内で」と指示あり。

【集団討論テーマ】

□子どもの勤労観，職業観の希薄化や引きこもりが問題になっているが，キャリア教育にどのように取り組んでいくか。

□様々な背景を持つ児童全員が参加できる授業づくり。

□学びの質を高めていくためにどうしていくか。

・集団面接の続きで行う。

・積極性と協調性が大切。

・一番初めに意見を言い，その後も周りをよく見ながら，意見を出していった。

・1人3回ほど発言。

・はきはきと明るく。

・ボランティア経験，実習でのことを話す。

・謙虚な姿勢。

・15分は短かく感じる。早めに意見を言うのがおすすめ。

▼中学校教員　　面接官4人　受験者8人　時間30分

【質問内容】

□教員として実践したいこと(1分程度)。

□生徒のコミュニケーション能力が不足していると言われるが，コミュニケーション能力の育成をどのように教師として行っていくか。

□保護者や生徒との信頼関係を築くには(時間なし)。

□理想の教師像(1人1分)。

【集団討論テーマ】

□生徒のコミュニケーション能力が不足していると言われるが，コミュニケーション能力の育成をどのように教師として行っていくか。

・集団討論は集団面接の中で行われた。

・試験官の方を見て受験者の方を見ないで話す人は落ちていた。

・他の受験者の意見を踏まえながら自分の意見を言うとよい。

▼高校教員　　面接官3人　受験者7人　時間30分

【質問内容】

□自己PR

・a，b，c，…とアルファベットが割り当てられ，アルファベットで呼び合う。

・「単なる自己紹介ではなく，自分をアピールしてください」と言われた。

・1分間を過ぎると強制的に終了となってしまう。実際に隣の受験生が1分を超えてしまい，途中で終了するよう指示されていた。

・高校の試験では毎年聞かれているようなので，1分以内にしっかりアピールできるように練習しておくべき。

【集団討論テーマ】

□主体的・対話的で深い学びの実現のためにどう取り組むか。

・討論では，課題を与えられ自由に討論した。メモはできなかった。

・「他の人の意見に賛成するだけでなく反対する立場で意見を述べても構いません」と言われた。

・個人で意見を考える時間はなく，テーマを言われてすぐに議論を始めるように指示される。

・私の時は7人のうち3人ほどが開始と同時に手を上げて発言していた。私は6人目の発言となったが集団面接はそれなりに高い評価を頂いたので発言する順番よりも内容にこだわるべきだと思う。

・発言者の目を見て聴くこと，発言に対してうなずくこと。自分の言いたいことをただ言うだけではなく，他の人の発言内容に絡めて発言すると良いと思う。

・一回の発言は20秒から40秒ほどでテンポよく討論が進んだ。1人あたり4回ほど発言できた。

◆個人面接

▼小学校(2次試験)　　面接官2～3人　時間10～15分

【質問内容】
□滋賀の教員を目指した理由と，小学校の教員を目指した理由の2つを絡めて。
□あなたが教員に向いていると思うところ。
□子どもとの信頼関係。
□保護者との信頼関係を築くために。
□管理職や先輩教員と意見が異なった場合。
□子どもの体験で学んだこと。
□他の自治体は受けているか。
□滋賀のどこでも勤務できるか。
□落ちたらどうするか。
□なぜ滋賀の教員を目指したのか。
□なぜ小学校なのか。
□あなたの先生に向いているところを教えて。
□理想の教師像は何ですか。
□たくさんのボランティア経験があるが，その意欲はどこから湧くのか。
□先生は元気でいることが大切と言っていたが，先生も人間である。悲しんだり，病んでいるところを子どもに見せることも必要では。
□目指す学級像。
□自分が教員に向いていると思うところはどこ。
□併願をしているか。
□どこを受けているか。

▼中学国語(2次試験)　面接官3人　15分
【質問内容】
□滋賀の教員を目指した理由は。
□中学校の教員を目指した理由は。
□教員として向いていると思うところ。
□国語の教員として伝えたいこと。
　→(言葉の影響力と答えると)具体的には？　あなたは影響力を受け

たことがある？
□滋賀県以外に受験したか。
□どこにでも勤務可能か。
□今年不合格ならどうするか。
・面接カードに沿って行われるため，提出用と見直し用で二部用意した方がよい。

▼高校国語(2次試験)　　面接官3人　10分
【質問内容】
□なぜ国語科なのか。
□なぜ高校なのか。
□周りには就活をする人もいると思うが，教員以外に視野に入れていた職業はあるか。
□「読み解く力」を具体的に国語でどう育てるか。
□今の子供達はどんな力を持っているか。
□漢文や古文を学ぶ意義を子供に聞かれたらどう答えるか。
□国語の魅力はどんなところか。
□なぜ教育学部でなかったのか。
□ほかに企業や都道府県を受けているか。
□勤務地がどこになっても対応できるか。
・穏やかな雰囲気で終始頷きながら聞いてくれる。
・一次の合格通知とともに「面接カード」が送られ，記入したものを二次試験の当日に渡す。「面接カード」には1.「高等学校教師を志望したのはなぜか」 2.「滋賀県を志望したのはなぜか」 3.「所有するすべての免許状」 4.「特技や資格」 5.「教科の専門分野」 6.「高校・大学の部活動，サークル，ボランティアなど」の項目があった。小中高それぞれの区分によって内容は異なるようである。
・基本的に面接カードの内容や質問に対する答えの内容に関して深掘りするような質問がされる。志望者同士で面接カードから深掘りした質問をし合って練習していたので，難なく対応できた。

◆実技試験(模擬授業)

※模擬授業は，養護教員以外の全員が対象

※小学校教員については，外国語活動に必要な英語による簡単なコミュニケーションの力を見る質問

※2021年度の主な変更点

小学校教員の「水泳実技」と「特別活動に関する実技」を廃止し，新たに「体育実技」を実施。養護教員の「水泳実技」を廃止。

【模擬授業課題】

▼小学校

[国語]

【課題】

小学校　教科	番号	問題文
小学校　国語	1	「入る」と「出る」など、反対の意味の言葉の組を作る指導をしなさい。
小学校　国語	2	修飾と被修飾との関係について例文を使って指導をしなさい。
小学校　国語	3	互いの意見の共通点や相違点に着目して考えをまとめる司会の仕方について指導しなさい。
小学校　国語	4	事実と感想・意見とを区別して解説文を書く学習をします。導入部分を指導しなさい。
小学校　国語	5	校外学習で学習したことを下学年の児童に発表することについて、内容や発表方法などを話し合う学習をします。導入部分の指導をしなさい。
小学校　国語	6	「運動会の案内」を例に、案内状を書くことの指導をしなさい。
小学校　国語	7	1年生に、助詞の「は」「を」「へ」の使い方について指導をしなさい。
小学校　国語	8	謙譲語について例を挙げて指導をしなさい。
小学校　国語	9	書写の時間で、文字の組み立て方に注意し、形を整えて書く指導をしなさい。
小学校　国語	10	委員会で「ドッジボール大会」について、ポスターで全校にお知らせします。伝えたいことが明確に伝わるようなポスターにするための指導をしなさい。
小学校　国語	11	「たいしょう」のような同音異義語を、正しく用いることができるよう、指導しなさい。
小学校　国語	12	伝記を読み、自分の生き方について考えたことを紹介します。導入部分の指導をしなさい。

小学校　国語	13	「水に流す」や「油を売る」などの慣用句を適切に使えるように、短文を作って指導しなさい。
小学校　国語	14	ローマ字で「tyawan」や「densya」など、拗音（ようおん）が入る言葉の指導をしなさい。
小学校　国語	15	調べ学習で、図鑑から知りたいことを探す方法について指導しなさい。
小学校　国語	16	「古池や　蛙飛び込む　水の音」松尾芭蕉などの俳句を読み、楽しみ方について指導しなさい。
小学校　国語	17	お話の大好きな場面を選び、登場人物の行動を中心に想像して読みながら、物語を音読劇で表そうという学習活動をします。導入部分の指導をしなさい。
小学校　国語	18	スーパーマーケットに見学に行きます。「お客さんのために心がけていること」というテーマで店長にインタビューをしに行く直前の指導をしなさい。
小学校　国語	19	「学級文庫に漫画を置いてもよいか」という議題について、自分の立場を明確にして討論会を行います。導入部分の指導をしなさい。

［社会］

【課題】

小学校　教科	番号	問題文
小学校　社会	2	地域の農家や工場の人々の生産や販売に見られる仕事の特色について理解できるように指導しなさい。
小学校　社会	3	消防署や警察署などの関係機関が、地域の安全を守るために、相互に連携して緊急時に対処する体制をとっていることが理解できるように指導しなさい。
小学校　社会	4	廃棄物の処理にかかわって、地域の社会生活を営む上で大切な法やきまりについて、その意義や役割について理解できるように指導しなさい。
小学校　社会	5	身近な地域や市の様子を地図に表したり読み取ったりする際に、必要な方位や地図記号等について理解できるように指導しなさい。
小学校　社会	6	人々の生活の変化や地域の発展に尽くした先人の具体的事例を取り上げ、地域の発展に対する先人の願いや工夫・努力、苦心、地域の人々の生活が向上したことが理解できるように指導しなさい。
小学校　社会	7	琵琶湖の特徴や役割を取り上げ、地域の環境保全への具体的な取組について指導しなさい。
小学校　社会	8	公害から国民の健康や生活環境を守ることの大切さについて、具体的事例を取り上げ指導しなさい。
小学校　社会	9	世界における我が国の国土の位置、国土の構成、領土の範囲などを大まかに理解できるように指導しなさい。
小学校　社会	11	我が国の生産業のうち、農業と水産業における食料生産について、それぞれの特徴が理解できるように指導しなさい。
小学校　社会	12	我が国は自然災害が起こりやすいこと、その被害を防止するために国や県などが様々な対策を進めていることをとらえさせるよう指導しなさい。
小学校　社会	13	日本国憲法の基本的な考え方に着目して、国会と国民との関わりについて理解できるように指導しなさい。
小学校　社会	14	キリスト教の伝来、織田・豊臣の天下統一を手掛かりに、戦国の世が統一されたことが理解できるように指導しなさい。
小学校　社会	15	外国の人々の生活の様子などに着目して、日本の文化や習慣との違いを捉え、国際交流の果たす役割について指導しなさい。

［算数］

【課題】

小学校 教科	番号	問題文
小学校　算数	1	整数の加法について８＋７を例にして指導しなさい。
小学校　算数	2	身の回りにあるものの長さを単位として、長さを比べることを指導しなさい。
小学校　算数	3	１００００までの数について、十進位取り記数法による数の表し方について指導しなさい。
小学校　算数	4	同分母分数の加法の仕方について指導しなさい。
小学校　算数	5	平行四辺形の面積の求め方について指導しなさい。
小学校　算数	6	末尾の位のそろっていない小数の引き算について指導しなさい。
小学校　算数	7	伴って変わる２つの量を、表や式に表すことについて、適切な例をあげて指導しなさい。
小学校　算数	8	四則の混合した計算について、200－50×３を例にして指導しなさい。
小学校　算数	9	直方体に関連して、直線や平面の平行や垂直の関係について指導しなさい。
小学校　算数	10	五角形の内角の和が540°であることを指導しなさい。
小学校　算数	11	４チーム総当たり戦で試合を行うとき、全部で何試合になるかについて指導しなさい。
小学校　算数	12	最小公倍数について、身近な例をあげて指導しなさい。
小学校　算数	13	平均値についてデータの例を示して指導しなさい。
小学校　算数	14	直方体の体積の求め方について指導しなさい。
小学校　算数	15	二等辺三角形や正三角形を、定規とコンパスを用いて作図することについて指導しなさい。
小学校　算数	16	１２÷３＝４の計算の意味を、具体的な場面を例に挙げて指導しなさい。
小学校　算数	17	繰り下がりのある２位数の減法について、適切な例をあげて指導しなさい。
小学校　算数	18	広さの違う部屋の混み具合の比べ方について指導しなさい。
小学校　算数	19	分数×整数の計算方法について指導しなさい。

[理科]

【課題】

小学校　教科	番号	問題文
小学校　理科	1	動物や植物の生活を観察したり、資料を活用したりすることを通して、生物は水及び空気を通して、周囲の環境と関わって生きていることについて指導しなさい。
小学校　理科	2	色々な物に磁石を近づける活動を通して、どんな物が磁石につくのかという問題を見いだすことができるよう指導しなさい。
小学校　理科	3	昆虫の成虫の体は頭、胸、腹の三つの部分からできていて、頭には目や触角、口があること、胸には3対6本のあしがあることなど、いくつかの共通する特徴があることについて指導しなさい。
小学校　理科	4	閉じ込めた空気を押すと、空気はどうなるのかについて、児童が根拠のある予想や仮説を発想することができるよう指導しなさい。
小学校　理科	5	月の見える位置は、時刻によってどのように変わっていくのかについて、児童が根拠のある予想や仮説を発想することができるよう指導しなさい。
小学校　理科	6	乾電池と豆電球などを導線でつないだときの、つなぎ方と豆電球などの様子に着目して、電気を通すつなぎ方と通さないつなぎ方があることを指導しなさい。
小学校　理科	7	条件を変えながら調べる活動を通して、植物の発芽には、水、空気及び温度が関係していることを指導しなさい。
小学校　理科	8	物を水に溶かし、水の温度や量による溶け方の違いを調べ、物が水に溶ける量には限度があることを指導しなさい。
小学校　理科	9	流れる水には、土地を侵食したり、石や土などを運搬したり堆積させたりする働きがあることを指導しなさい。
小学校　理科	10	金属は熱せられた部分から順に温まるが，水や空気は熱せられた部分が移動して全体が温まることについて指導しなさい。
小学校　理科	11	児童がろうそくが燃える前と燃えた後の空気を調べた実験結果をもとに考察し、空気中の酸素が使われて二酸化炭素ができるという結論を導きだすことができるよう指導しなさい。
小学校　理科	12	身近にある文房具などの重さ比べを行う中で、児童が置き方や形を変えたときに重さは変わるのかという問題を見いだすことができるよう指導しなさい。
小学校　理科	13	水に溶けている物に着目して、水溶液の違いを色や臭いなど多面的に調べる活動を通して、水溶液には、酸性、アルカリ性及び中性のものがあることについて指導しなさい。
小学校　理科	14	振り子の1往復する時間は何によって変わるのかについて、児童が自分の予想を確かめるための解決方法を発想することができるよう指導しなさい。
小学校　理科	15	1日の気温の変化などを観察し、天気によって1日の気温の変化の仕方に違いがあることについて指導しなさい。

［音楽］

【課題】

小学校　教科	番号	問題文
小学校　音楽	2	「夕やけこやけ」を教材にして、歌詞の表す情景や気持ちを想像し、子どもが思いをもって歌う指導をしなさい。
小学校　音楽	3	「さんぽ」を教材にして、体を動かす活動を取り入れながら、リズムを感じて歌う指導をしなさい。
小学校　音楽	4	「茶色の小びん」を教材にして、旋律と打楽器の響きを味わいながら、演奏する指導をしなさい。
小学校　音楽	5	「春の小川」を教材にして、範唱を聴き、ハ長調の楽譜を見て歌う指導をしなさい。
小学校　音楽	6	「こいのぼり」を教材にして、リズムを工夫し、子どもが思いをもって歌う指導をしなさい。
小学校　音楽	7	「冬げしき」を教材にして、範唱を聴き、歌詞の表す情景や気持ちを想像し、子どもが思いをもって歌う指導をしなさい。
小学校　音楽	8	「われは海の子」を教材にして、歌詞の内容や曲想を生かした表現を工夫し、子どもが思いや意図をもって歌う指導をしなさい。
小学校　音楽	9	「かっこう」を教材にして、鍵盤ハーモニカに親しみ、簡単な旋律を演奏する指導をしなさい。
小学校　音楽	10	3年生を対象に、リコーダーの構え方とタンギングの指導をしなさい。
小学校　音楽	11	短いリズムをつくり、それを反復したりつないだりして簡単な音楽をつくる指導をしなさい。
小学校　音楽	13	日本の伝統音楽を教材にして、その背景や特徴などのよさを味わって聴く指導をしなさい。
小学校　音楽	15	「白鳥」を鑑賞教材として、感じ取ったことを言葉で表し、音楽の特徴やよさに気づかせる指導をしなさい。

［図画工作］

【課題】

小学校　教科	番号	問題文
小学校　図画工作	1	低学年の児童に、油粘土をにぎったり、ひっぱったりしてできる形から、想像した立体をつくる題材の指導をしなさい。
小学校　図画工作	2	低学年の児童に、ペットボトルキャップの並べ方を試したり、工夫したりする造形遊びを題材にした指導をしなさい。
小学校　図画工作	3	低学年の児童に、紙を折ったり、切ったりして、いろいろな形のかざりを作る題材の指導をしなさい。
小学校　図画工作	4	低学年の児童に、生活の中から描きたい場面を思いついて絵に表す題材の指導をしなさい。
小学校　図画工作	5	低学年の児童に、動物と遊んだときのことを思い出して絵に表した自分たちの作品を鑑賞する指導をしなさい。
小学校　図画工作	6	中学年の児童に、角材をのこぎりで切って、木切れを組み合わせて立体をつくる題材の指導をしなさい。
小学校　図画工作	7	中学年の児童が初めて水彩絵の具のセットを使って、色や水の量をいろいろためしながら、絵の具でかくことを楽しめるような指導をしなさい。
小学校　図画工作	8	中学年の児童に、学校生活を楽しませてくれたり、手伝ってくれたりするマスコットを絵に表す題材の指導をしなさい。
小学校　図画工作	9	中学年の児童に、数種のひもを結んだりつなげたりしてどんどん組み合わせていく造形遊びの指導をしなさい。
小学校　図画工作	10	中学年の児童に、光を通す材料を集めて工夫し、ランプシェードをつくる題材の指導をしなさい。
小学校　図画工作	11	高学年の児童に、あったらいいなと思う町の想像をふくらませて、絵に表す題材の指導をしなさい。
小学校　図画工作	12	高学年の児童に、身近な材料を工夫して、あったらいいなと思う新製品を工作に表す題材の指導をしなさい。
小学校　図画工作	13	高学年の児童に、生活の中にある「和」を感じて日本の美術のよさや美しさを味わい、楽しむ鑑賞の指導をしなさい。
小学校　図画工作	14	高学年の児童に、針金の曲げ方、巻き方、立たせ方を工夫して、思いついた形を立体に表す題材の指導をしなさい。

［体育］

【課題】

小学校　教科	番号	問題文
小学校　体育	1	中学年の保健において、健康の保持増進のために運動、食事、休養及び睡眠を取ることが必要であることを指導しなさい。
小学校　体育	3	低学年の水遊びにおいて、水につかったり、移動したりするなどの運動遊びを取り入れて、水に慣れる遊びができるように指導しなさい。
小学校　体育	4	高学年のリレーにおいて、テークオーバーゾーン内での減速の少ないバトンパスに向けて、チーム内でアドバイスし合えるためのポイントを指導しなさい。
小学校　体育	5	高学年の保健において、けがの手当について、傷口を清潔にする、圧迫して出血を止める、患部を冷やすなどの方法が理解できるように指導しなさい。
小学校　体育	6	高学年の跳び箱において、児童の見本をつかって台上前転のポイントを指導しなさい。
小学校　体育	7	高学年のクロールにおいて、続けて長く泳ぐための呼吸や手足の動きについて、児童が互いにアドバイスできるためのポイントを指導しなさい。
小学校　体育	8	高学年の保健において、生活習慣病の原因を理解し、自己の生活を振り返り、今後の生活について見直せるよう指導しなさい。
小学校　体育	9	低学年のボールゲームにおいて、中学年のゴール型ゲームにつながるような簡単なボール操作の指導をしなさい。
小学校　体育	10	低学年の固定施設を使った運動遊びにおいて、固定施設での運動の行い方を理解させながら、児童が意欲的に取り組めるよう指導しなさい。
小学校　体育	11	中学年の表現運動において、「○○の世界」を設定し、その特徴をとらえた児童の表現のポイントを指導しなさい。
小学校　体育	13	低学年の多様な動きをつくる運動遊びにおいて、跳ぶ、はねるなどの動きが身につけられるよう指導しなさい。
小学校　体育	14	中学年のゴール型ゲームにおいて、ポートボールを基にした易しいゲームができるように指導しなさい。

▼中学国語

【課題】

教科名	番号	指導実技問題
中学校　国語	1	説明文を読んで、表現の仕方について自分の考えを述べる学習活動を行います。導入部分の指導をしなさい。
中学校　国語	2	図表などを引用して説明する文章を書く学習活動を行います。引用の仕方や出典の示し方について、留意することや配慮することについての指導をしなさい。
中学校　国語	3	場の状況や相手の様子に応じて話す力を身に付けるための学習を行います。どのような言語活動を設定するか考え、導入部分の指導をしなさい。
中学校　国語	4	文節どうしの関係を取り上げ、文の組み立てについて理解させる指導をしなさい。
中学校　国語	5	方言と共通語の違いや使い分けについて指導しなさい。
中学校　国語	6	お礼の気持ちを伝えるために手紙を書く学習を行います。便箋に手紙を書くときの形式や相手のことを考慮して書くことの指導をしなさい。
中学校　国語	7	『竹取物語』の冒頭を用いて、古典に表れているものの見方に触れ、親しむ指導を行いなさい。 今は昔、竹取の翁といふ者ありけり。野山にまじりて竹を取りつつ、よろづのことに使ひけり。名をば、さぬきのみやつことなむいひける。
中学校　国語	8	意見文を書く学習を行います。書く内容の中心が明確になるように、段落の役割を意識して文章の構成や展開を考えることについての指導をしなさい。
中学校　国語	9	学校図書館を活用して、テーマに基づいた多様な情報を得て、それらを基に考えたことを資料にまとめる学習活動を行います。本などの種類や配置、資料の探し方についての指導をしなさい。
中学校　国語	10	故事成語についてグループで発表する学習活動を行います。導入部分の指導をしなさい。
中学校　国語	11	書写の時間に、「和」という漢字を使って、行書の基礎的な書き方を理解させる指導をしなさい。
中学校　国語	12	話し言葉と書き言葉の特徴について理解させるために、例を挙げながら指導しなさい。
中学校　国語	13	次の俳句の意味を読みとり、表現の効果について考えたことを伝え合う指導をしなさい。 草の戸も住み替はる代ぞ雛の家
中学校　国語	14	関心のある芸術的な作品について、鑑賞したことを書く学習活動を行います。導入部分の指導をしなさい。
中学校　国語	15	話題や展開を捉えながら話し合い、互いの発言を結び付けて考えをまとめるためには、どのような言語活動を設定して指導すればよいか考え、導入部分の指導をしなさい。

▼中学社会

【課題】

教科名	番号	指導実技問題
中学校　社会	1	世界の大陸と海洋の分布について、地球の大まかなとらえ方が理解できるよう具体的に指導しなさい。
中学校　社会	2	世界の様々な地域の自然環境を調査する際に活用できるよう、「雨温図」の読み取り方について指導しなさい。
中学校　社会	3	過疎・過密問題の課題にふれ、日本の人口に関する特徴について指導しなさい。
中学校　社会	4	衣食住の特色を取り上げ、自然及び社会的条件と関連付けて、世界の人々の生活や環境の多様性が理解できるように指導しなさい。
中学校　社会	5	世界的視野から日本と世界との交通・通信網の発達の様子や物流について理解できるように指導しなさい。
中学校　社会	6	東南アジアの農業について、自然環境と歴史的背景など多面的に理解できるように指導しなさい。
中学校　社会	7	世界の古代文明のいずれかに触れながら、国家のおこり、文字の使用などの特徴をとらえられうよう指導しなさい。
中学校　社会	8	聖徳太子の政治を取り上げながら、大化の改新から律令国家の確立に至る過程について指導しなさい。
中学校　社会	9	鎌倉幕府の成立を取り上げ、武士が台頭して主従の結び付きや武力を背景とした武家政権が成立し、その支配が広まったことについて指導しなさい。
中学校　社会	10	文明開化の風潮を取り上げ、明治維新によって人々の生活が大きく変化したことについて指導しなさい。
中学校　社会	11	少子高齢化が将来の政治、経済に与える影響について考察できるよう指導しなさい。
中学校　社会	12	市場における価格の決まり方について理解できるように指導しなさい。
中学校　社会	13	議会制民主主義の意義について理解できるように指導しなさい。
中学校　社会	14	第一次世界大戦の背景とその影響について、ヨーロッパ諸国の対立や日本の参戦が理解できるよう指導しなさい。
中学校　社会	15	世界平和の実現のために、国際連合をはじめとする国際機構などの役割が大切であることについて指導しなさい。

▼中学数学

【課題】

教科名	番号	指導実技問題
中学校　数学	1	様々な事象を正の数と負の数を用いて表現したり、処理したりできることについて、具体的な例を用いて指導しなさい。
中学校　数学	2	具体的な場面において、一元一次方程式を活用して解決することについて、適切な例を用いて指導しなさい。
中学校　数学	3	平均値や中央値などの代表値を用いることで、資料の特徴を捉えることについて、具体的な例を用いて指導しなさい。
中学校　数学	4	比例の変化や対応の特徴を見いだすことについて、適切な例をあげて指導しなさい。
中学校　数学	7	n角形の内角の和の求め方について、指導しなさい。
中学校　数学	8	三角形の１つの外角は、それととなり合わない２つの内角の和に等しいことについて指導しなさい。
中学校　数学	9	平方根の必要性と意味について指導しなさい。
中学校　数学	10	標本調査の必要性とその意味について、適切な例を用いて指導しなさい。
中学校　数学	12	扇形の弧の長さと面積について指導しなさい。
中学校　数学	13	相似な図形における、相似比と面積比の関係について、適切な例をあげて指導しなさい。
中学校　数学	14	三角形の相似条件について指導しなさい。
中学校　数学	15	円錐の体積と円柱の体積の関係について、指導しなさい。
中学校　数学	16	関数　ｙ＝ａχ２　の値の変化の割合が、どんな意味をもつのか、適切な例を用いて指導しなさい。

▼中学理科

【課題】

教科名	番号	指導実技問題
中学校　理科	1	物体に力を働かせる実験を行い、物体に力が働くとその物体が変形したり動き始めたり、運動の様子が変わったりすることについて指導しなさい。
中学校　理科	2	磁石とコイルを用いた実験を行い、コイルや磁石を動かすことにより電流が得られることについて指導しなさい。
中学校　理科	5	水に電流を流した時に電極から気体が発生する実験結果から、水の電気分解について指導しなさい。
中学校　理科	6	体細胞分裂の観察の結果をもとに、細胞の分裂を生物の成長と関連付けてとらえることについて指導しなさい。
中学校　理科	7	いろいろな植物の花のつくりの観察を行い、その観察記録に基づいて，花のつくりの基本的な特徴を見いだすとともに、それらを花の働きと関連付けてとらえることについて指導しなさい。
中学校　理科	8	金属を電解質水溶液に入れる実験を行い、金属によってイオンへのなりやすさが異なることについて指導しなさい。
中学校　理科	9	水溶液から溶質を取り出す実験の結果を、溶解度と関連付けてとらえることについて指導しなさい。
中学校　理科	10	物質を分解する実験を行い、分解して生成した物質は元の物質とは異なることについて指導しなさい。
中学校　理科	11	物体の運動についての観察、実験の結果をもとに、運動には速さと向きがあることについて指導しなさい。
中学校　理科	12	地震の体験や記録を基に、その揺れの大きさや伝わり方の規則性に気付くとともに、地震の原因を地球内部の働きと関連付けてとらえることを指導しなさい。
中学校　理科	13	消化や呼吸についての観察、実験などを行い、動物の体が必要な物質を取り入れ運搬している仕組みについて指導しなさい。
中学校　理科	14	自然環境の保全と科学技術の利用の在り方について科学的に考察することを通して、持続可能な社会をつくることが重要であることについて指導しなさい。
中学校　理科	15	天体の日周運動の観察を行い、その観察記録を地球の自転と関連付けてとらえることについて指導しなさい。

▼中学音楽

【課題】

教科名	番号	指導実技問題
中学校　音楽	2	「夏の思い出」を教材にして、歌詞の内容や曲想を感じ取り、表現を工夫して歌う指導をしなさい。
中学校　音楽	3	「帰れソレントへ」を教材にして、曲種に応じた発声や言葉の特性を理解して、それらを生かして歌う指導をしなさい。
中学校　音楽	4	「浜辺の歌」を教材にして、歌詞の内容や曲想を味わい、表現を工夫して歌う指導をしなさい。
中学校　音楽	6	「アジアの諸民族の音楽」を教材にして、音楽の形作っている要素や発声、楽器の音色などの特徴を理解して、鑑賞できる指導をしなさい。
中学校　音楽	7	器楽教材を１曲選び、曲想を感じ取り、表現を工夫して演奏する指導をしなさい。
中学校　音楽	8	「アルトリコーダー」を使い、基礎的な奏法に配慮しながら、二人で音を重ねる工夫について指導しなさい。
中学校　音楽	9	「ギター」を使い、楽器の特徴を理解し、基礎的な奏法を生かして演奏する指導をしなさい。
中学校　音楽	12	音階の特徴を感じ取り、表現を工夫して簡単な旋律をつくる指導をしなさい。
中学校　音楽	13	言葉の特徴を感じ取り、表現を工夫して簡単な旋律をつくる指導をしなさい。
中学校　音楽	14	表現したいイメージをもち、反復、変化の構成や全体のまとまりを工夫しながら音楽をつくる指導をしなさい。
中学校　音楽	16	能「羽衣」を教材にして、音楽の特徴をその背景となる文化・歴史と関連づけ、理解して鑑賞する指導をしなさい。

▼中学美術

【課題】

教科名	番号	指導実技問題
中学校　美術	1	「マークで自分を表そう」という題材で、自分のことを友達に伝えるマークをデザインする指導をしなさい。
中学校　美術	2	「贈り物を包む包装紙をつくろう」という題材で、日本の伝統文様を基に、願いや思いを込めた文様を考え、デザインする指導をしなさい。
中学校　美術	5	「和菓子を味わおう」という題材で、季節を感じさせる和菓子のデザインを考えるための、導入としての鑑賞の指導をしなさい。
中学校　美術	6	「動きのおもしろさ」という題材で、コマ撮りアニメーションを使って効果的な伝え方を考え、表現する指導をしなさい。
中学校　美術	7	「鳥獣人物戯画を味わおう」という題材で、絵巻のレプリカ等を活用して絵巻物のよさを鑑賞する指導をしなさい。
中学校　美術	8	「生徒自身が伝えたい内容」をテーマにして、ポスターを制作する指導をしなさい。
中学校　美術	9	「15歳の自分」という題材で、自分を表現するのに適した描画材料を活用して絵に表す導入段階の指導をしなさい。
中学校　美術	11	「私たちの学校のキャラクターを考えよう」という題材で、みんなの願いや地域の特徴を基にキャラクターをデザインする指導をしなさい。
中学校　美術	13	「生活の中のパブリックアート」という題材で、設置する環境を考えて彫刻の模型を制作する指導をしなさい。

▼中学保健体育

【課題】

教科名	番号	指導実技問題
中学校　保健体育	1	運動やスポーツには多様なかかわり方があることについて、生涯にわたり豊かなスポーツライフを送る観点を踏まえて指導しなさい。
中学校　保健体育	2	国際的なスポーツ大会などが果たす文化的な意義や役割について指導しなさい。
中学校　保健体育	3	体つくり運動（体ほぐしの運動）において、心と体は互いに関係していることに気付かせるよう指導しなさい。
中学校　保健体育	4	感染症の予防について、感染経路を遮断することが有効であることが理解できるよう指導しなさい。
中学校　保健体育	5	人間の適応能力とその限界について、「熱中症」を例にあげて指導しなさい。
中学校　保健体育	6	器械運動（跳び箱運動）において、切り返し系や回転系の基本的な技を滑らかに安定して行うことができるよう指導しなさい。
中学校　保健体育	7	健康の保持増進のためには、日常生活において適切な運動を続けることが必要であることを理解できるよう指導しなさい。
中学校　保健体育	8	陸上運動（リレー）において、バトンの受渡しでタイミングを合わせることについて指導しなさい。
中学校　保健体育	9	球技（ゴール型）において、「空間を利用した攻防」について指導しなさい。
中学校　保健体育	10	陸上競技(走り高跳び) において、「リズミカルな走りから力強く踏み切って大きな動作で跳ぶこと」について指導を展開しなさい。
中学校　保健体育	11	水泳(クロール) において、効率的に泳ぐための技術のポイントについて例をあげて指導しなさい。
中学校　保健体育	12	武道(柔道) において、安全性に配慮した段階的な受け身の指導を展開しなさい。
中学校　保健体育	14	球技（ベースボール型）において、「基本的なバット操作と走塁での攻撃」について指導しなさい。
中学校　保健体育	15	ダンス（現代的なリズムのダンス）でリズムに乗って弾んで踊るための、動きのポイントを具体的な例をあげて指導しなさい。
中学校　保健体育	16	器械運動（マット運動）において、安全に授業を進めるために、配慮すべき事項について指導しなさい。

▼中学技術

【課題】

教科名	番号	指導実技問題
中学校　技術	2	両刃のこぎりの構造や、切断時の使用方法について指導しなさい。その際、安全面の注意についても触れなさい。
中学校　技術	5	直流電源と交流電源について、それぞれの性質を、使われている例をあげて指導しなさい。
中学校　技術	7	木材へのけがきのポイントについて、使用する工具の名称も含めて指導しなさい。
中学校　技術	8	４サイクルガソリン機関の動力を取り出す仕組みについて指導しなさい。
中学校　技術	9	電気エネルギーから光、熱、動力等へのエネルギー変換について、具体例を示しながら指導をしなさい。
中学校　技術	11	さまざまな栽培方法についてその目的を踏まえながら指導しなさい。
中学校　技術	13	情報セキュリティについて、情報通信ネットワークの危険性と安全に利用するための対策を指導しなさい。
中学校　技術	15	プログラムによる計測・制御システムに用いられるセンサの役割について、いくつか例を示しながら指導しなさい。

▼中学家庭

【課題】

教科名	番号	指導実技問題
中学校　家庭	1	家庭や家族の基本的な機能について指導しなさい。
中学校　家庭	6	消費者の基本的な権利と責任について指導しなさい。
中学校　家庭	7	衣服等を再利用することについてその意義と工夫について指導しなさい。
中学校　家庭	8	幼児や高齢者の安全を考えた室内環境の整え方について指導しなさい。
中学校　家庭	12	生鮮食品の旬について指導しなさい。
中学校　家庭	13	魚の調理上の性質について指導しなさい。
中学校　家庭	14	洋服と和服について、それぞれの特徴を指導しなさい。
中学校　家庭	15	日本の伝統的な食文化である和食のよさとその伝承について指導しなさい。
中学校　家庭	16	自然災害への備えの工夫について指導しなさい。

▼中学英語

【課題】

教科	番号	指導実技問題1	指導実技問題2
中学校　英語	1	生徒が、以下に示す英語の表現を初めて学習するとき、どのような効果的な指導が考えられるか。言語活動を行うにあたり、特有の表現がよく使われる場面を設定して指導しなさい。 なお、Classroom Englishを必ず使うこと。	◆言語の使用場面：電話での応答 A: Hello? This is Lucy. Can I talk to Mike? B: Sorry, Lucy. He's out now. Shall I take a message?
中学校　英語	2	生徒が、以下に示す英語の表現を初めて学習するとき、どのような効果的な指導が考えられるか。言語活動を行うにあたり、生徒の身近な暮らしにかかわる場面を設定して指導しなさい。 なお、Classroom Englishを必ず使うこと。	◆言語の使用場面：家庭での生活 A: Where do you want to visit this summer? B: I want to visit Hokkaido. It'll be fun to see some beautiful mountains.
中学校　英語	3	生徒が、以下に示す英語の表現を初めて学習するとき、どのような効果的な指導が考えられるか。言語活動を行うにあたり、言語の働きを取り上げるようにして指導しなさい。 なお、Classroom Englishを必ず使うこと。	◆言語の働き：聞き直す A: I didn't hear you. Could you say that again? B: OK. Look at the graph on page 13.
中学校　英語	4	生徒が、以下に示す英語の表現を初めて学習するとき、どのような効果的な指導が考えられるか。言語活動を行うにあたり、特有の表現がよく使われる場面を設定して指導しなさい。 なお、Classroom Englishを必ず使うこと。	◆言語の使用場面：手紙や電子メールでのやり取り A: Hi. Are you free tomorrow? Shall we go fishing? B: That sounds nice. Thank you for your mail.
中学校　英語	5	生徒が、以下に示す英語の表現を初めて学習するとき、どのような効果的な指導が考えられるか。言語活動を行うにあたり、生徒の身近な暮らしにかかわる場面を設定して指導しなさい。 なお、Classroom Englishを必ず使うこと。	◆言語の使用場面：学校での学習 A: I forgot to bring my pen case. Can I use your pen? B: No problem.
中学校　英語	6	生徒が、以下に示す英語の表現を初めて学習するとき、どのような効果的な指導が考えられるか。言語活動を行うにあたり、言語の働きを取り上げるようにして指導しなさい。 なお、Classroom Englishを必ず使うこと。	◆言語の働き：説明する A: Are you going home early today? B: Yes, because my sister is waiting. We're going shopping.

中学校　英語	7	生徒が、以下に示す英語の表現を初めて学習するとき、どのような効果的な指導が考えられるか。言語活動を行うにあたり、特有の表現がよく使われる場面を設定して指導しなさい。 なお、Classroom Englishを必ず使うこと。	◆言語の使用場面：道案内 A: Excuse me. I'd like to go to the station. Do you know the way? B: Yes. Go down this street. You'll see it on you right.
中学校　英語	8	生徒が、以下に示す英語の表現を初めて学習するとき、どのような効果的な指導が考えられるか。言語活動を行うにあたり、生徒の身近な暮らしにかかわる場面を設定して指導しなさい。 なお、Classroom Englishを必ず使うこと。	◆言語の使用場面：学校での活動 A: What is the best memory in your junior high school days? B: The school festival is. I really enjoyed it.
中学校　英語	9	生徒が、以下に示す英語の表現を初めて学習するとき、どのような効果的な指導が考えられるか。言語活動を行うにあたり、言語の働きを取り上げるようにして指導しなさい。 なお、Classroom Englishを必ず使うこと。	◆言語の働き：申し出る A: Excuse me. Where's Otsu Station? B: Oh, it's near here. Shall I go with you?
中学校　英語	10	生徒が、以下に示す英語の表現を初めて学習するとき、どのような効果的な指導が考えられるか。言語活動を行うにあたり、特有の表現がよく使われる場面を設定して指導しなさい。 なお、Classroom Englishを必ず使うこと。	◆言語の使用場面：旅行 A: Can I help you? B: I'd like to go to the city zoo. Which bus should I take?
中学校　英語	11	生徒が、以下に示す英語の表現を初めて学習するとき、どのような効果的な指導が考えられるか。言語活動を行うにあたり、生徒の身近な暮らしにかかわる場面を設定して指導しなさい。 なお、Classroom Englishを必ず使うこと。	◆言語の使用場面：断る A: How about something cold to drink? B: No, thanks. I'm full.
中学校　英語	12	生徒が、以下に示す英語の表現を初めて学習するとき、どのような効果的な指導が考えられるか。言語活動を行うにあたり、言語の働きを取り上げるようにして指導しなさい。 なお、Classroom Englishを必ず使うこと。	◆言語の働き：招待する A: We're going to make a birthday cake for Yuki. Will you join us? B: Wonderful. That will make her happy.

中学校　英語	13	生徒が、以下に示す英語の表現を初めて学習するとき、どのような効果的な指導が考えられるか。言語活動を行うにあたり、特有の表現がよく使われる場面を設定して指導しなさい。 なお、Classroom Englishを必ず使うこと。	◆言語の使用場面：食事 A: Would you like some more? B: Yes, please. It's delicious.
中学校　英語	14	生徒が、以下に示す英語の表現を初めて学習するとき、どのような効果的な指導が考えられるか。言語活動を行うにあたり、生徒の身近な暮らしにかかわる場面を設定して指導しなさい。 なお、Classroom Englishを必ず使うこと。	◆言語の使用場面：地域の行事 A: What big events do you have in your town? B: Well, we have a fireworks festival in summer. It's very beautiful.
中学校　英語	15	生徒が、以下に示す英語の表現を初めて学習するとき、どのような効果的な指導が考えられるか。言語活動を行うにあたり、特有の表現がよく使われる場面を設定して指導しなさい。 なお、Classroom Englishを必ず使うこと。	◆言語の使用場面：買物 A: May I help you? B: Yes, please. I like this T-shirt. Do you have a bigger one?

▼高校国語

【課題】

□次の文を音読した後，授業を展開しなさい。

> 昔，男ありけり。その男，身を要なきものに思ひなして，京にはあらじ，東の方に住むべき国求めにとて行きけり。もとより友とする人，一人，二人して行きけり。
>
> (伊勢物語)

【注意】単に現代語訳に終始するのではなく，当時の文化的背景や物事のとらえ方，文法的事項などを取り入れ，生徒の思考を促すような発問を考え，その発問に対する生徒の答えも織り込みながら授業すること。

▼高校地理歴史(日本史)

【課題】

□推古朝の国内政治と外交政策について

▼高校地理歴史(世界史)

【課題】

□明の成立とその繁栄について

▼高校数学

【課題】

□三角関数の合成について

□三角比の相互関係について

▼高校理科(物理)

【課題】

□単振り子の周期について(運動方程式から値を導き説明すること)

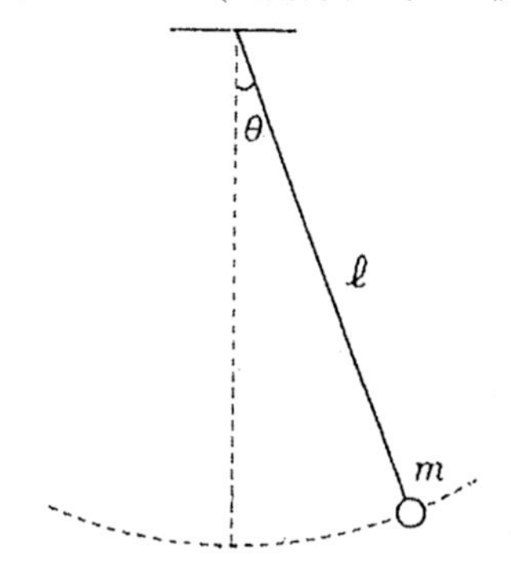

▼高校理科(生物)

【課題】

□体液性免疫と細胞性免疫について

▼高校保健体育

【課題】

□医薬品と健康について

▼高校英語

□次の英文を教材として，高校2年生を対象に「コミュニケーション英語Ⅱ」の授業を，原則として英語で行いなさい。なお，英文は既習のものとし，内容理解や表現の定着のための活動を中心に実施すること。また，ウォームアップの活動は不要とします。必ず板書を用いること。

Every single month of 2020 has been either the hottest or the second hottest on record for that month. Therefore, there is nearly 50% chance that 2020 will be the hottest year on record.

Some of the most significant warming has been in Northern Asia, which averaged 6.3 degrees Fahrenheit above the average so far. The National Oceanic and Atmospheric Administration expects the higher-than-usual heat trend to continue through summer.

It is certain that 2020 will rank in the top 5 hottest years in history, and it is a part of an alarming trend of broken heat records. 2019 was the second hottest year since 1880, and the hottest year on record was 2016.

〔News in Levels World News for Students of English “HOT YEARS” June 26, 2020)

▼高校家庭

【課題】

□高齢社会を支える仕組みについて

▼高校農業

【課題】

□化学肥料と有機質肥料について

▼高校工業(機械系)

【課題】

□はりの種類と荷重について

▼高校商業

【課題】

□契約に関する「真意でない意思表示」と「瑕疵ある意思表示」について

〈共通指示条件〉

※実際に教壇に立ったつもりで，次の設題に基づきできるだけわかりやすく授業を展開しなさい。必ず板書を用いること。

▼特別支援学校　小学部

【設題】

□(算数：時こくや時間のもとめ方)

午前8時30分にバスで学校を出発してから，山のふもとに着くまでに1時間10分かかりました。山のふもとに着いた時こくをもとめましょう。

〈担当する学級〉

＊小学部・3年

＊聴覚障害児童の学級で，小学校に準ずる教育課程の学級

□(算数：あまりのあるわり算)

チョコレートが20こあります。1人に3こずつ分けると，何人に分けられるでしょう。

〈担当する学級〉

＊小学部・3年
＊聴覚障害児童の学級で，小学校に準ずる教育課程の学級
□(算数：あまりのあるわり算)
あめが34こあります。6人で同じ数ずつ分けると，1人分は何こになるでしょう。また，何こあまるでしょう。
〈担当する学級〉
＊小学部・3年
＊聴覚障害児童の学級で，小学校に準ずる教育課程の学級
□(算数：2けたの数をかける計算)
1こ31円のおかしを23こ買います。
代金は何円でしょう。
〈担当する学級〉
＊小学部・3年
＊聴覚障害児童の学級で，小学校に準ずる教育課程の学級
□(算数：2けたの数をかける計算)
図工で，くぎを1人47本使います。
34人分では，くぎは全部で何本いるでしょう。
〈担当する学級〉
＊小学部・3年
＊聴覚障害児童の学級で，小学校に準ずる教育課程の学級

▼特別支援学校　中学部
□(数学：3位数のたし算)
400枚のはがきのたばに，300枚のはがきのたばを合わせると，何枚になるでしょう。
〈担当する学級〉
＊中学部・1年
＊知的障害を主とした障害の学級
□(数学：2位数のたし算)
27円のラムネと18円のガムを1個ずつ買いました。

合わせて何円になるでしょう。
〈担当する学級〉
＊中学部・1年
＊知的障害を主とした障害の学級
□(数学：2位数のたし算)
86円のチョコレートと52円のキャンディーを買いました。
全部でいくらになるでしょう。
〈担当する学級〉
＊中学部・1年
＊知的障害を主とした障害の学級
□(数学：2位数のひき算)
空きかんを34個集めましたそのうち18個がアルミかんで，
残りはスチールかんでした。
スチールかんは何個あったでしょう。
〈担当する学級〉
＊中学部・1年
＊知的障害を主とした障害の学級
□(数学：2位数のひき算)
段ボール箱の組み立てをしました。
全部で45箱あって，32箱組み立てました。
組み立て前の箱は，何箱残っていますか。
〈担当する学級〉
＊中学部・1年
＊知的障害を主とした障害の学級

▼特別支援学校　高等部
□(数学：3位数のひき算)
百円こう貨を5枚持っています。
300円分のおかしを買いました。
残りはいくらになるでしょう。

〈担当する学級〉
＊高等部・1年
＊知的障害を主とした障害の学級
□(数学：時刻と時間)
校外学習で，学校を午前8時50分に出発します。
学校から駅までは，歩いて30分間かかります。
駅に着く時刻は何時何分ですか。
〈担当する学級〉
＊高等部・1年
＊知的障害を主とした障害の学級
□(数学：時刻と時間)
校外学習で，図書館に行きます。
図書館にいる時間は45分間で，午前10時20分までです。
図書館には，何時何分に着けばよいですか。
〈担当する学級〉
＊高等部・1年
＊知的障害を主とした障害の学級
□(数学：余りのある計算)
紙すき班が作ったはがきが41枚あります。
5枚ずつセットにすると何セットできるでしょう。
〈担当する学級〉
＊高等部・1年
＊知的障害を主とした障害の学級

▼栄養教諭

【課題】

教科名	番号	指導実技問題
栄養教諭	1	給食室の衛生管理について知らせ、給食当番や配膳を待っている時の衛生について指導しなさい。
栄養教諭	5	食生活は、、生産者をはじめ多くの人々の苦労や努力に支えられていることついて指導しなさい。
栄養教諭	6	健康の保持増進には、栄養バランスのとれた食事とともに、適切な運動、休養、及び睡眠が必要であることを指導しなさい。
栄養教諭	10	食品を組み合わせることによって、栄養のバランスがよくなることに気づかせ、一食分の食事作りについて指導しなさい。
栄養教諭	11	味噌汁が日本の伝統的な日常食であることを知らせ、おいしい味噌汁作りのポイントを指導しなさい。

◆専門実技(2次試験)

▼小学校教員

【課題1　演奏実技】

□次の曲の中から，試験当日に示す1曲をソプラノリコーダー(ジャーマン式による運指)で演奏しなさい。(楽譜を見て演奏してよいが，児童の範奏となるように演奏すること。無伴奏で演奏すること。)

「エーデルワイス」　リチャード　ロジャーズ　作曲

「小さな約束」　佐井孝彰　作曲

「メヌエット」　クリーガー　作曲　石桁冬樹　編曲

※楽譜は小学校で使用の教科書等を参照すること。

〈持ち物〉ソプラノリコーダー，演奏実技の楽譜

【課題2　体育実技】

□「道具を使ってもいいし使わなくてもいいから，コロナに気をつけて子どもだけでできる運動や遊びを考えて発表して下さい。」

・6人で1グループを組み，15分間6人で考え，グループごとに3分間発表。ボール，フラフープ，なわ，輪，お手玉，コーンなどの道具等あり，使うこともできる。主に協働性が見られる。

▼中学音楽

【演奏実技1】

□次の中学校学習指導要領(平成29年3月告示)に示されている歌唱共通教材7曲の中から，当日指定する1曲を，ピアノで伴奏をしながら歌いなさい。

※楽譜を見て演奏してもよいが，できるだけ生徒の顔を見ながら(生徒がいると想定して)演奏すること。

※1番，2番と演奏すること。ただし，「花」は1番，3番とする。

「赤とんぼ」　三木　露風作詞　山田　耕筰作曲　1番，2番
「荒城の月」　土井　晩翠作詞　滝　廉太郎作曲　1番，2番
「早春賦」　吉丸　一昌作詞　中田　章作曲　1番，2番
「夏の思い出」　江間　章子作詞　中田　喜直作曲　1番，2番
「花」　武島　羽衣作詞　滝　廉太郎作曲　1番，3番
「花の街」　江間　章子作詞　團　伊玖磨作曲　1番，2番
「浜辺の歌」　林　古溪作詞　成田　為三作曲　1番，2番

【演奏実技2】

□試験当日に示す1曲をソプラノリコーダー(ジャーマン式運指)とアルトリコーダー(バロック式運指)で演奏しなさい。

※試験当日に示された曲

ホーンパイプ風に

※(授業を想定し，生徒の範奏となるように演奏すること。無伴奏で演奏すること。)
※約1分間の黙視の時間があります。音は出せません。
〈持ち物〉ソプラノリコーダー，アルトリコーダー，演奏実技①の楽譜

▼中学美術
【課題】
□生徒に見せる参考作品として自画像を描きなさい。また，指導のポイントや作品について，別紙に簡潔に示しなさい。
※実技試験の時間は，120分である。
※題材名は「今の自分と自分の心の象徴」とし，対象学年は第3学年とする。
※生徒の発想が広がるような自画像の参考作品を描くこと。
※顔全体を紙面に入れること。
※水彩絵の具を使って描くこと。
※画用紙は縦横自由とし，画面右下に受験番号を記入すること。
〈受験者持ち物〉
○鉛筆デッサンができる用意(鉛筆・消しゴム等)　※練り消しゴム可
○水彩絵の具セット　○筆洗い　○雑巾　○筆記用具
〈出題者準備物(受験者1人あたり)〉
○画用紙(四つ切りサイズ)　1枚
○A4上質紙　数枚
○卓上鏡　1枚
○別紙プリント　1枚

(別紙)

「今の自分と自分の心の象徴」第3学年

以下の4つの段階の指導のポイントについて，簡潔に記入しなさい。また，作品のタイトルと意図を簡潔に記入しなさい。

段　階	指導のポイント
1．構想を練る	
2．下描き	
3．彩色	
4．鑑賞	
作品タイトル	作品の意図

▼中学技術

【課題】

□配布された板材を用いて，次の図の等角図で示した本立てを制作しなさい。ただし，仕切り板の位置は特に指定しない(120分)。

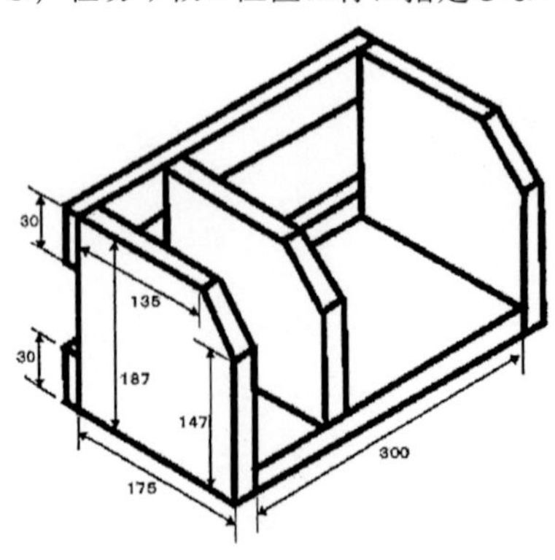

※配布したケント紙の上部右側に受験番号，名前を書き，材料取り図を書きなさい。寸法も記入すること(20分)。
※机上の道具を使い，製作しなさい(100分)。
〈材料及び配布物〉
・板材　210mm×12mm×1000mm　1枚　　・紙やすり(240番)　1枚
・釘(25mm，32mm)それぞれ20本　　・ケント紙
〈使用工具〉
・両刃のこぎり　・さしがね　・げんのう　・かんな
・四つ目きり　・木工やすり　・万能やすり　・万力
・木槌　・くぎ抜き　・その他

▼中学家庭
【課題1】
□「きゅうりとわかめの酢の物」と「青菜のおひたし」を調理しなさい(30分)。
〈材料〉　①きゅうり　②乾燥わかめ　③青菜
④調味料(塩・酢・砂糖・しょうゆ)
〈使用用具〉・包丁　・まな板　・さいばし　・なべ
・ざる　・ボール
【課題2】
□指定のペットボトルを入れる袋を，ミシンを使って製作しなさい(60分)。
※名札用の布に自分の氏名を刺しゅうして，スナップで袋の見えやすい場所につけて提出しなさい。
〈材料〉①布　②ミシン糸　③ロープ　④スナップ
〈使用用具〉・ミシン　・アイロン，アイロン台

▼中高保体
【課題1】
□立ち三段跳び

両足踏切→片足→片足(逆足)→両足着地で測定。

※2回のうち，良い方の記録で評価。

【課題2】

□器械運動(鉄棒)

①上がり技(自由)→腕支持の状態へ　②後方支持回転　③前方支持回転　④下り技(自由)

※1回

【課題3】

□球技(サッカー)

①壁パス2回→②コーンの間をドリブル→③ターゲットへパス→④次のボールをトラップ→⑤8の字ドリブル2周→⑥ターゲットへパス

※1回

▼高校家庭

【課題(被服製作)】

□出来上がり図を参照し，次の指示に従い，布を裁断し，カフェエプロンを作りなさい。ただし，エプロン・ポケットにはそれぞれ布の縦方向を表にチャコ(チャコペン)で「←→」を記入してから縫製しなさい。

・ポケットの丸みを厚紙で作成する。(受験番号と名前を記入)

・ポケット口は1cm，4cmの三つ折りとし，他の三辺は1cmの縫い代とする。

・ポケットをエプロンの真ん中・裾から5cmにミシンで縫い付ける。その際，力布を縫いつけること。

・ポケット口にボタンホールを手縫いでつくり，ボタンをエプロンに付ける。

・ひもは2本とし，エプロン上部の左右に縫い付ける。

・エプロンの上部は1cm，3cmの三つ折り，他の辺(脇・裾)は1.5cmの三つ折りとし，ミシンをかける。

□ボタンホールは何cmにしたか。解答用紙に式と共に答えなさい。

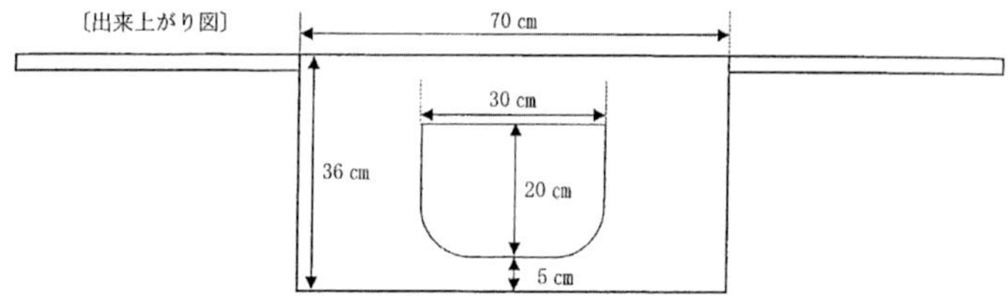

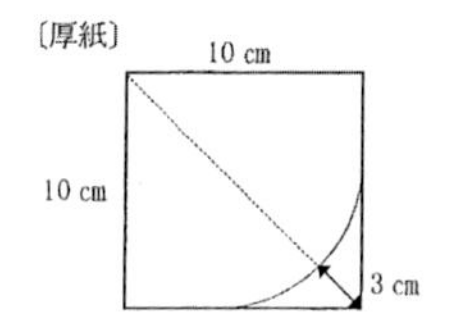

▼高校農業

【課題1，2】

□次の1，2の作業について，与えられた材料や資材を用いておこないなさい。ただし，作業時間には，清掃および整理整頓の時間を含む(作業時間40分)。

1．野菜(キュウリ)の播種作業

※セル成型トレイへ播種しなさい。

※1列は播種前の培養土のみの状態，2列目は播種までの状態，3列目は覆土した状態としなさい。ただし，列間は1列開けること。

2．花苗(ベゴニア・センパフローレンス)の定植作業

※準備された花苗をプランターへ定植しなさい。必要があれば花がら摘み等をおこなうこと。ただし，定植する苗数は各自で判断すること。

【課題3】

□野菜(キュウリ)の播種作業について，播種時に中止した点をまとめなさい。

【課題4】

□花苗(ベゴニア・センパフローレンス)定植作業について，定植する

苗数の説明および，定植時に注意した点をまとめなさい。

▼高校工業(機械系)

【課題1】

□次の立体図の正面図，平面図，右側面図をかきなさい。ただし，矢印の向きから見た図を正面図とし，寸法線は記入しないこととする。

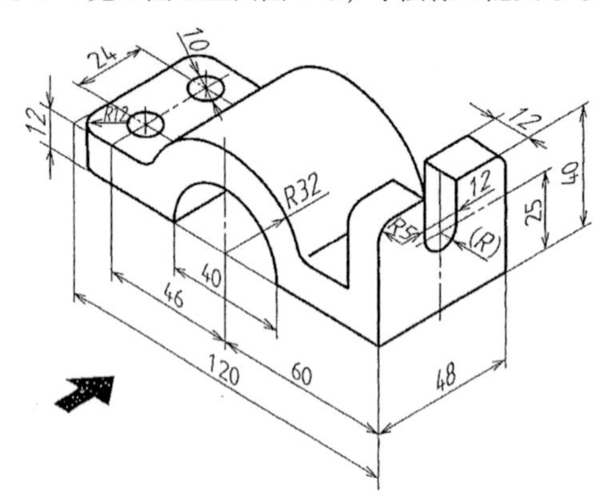

【課題2】

□次の立体図の展開図をかきなさい。

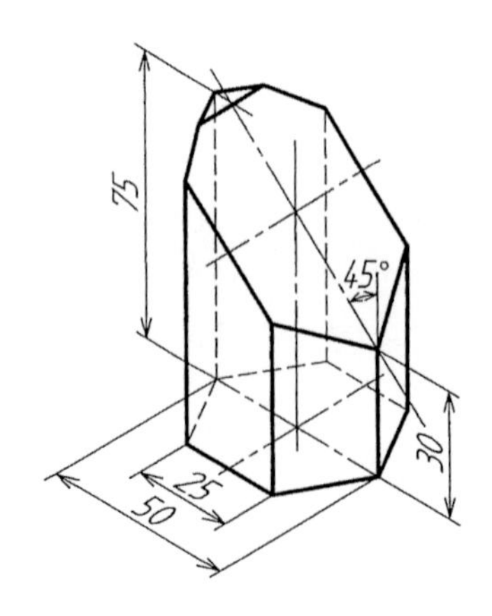

▼高校商業

【課題1】

□次のⅠ～Ⅳに従い，122ページの図のような文書を作成せよ。

Ⅰ　標題の挿入

出題内容に合った，標題のオブジェクトを用意されたフォルダなどから選び，指示された位置に挿入しセンタリングすること。

Ⅱ　表作成

下の資料A・B並びに指示を参考に表を作成すること。

資料A　　　単位：トン

品目	再利用例	分別収集量	再商品化量
ペットボトル	カーペットの繊維や卵パックや結束バンドなど	296,815	286,009
飲料用紙パック	トイレットペーパーや紙皿など	15,612	15,542
プラスチック製容器	荷役用パレットやプランターなど	708,950	671,704
スチール缶	建築用資材の鉄筋、鉄道のレールなど	226,038	224,329
アルミ缶	６０％以上をアルミ缶として再生	131,121	130,198
無色のガラスびん	舗装用の骨材や住宅の断熱材など	326,614	310,356

資料B

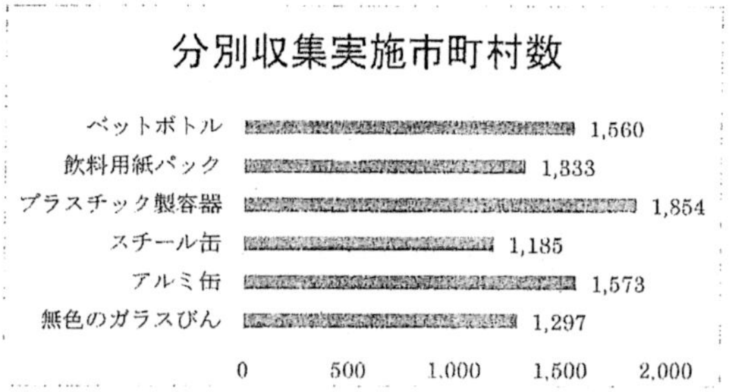

分別収集実施市町村数

ペットボトル 1,560
飲料用紙パック 1,333
プラスチック製容器 1,854
スチール缶 1,185
アルミ缶 1,573
無色のガラスびん 1,297

0　500　1,000　1,500　2,000

指示　1　表の行間は，2.0とすること。

2　罫線は太実線と細実線を区別して行頭・行末を越えずに引くこと。

3　表のデータはテキストファイルを利用して作成すること。

4　表の枠内の文字は1行で入力し，上下のスペースが同じであること。

5　表内の「市町村数」と「再商品化量」の数字は，明朝体の半角で入力し，3桁ごとにコンマを付けること。
6　ソート機能を使って，表全体を「再商品化量」の多い順に並べ替えること。
7　表の「再商品化量」の合計は，計算機能を使って求めること。

Ⅲ　テキスト・イラストの挿入
1　「3R運動」に使用する文章は，用意されたフォルダなどにあるテキストファイルから取得し，校正および編集すること。
2　出題内容に合った，イラストのオブジェクトを用意されたフォルダなどから選び，指示された位置に挿入すること。

Ⅳ　その他
1　校正記号に従うこと。
2　①～⑪の処理を行うこと。
3　空白行を入れないこと。
4　オブジェクト内の(a)に当てはまる語句を以下から選択し入力すること。

リデュース　　リユース　　リサイクル

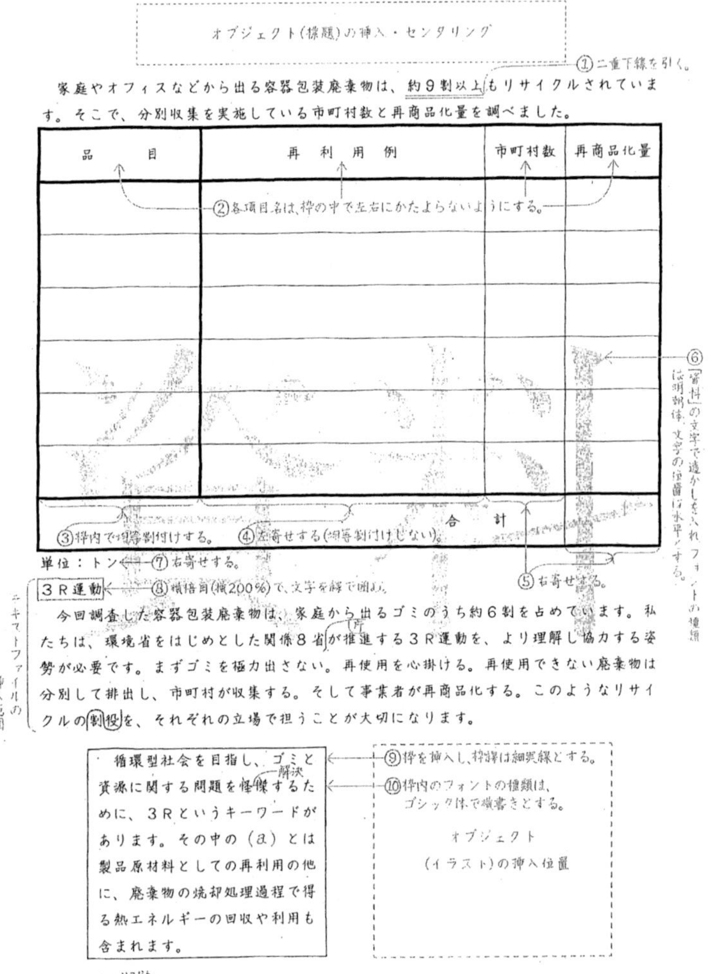

オブジェクト(標題)の挿入・センタリング

①二重下線を引く。

家庭やオフィスなどから出る容器包装廃棄物は、約9割以上もリサイクルされています。そこで、分別収集を実施している市町村数と再商品化量を調べました。

品　　目	再　利　用　例	市町村数	再商品化量
合　　計			

②各項目名は、枠の中で左右にかたよらないようにする。

③枠内で均等割付けする。

④左寄せする(均等割付けしない)。

⑤右寄せする。

⑥「資料」の文字で透かしを入れ、フォントの種類は明朝体、文字の位置は水平とする。

単位：トン　⑦右寄せする。

3Ｒ運動　⑧横倍角(横200%)で、文字を線で囲む。

テキストファイルの挿入範囲

今回調査した容器包装廃棄物は、家庭から出るゴミのうち約6割を占めています。私たちは、環境省をはじめとした関係8省(庁)が推進する3Ｒ運動を、より理解し協力する姿勢が必要です。まずゴミを極力出さない。再使用を心掛ける。再使用できない廃棄物は分別して排出し、市町村が収集する。そして事業者が再商品化する。このようなリサイクルの割役を、それぞれの立場で担うことが大切になります。

循環型社会を目指し、ゴミと資源に関する問題を怪傑(解決)するために、3Ｒというキーワードがあります。その中の(a)とは製品原材料としての再利用の他に、廃棄物の焼却処理過程で得る熱エネルギーの回収や利用も含まれます。

⑨枠を挿入し、枠線は細実線とする。

⑩枠内のフォントの種類は、ゴシック体で横書きとする。

オブジェクト(イラスト)の挿入位置

資料作成：嶋村　美弥　⑪ひらがなでルビをふり、右寄せする。

【課題2】

□次の問いに答えなさい。

次の表は，あるデパートで開催されたスタミナグルメ・フェスティバルにおいて販売された総菜の単価と売上数量を示したものである。

この表からABC分析を行い，管理に重点を置く商品と置かない商品をグラフ上で色分けしなさい。なお，ABC分析に関しては下にある文章を参照して作成すること。

No.	品名	単価	数量
1	甘辛照焼チキン	530	35
2	牛ホルモン	840	21
3	餃子	1,300	11
4	豚チャーシュー	640	30
5	マヨチキン	1,350	51
6	カツ丼	1,000	44
7	ガーリックチキン	950	2
8	スタミナ牛丼	1,050	16
9	スタミナラーメン	980	2
10	回鍋肉	980	33
11	ネギトロ丼	900	6
12	うなぎの蒲焼	1,150	15
13	ローストビーフ丼	1,100	8
14	豚キムチ	980	3
15	ガーリックカレー	1,300	62

ABC分析とは，商品の売上高を降順に並び替えて，商品の売上構成比と累計構成比を求め，0%～70%程度をAランク，70%～90%程度をBランク，90%～100%程度をCランクとしてグループに分けて重点管理を行うもので，商品の売上高を棒グラフで表し，累計構成比を折れ線グラフで表したパレート図を用いることが一般的である。

【処理条件】

1　印刷がA4縦に収まるようにレイアウトすること。

2　色分けはABC分析に一般的に用いられる色とすること。

【課題3】

□次の問いに答えなさい。

あるタピオカ販売店は，4種類の商品を販売している。2018年～2019年の売上データを用いて，最近の売月頃向を分析したい。処理条件にしたがって，シート1からシート4を作成しなさい。なお，各シートの※印の部分は資料をもとに入力し，※※印の部分は関数やアプリケーションソフトのデータ集計機能などの利用および各自の分析結果により作成すること。

資料1　商品表

商品コード	商品名	単価
M	ミルクティ	280
K	ミルク黒糖ティ	330
G	ミルクグリーンティ	320
H	ミルクほうじ茶	300

資料2　売上表

日付コード	商品コード	売上数量
20180105	K	33
20180105	E	18
～	～	～
20191231	H	29
20191231	Y	25

【処理条件】

1　表の形式および体裁は，次のページのシート1からシート4を参考にして設定する。
設定する書式：罫線，列幅，数値につける3けたごとのコンマ

2　シート1は次のように作成する。
「商品表」の※印の部分は，資料1のデータを入力する。なお，商品コードおよび単価は半角英数字である。

3　シート2は，次のように作成する。
(1)　提供されたデータを使用する。
(2)　B列の「年」の※※印の部分は，A列の「日付コード」の左端

から4文字目を抽出する。

(3) C列の「月」の※※印の部分は，A列の「日付コード」の左端から5けた目より2文字を抽出する。

(4) E列の「商品名」は，D列の「商品コード」をもとに，シート1の「商品表」を参照して表示する。

4 シート3は集計作業用シートで，シート4の作成に必要なデータを集計するために，自由に活用する。

5 シート4は，次のように作成する。

(1) 「1. 全商品の売上集計表」は，次のように作成する。

① 6行目の「単価」は，5行目の「商品名」をもとに，シート1の「商品表」を参照して表示する。

② 7，8行目の「売上数量」は，シート3のデータを活用する。

③ 9行目の売上数量の「増減率」は，商品名ごとの「2018年」に対する「2019年」の増減率を求める。ただし，%表示で少数第1位まで表示する。

④ 10，11行目の「売上金額」は，商品名ごとの売上数量に単価を掛けて求める。

(2) 「2. ミルクほうじ茶の月別売上数量集計表」は，次のように作成する。

① C列の「2018年」とD列の「2019年」は，シート3のデータを活用する。

② E列の「2019年累計」は，「2019年」の1月からその月までの売上数量の合計を求める。たとえば，2月の「2019年累計」は2019年1月から2019年2月まで，3月の「2019年累計」は2019年1月から2019年3月までの売上数量の合計を求める。

③ F列の「移動合計」は，その月を含む過去12か月間の売上数量の合計を求める。たとえば，1月の「移動合計」2018年2月から2019年1月まで，3月の「移動合計」は2018年4月から2019年3月までの売上数量の合計を求める。

(3) 「3. ミルクほうじ茶の売上傾向分析」のB30は，作成する「ミルクほうじ茶の売上傾向」のグラフの名称を，E30には，「ミルクほうじ茶の売上傾向」のグラフおよび「1．全商品の売上集計表」の「増減率」を分析し，増加，停滞，減少のいずれかを入力する。

(4)　「2019年の売上金額割合」の円グラフは，「1．全商品の売上集計表」のデータから作成する。なお，円グラフの※※印の部分は，割合を％表示で小数第1位まで表示する。

(5)　「ミルクほうじ茶の売上傾向」の折れ線グラフは，「2．ミルクほうじ茶の月別売上数量集計表」のデータを活用して作成する。なお，※※印の部分は折れ線グラフの線および凡例を表示する。

(6)　シート4を報告書として，1ページに収まるように調節する。

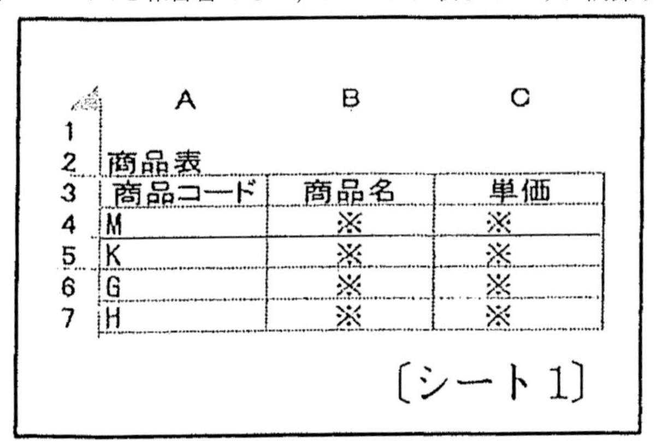

	A	B	C
1			
2	商品表		
3	商品コード	商品名	単価
4	M	※	※
5	K	※	※
6	G	※	※
7	H	※	※

〔シート1〕

	A	B	C	D	E	F
1						
2	売上表					
3	日付コード	年	月	商品コード	商品名	売上数量
4	20180105	2018	01	K	ミルク黒糖ティ	33
5	20180105	2018	01	M	ミルクティ	18
6	20180105	2018	01	G	ミルクグリーンティ	38
7	20180105	2018	01	H	ミルクほうじ茶	14
2065	〜	〜	〜	〜	〜	〜
2066	20191231	※※	※※	G	※※	29
2067	20191231	※※	※※	H	※※	25

〔シート2〕

	A	B	C	D	E	F
1	合計 / 売上数量	列ラベル				
2	行ラベル	ミルク烏龍ティ	ミルクほうじ茶	ミルクティ	ミルクグリーンティ	総計
3	2018	9,683	5,387	※※	※※	31,039
4	01	768	※※	※※	868	2,543
5	02	※※	※※	※※	※※	※※
6	03	※※	※※	※※	※※	※※
7	04	※※	※※	※※	※※	※※
8	05	※※	※※	※※	※※	※※
9	06	※※	464	593	※※	※※
10	07	※※	※※	※※	※※	※※
11	08	※※	※※	※※	※※	※※
12	09	※※	※※	※※	※※	※※
13	10	※※	※※	※※	※※	※※
14	11	※※	※※	※※	※※	※※
15	12	※※	※※	※※	※※	※※
16	2019	7,686	6,802	※※	※※	※※
17	01	※※	481	※※	※※	※※
18	02	※※	※※	※※	※※	※※
19	03	※※	※※	※※	※※	※※
20	04	※※	※※	※※	※※	※※
21	05	※※	※※	※※	※※	※※
22	06	※※	※※	655	※※	※※
23	07	※※	582	※※	※※	※※
24	08	※※	※※	※※	※※	※※
25	09	※※	※※	※※	※※	※※
26	10	※※	※※	※※	※※	※※
27	11	※※	※※	※※	※※	※※
28	12	559	※※	※※	574	2,441
29	総計	17,369	※※	※※	※※	60,777

〔シート3の利用例〕

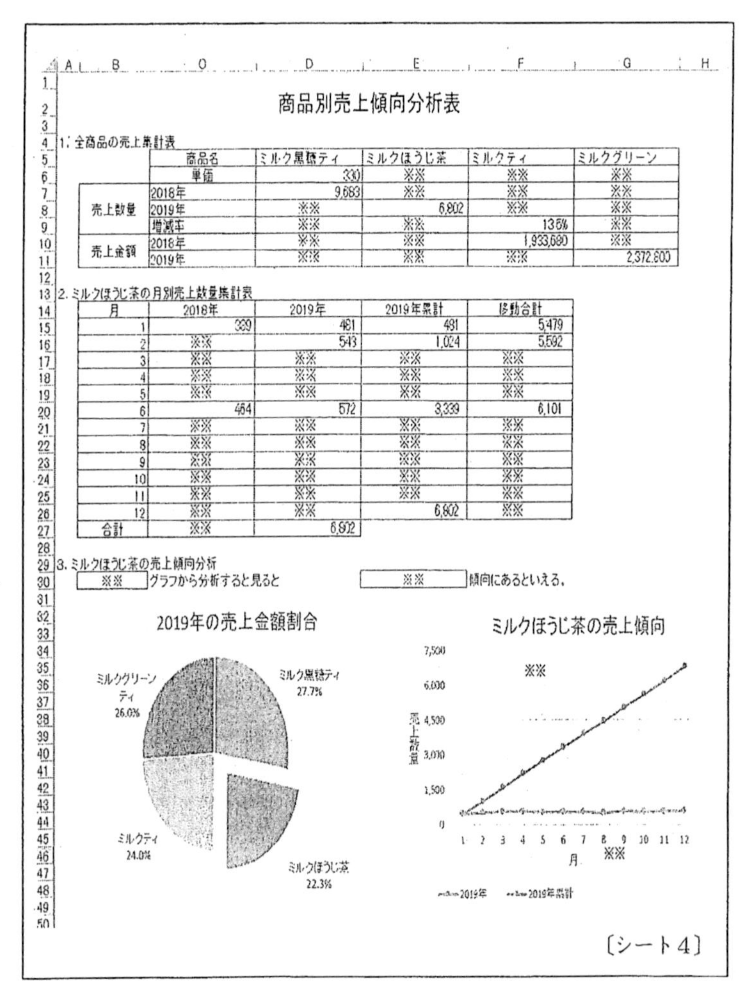

商品別売上傾向分析表

1. 全商品の売上集計表

		商品名	ミルク黒糖ティ	ミルクほうじ茶	ミルクティ	ミルクグリーン
		単価	330	※※	※※	※※
売上数量		2018年	9,683	※※	※※	※※
		2019年	※※	6,802	※※	※※
		増減率	※※	※※	13.6%	※※
売上金額		2018年	※※	※※	1,933,680	※※
		2019年	※※	※※	※※	2,372,600

2. ミルクほうじ茶の月別売上数量集計表

月	2018年	2019年	2019年累計	移動合計
1	339	481	481	5,479
2	※※	543	1,024	5,592
3	※※	※※	※※	※※
4	※※	※※	※※	※※
5	※※	※※	※※	※※
6	464	572	3,339	6,101
7	※※	※※	※※	※※
8	※※	※※	※※	※※
9	※※	※※	※※	※※
10	※※	※※	※※	※※
11	※※	※※	※※	※※
12	※※	※※	6,802	※※
合計	※※	6,902		

3. ミルクほうじ茶の売上傾向分析

※※ グラフから分析すると見ると ※※ 傾向にあるといえる。

〔シート4〕

＜注意事項＞

1. 作成するファイルは，問題フォルダの中のファイルを使用すること。
2. ヘッダーに左寄せで受験番号を入力すること。
3. A4判縦長用紙1枚に体裁よく作成すること。

4. 試験時間中の印刷は行わないこと。
5. 問題冊子のホッチキスは外さないこと。

<Wordの書式設定について>

1. 余白は上下左右それぞれ25mmとすること。
2. 指示のない文字のフォントは，明朝体の全角で入力し，サイズは12ポイントに統一すること。ただし，プロポーショナルフォントは使用しないこと。
3. 複数ページに渡る印刷にならないよう書式設定に注意すること。

▼養護教員

【課題1】

□学級活動の中で，小学校2年生が新型コロナウイルス感染症の予防に対する正しい知識理解を深めることと，特に「手洗い」が正しくできるように指導しなさい(3分以内)。

【課題2】

□高等学校の部活動で，マラソンをしていた。ゴールしたあと，校門付近で2年生男子生徒が倒れ，周りの生徒から「先生！○○さんが倒れた」と呼ばれて，保健室の机上から必要物品をもってかけつけた。当日は気温が高く，雨上がりの非常に蒸し暑い日であった。養護教諭がかけつけた際には，該当生徒の意識はあったが，吐き気があり，体に力が入らないと言って立つこともできなかった。どのように処置をしたらいいか人形を使って実施しなさい(3分以内)。

◆適性検査(2次試験)　試験時間：2次の待ち時間で作成

【検査内容】

□バウムテスト

・実のなる木を書きなさい。

・2次の待ち時間で作成，個人面接で提出。

2020年度

◆集団面接(1次試験)

▼全科

・面接官3人　受験者6～8人　時間30分

▼小学校

【集団面接テーマ】

□教師になりたい理由

【集団討論テーマ】

□子どもたちが安心して学校に行けるようにするには教師や学校はどう取り組んでいくか。

□教育の質を向上するための取り組みについて。

□社会人として大切にしたいことは何か。

□社会の一員だと実感する瞬間はどんな時か。

・面接会場図は次のようになっていた。

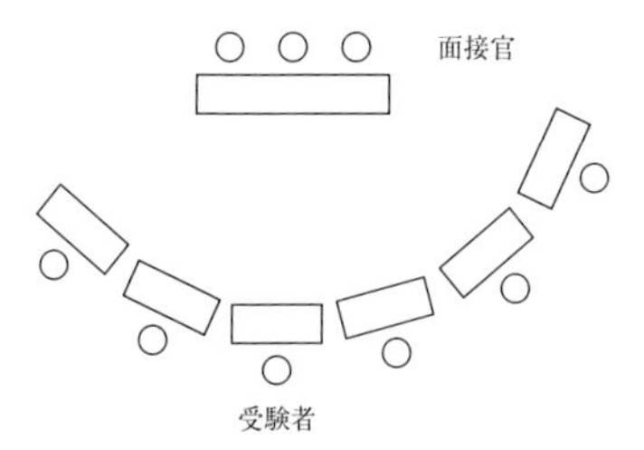

・1分間スピーチ→集団討論テーマ，の流れだった。

・1分間スピーチは，理想の教師像と自己PRだった。

・1分間スピーチは，考えがまとまった人から挙手をし，受験番号だけ言ってからはじめた。

・集団面接：教師になりたい理由(約1分)→集団討論：社会の一員だと実感する瞬間はどんな時か。という流れで，挙手制だった。

・メモなどはない。

・司会をたてる必要はないと言われた。

・過去問からの出題傾向があるので，過去問を見て一通り考えておくとよい。
・最低でも3回ほど発言するようにした。
・思いつかないときは，一度落ちついて他の人の意見を聞いて発言するようにした。
・他の人の意見に共感して意見を述べるとよい。
・違う目線の意見を言ったり，周りの人に意見を求めるなどすると，なおよいと思う。

▼中学校教員　面接官3人　受験者9人　時間30分
【集団面接テーマ】
□なぜ教師を目指したのか。
□信頼される教師になるためには何が必要か。
【集団討論テーマ】
□子どもが自主的に学習することが大切です。様々な状況の子どもがいますが，あなたはすべての子どもにやる気を持たせるために，担当教科の授業でどのような手立てを講じますか。
・集団面接と集団討論はセットで同時に行われた。前半は1分間スピーチだった。
・集団討論は15分程度だった。

▼高校教員　面接官3人　受験者6人　時間30分
【集団面接】
□自己PR
【集団討論】
□無茶を言う保護者にどう対応するか。
□学習意欲向上法は何か。
・討論では，課題を与えられ自由に討論した。メモはできなかった。

◆個人面接(2次試験)全科　面接官2～3人　時間10～15分

▼小学校

【質問内容】

□志願理由

□専願か。また落ちたらどうするか。

□自分が小学校の先生に向いていると思うところ。

□この教科で，子どもにこんなことを教えたいという事項はあるか。

□子どもが挑戦しつづけられる気持ちを持つために，どんな力を育ませるとよいか。

□子どもにつけさせたい力はどのような力か。

□滋賀県の教育の足りないところ。

□最近ストレスを感じたとき。また，それに対する解決方法は。

□趣味

□自分の短所

□コンプレックスはあるか。それをどう克服したか。

□あなたにとって陸上とはどういうものか(部活動の欄に記入したことについての質問)。

□陸上と教育の共通点は何だと思うか。

・面接官3人が順番に質問を行う。

・面接官としっかりアイコンタクトをとり，どれだけ教師になりたいかという思いを精一杯ぶつけた。

▼中学校教員

□教員を目指した理由は何か。

□なぜ滋賀県の教員になりたいのか。

□滋賀県の教育のよさとは。

□滋賀県内どこでも勤務できるか。

□他府県を受験しているか。

□試験に落ちた時の進路はどうするのか。

□あなたのクラスで学級崩壊が起きたらどうする。

→(その回答に対して)それでも改善されない場合はどうする。

▼高校教員
□高校教員を志望した理由は何か。
□教員になろうと思ったのはいつごろからか。
□英語が苦手な生徒にどう対応するか。
□教育実習での思い出，楽しかったこと，学んだことは何か。

◆指導実技(模擬授業)
※模擬授業は，養護教員以外の全員が対象
※小学校教員については，外国語活動に必要な英語による簡単なコミュニケーションの力を見る質問

▼小学校
[国語]
【課題】
□「ありさん　あいさつ　あいうえお」のような文を「あ」「い」「う」「え」「お」を用いて作る指導をしなさい。
□より良い話し合いの進め方を考える学習をします。意見が深まるような司会の仕方について指導しなさい。
□校外学習で学習したことを下学年の児童に発表することについて，内容や発表方法などを話し合う学習をします。導入部分の指導をしなさい。
□1年生に，ひらがなのつまる音の書き方について指導をしなさい。
□書写の時間で，文字の組み立て方に注意し，形を整えて書く指導をしなさい。
□委員会で「ドッジボール大会」について，ポスターで全校にお知らせします。伝えたいことが明確に伝わるようなポスターにするための指導をしなさい。

□「たいしょう」のような同音異義語を，正しく用いることができるよう，指導しなさい。
□伝記を読み，自分の生き方について考えたことを紹介します。導入部分の指導をしなさい。
□ことわざを適切に使えるように，具体的なことわざを挙げて指導しなさい。
□ローマ字で「tyawan」や「densya」など，拗音(ようおん)が入る言葉の指導をしなさい。
□調べ学習で，図鑑から知りたいことを探す方法について指導しなさい。
□「古池や　蛙飛び込む　水の音」松尾芭蕉などの俳句を読み，楽しみ方について指導しなさい。
□お話の大好きな場面を選び，登場人物の行動を中心に想像して読みながら，物語を音読劇で表そうという学習活動をします。導入部分の指導をしなさい。
□スーパーマーケットに見学に行きます。「お客さんのために心がけていること」というテーマで店長にインタビューをしに行く直前の指導をしなさい。
□「学級文庫に漫画を置いてもよいか」という議題について，自分の立場を明確にして討論会を行います。導入部分の指導をしなさい。

[社会]

【課題】

□自分の住んでいる地域の特色ある地形や土地利用の様子などを取り上げ，地域の様子に違いがあることが理解できるように指導しなさい。
□地域の農家や工場の人々の生産や販売に見られる仕事の特色について理解できるように指導しなさい。
□火災，風水害，地震のいずれかを取り上げ，関係の諸機関が相互に連携して，緊急に対処する体制をとっていることが理解できるよう

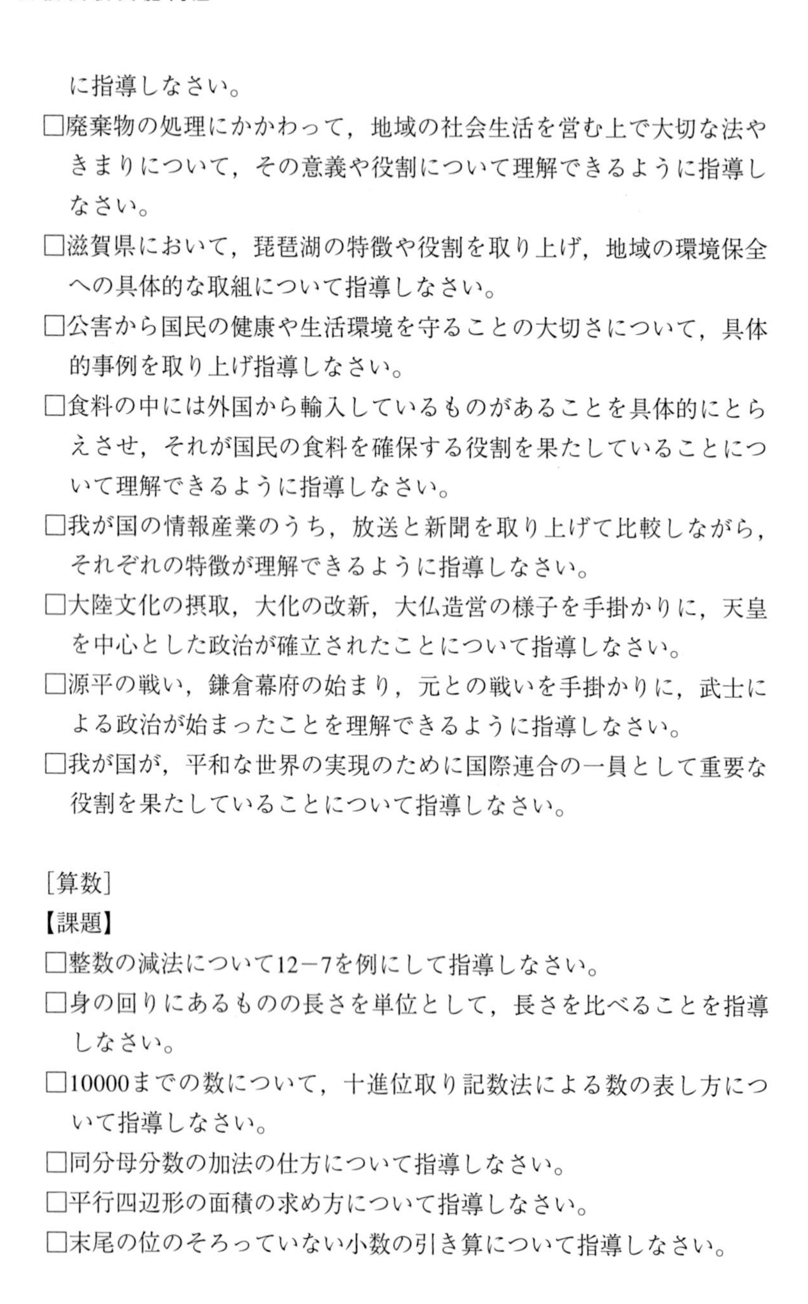

に指導しなさい。

□廃棄物の処理にかかわって，地域の社会生活を営む上で大切な法やきまりについて，その意義や役割について理解できるように指導しなさい。

□滋賀県において，琵琶湖の特徴や役割を取り上げ，地域の環境保全への具体的な取組について指導しなさい。

□公害から国民の健康や生活環境を守ることの大切さについて，具体的事例を取り上げ指導しなさい。

□食料の中には外国から輸入しているものがあることを具体的にとらえさせ，それが国民の食料を確保する役割を果たしていることについて理解できるように指導しなさい。

□我が国の情報産業のうち，放送と新聞を取り上げて比較しながら，それぞれの特徴が理解できるように指導しなさい。

□大陸文化の摂取，大化の改新，大仏造営の様子を手掛かりに，天皇を中心とした政治が確立されたことについて指導しなさい。

□源平の戦い，鎌倉幕府の始まり，元との戦いを手掛かりに，武士による政治が始まったことを理解できるように指導しなさい。

□我が国が，平和な世界の実現のために国際連合の一員として重要な役割を果たしていることについて指導しなさい。

[算数]

【課題】

□整数の減法について12−7を例にして指導しなさい。

□身の回りにあるものの長さを単位として，長さを比べることを指導しなさい。

□10000までの数について，十進位取り記数法による数の表し方について指導しなさい。

□同分母分数の加法の仕方について指導しなさい。

□平行四辺形の面積の求め方について指導しなさい。

□末尾の位のそろっていない小数の引き算について指導しなさい。

□伴って変わる2つの量を，表や式に表すことについて，適切な例をあげて指導しなさい。
□三角形と四角形の意味や性質について指導しなさい。
□直方体に関連して，直線や平面の平行や垂直の関係について指導しなさい。
□五角形の内角の和が540°であることを指導しなさい。
□4チーム総当たり戦で試合を行うとき，全部で何試合になるかについて指導しなさい。
□最小公倍数について，身近な例をあげて指導しなさい。
□最頻値，中央値，平均値についてデータの例を示して指導しなさい。
□角柱の体積の求め方について指導しなさい。
□二等辺三角形や正三角形を，定規とコンパスを用いて作図することについて指導しなさい。
□12÷3＝4の計算の意味を，具体的な場面を例に挙げて指導しなさい。
□繰り下がりのある2位数の減法について，適切な例をあげて指導しなさい。
□広さの違う部屋の混み具合の比べ方について指導しなさい。
□分数÷分数の計算方法について指導しなさい。

［理科］
【課題】
□動物や植物の生活を観察したり，資料を活用したりすることを通して，生物は水及び空気を通して，周囲の環境と関わって生きていることについて指導しなさい。
□昆虫の成虫の体は頭，胸，腹の三つの部分からできていて，頭には目や触角，口があること，胸には3対6本のあしがあることなど，いくつかの共通する特徴があることについて指導しなさい。
□閉じ込めた空気は圧し縮められるが，水は圧しても体積は変わらないことから，水は圧し縮められない。このことについて指導しなさい。

□月の位置の変化や時間の経過を関係付けて調べる活動を通して，月は日によって形が変わって見え，1日のうちでも時刻によって位置が変わることを指導しなさい。

□乾電池と豆電球などを導線でつないだときの，つなぎ方と豆電球などの様子に着目して，電気を通すつなぎ方と通さないつなぎ方があることを指導しなさい。

□条件を変えながら調べる活動を通して，植物の発芽には，水，空気及び温度が関係していることを指導しなさい。

□物を水に溶かし，水の温度や量による溶け方の違いを調べ，物が水に溶ける量には限度があることを指導しなさい。

□流れる水には，土地を侵食したり，石や土などを運搬したり堆積させたりする働きがあることを指導しなさい。

□金属は熱せられた部分から順に温まるが，水や空気は熱せられた部分が移動して全体が温まることについて指導しなさい。

□物を燃やし，物や空気の変化を調べ，植物体が燃えるときには，空気中の酸素が使われて二酸化炭素ができることについて指導しなさい。

□物の重さや体積を調べ，物は，形が変わっても重さは変わらないことについて指導しなさい。

□水に溶けている物に着目して，水溶液の違いを色や臭いなど多面的に調べる活動を通して，水溶液には，酸性，アルカリ性及び中性のものがあることについて指導しなさい。

□糸につるしたおもり(振り子)が1往復する時間は，おもりの重さなどによっては変わらないが，糸の長さによって変わることについて指導しなさい。

□1日の気温の変化などを観察し，天気によって1日の気温の変化の仕方に違いがあることについて指導しなさい。

［音楽］

【課題】

□「夕やけこやけ」を教材にして，歌詞の表す情景や気持ちを想像し，

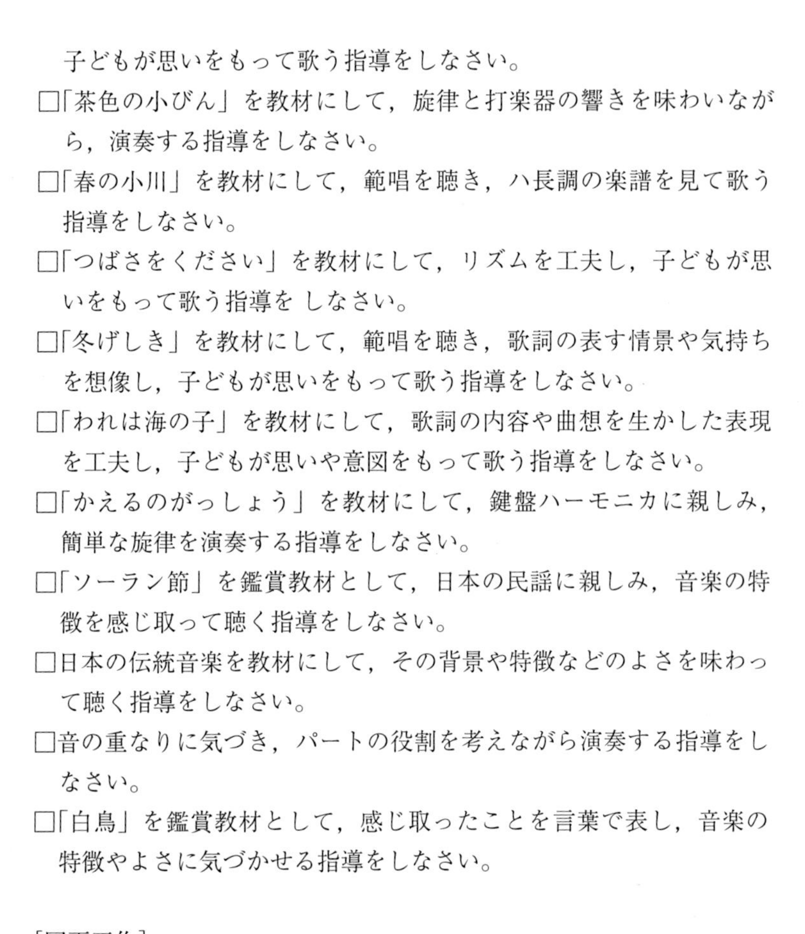

子どもが思いをもって歌う指導をしなさい。

□「茶色の小びん」を教材にして，旋律と打楽器の響きを味わいながら，演奏する指導をしなさい。

□「春の小川」を教材にして，範唱を聴き，ハ長調の楽譜を見て歌う指導をしなさい。

□「つばさをください」を教材にして，リズムを工夫し，子どもが思いをもって歌う指導を しなさい。

□「冬げしき」を教材にして，範唱を聴き，歌詞の表す情景や気持ちを想像し，子どもが思いをもって歌う指導をしなさい。

□「われは海の子」を教材にして，歌詞の内容や曲想を生かした表現を工夫し，子どもが思いや意図をもって歌う指導をしなさい。

□「かえるのがっしょう」を教材にして，鍵盤ハーモニカに親しみ，簡単な旋律を演奏する指導をしなさい。

□「ソーラン節」を鑑賞教材として，日本の民謡に親しみ，音楽の特徴を感じ取って聴く指導をしなさい。

□日本の伝統音楽を教材にして，その背景や特徴などのよさを味わって聴く指導をしなさい。

□音の重なりに気づき，パートの役割を考えながら演奏する指導をしなさい。

□「白鳥」を鑑賞教材として，感じ取ったことを言葉で表し，音楽の特徴やよさに気づかせる指導をしなさい。

[図画工作]

【課題】

□低学年の児童に，箱やカップなどの集めた材料を工夫して，小さな家をつくる題材の指導をしなさい。

□低学年の児童に，ペットボトルキャップの並べ方を試したり，工夫したりする造形遊びを題材にした指導をしなさい。

□低学年の児童に，紙を折ったり，切ったりして，いろいろな形のかざりを作る題材の指導をしなさい。

□低学年の児童に，動物と遊んだときのことを思い出して絵に表した自分たちの作品を鑑賞する指導をしなさい。
□中学年の児童に，角材をのこぎりで切って，木切れを組み合わせて立体をつくる題材の指導をしなさい。
□中学年の児童が初めて水彩絵の具のセットを使って，色や形をいろいろためしながら，絵の具でかくことを楽しめるような指導をしなさい。
□中学年の児童に，学校生活を楽しませてくれたり，手伝ってくれたりするマスコットを絵に表す題材の指導をしなさい。
□中学年の児童に，段ボールに切り込みを入れて，どんどん組み合わせていく造形遊びの指導をしなさい。
□中学年の児童に，住んでみたい町を楽しく想像して粘土で表す題材の指導をしなさい。
□高学年の児童に，気に入った身近な場所を見つけて，工夫して絵に表す題材の指導をしなさい。
□高学年の児童に，針金の曲げ方，巻き方，立たせ方を工夫して，思いついた形を立体に表す題材の指導をしなさい。

［体育］
【課題】
□中学年の保健において，毎日を健康に過ごすには，明るさの調節，換気などの生活環境を整えることが必要であることを指導しなさい。
□中学年の保健において，体は思春期になると次第に大人の体に近づき，体型の変化，初経，精通などが起こったりすること，また個人差があることについて理解できるように指導しなさい。
□低学年の水遊びにおいて，水につかったり，移動したりするなどの運動遊びを取り入れて，水に慣れる遊びができるように指導しなさい。
□高学年のリレーにおいて，テークオーバーゾーン内での減速の少ないバトンパスに向けて，チーム内でアドバイスし合えるためのポイントを指導しなさい。

□高学年の跳び箱において，児童の見本をつかって台上前転のポイントを指導しなさい。

□高学年のクロールにおいて，続けて長く泳ぐための呼吸や手足の動きについて，児童が互いにアドバイスできるためのポイントを指導しなさい。

□高学年の保健において，生活習慣病の原因を理解し，自己の生活を振り返り，今後の生活について見直せるよう指導しなさい。

□低学年のゲームにおいて，物やマークなどの的に向かってボールを投げる的当てゲームができるように指導しなさい。

□低学年の跳び箱を使った運動遊びにおいて，両手で支持してまたぎ越す馬跳びができるように指導しなさい。

□中学年の表現運動において，「○○の世界」を設定し，その特徴をとらえた児童の表現のポイントを指導しなさい。

□低学年の多様な動きをつくる運動遊びにおいて，短なわで前や後ろの連続両足跳びができるように指導しなさい。

□中学年のゴール型ゲームにおいて，ポートボールを基にした易しいゲームができるように指導しなさい。

・①構想9～10分，②実施8分で，①・②は異なる部屋で行われた。
・教科のみ選べるくじ引き形式だった。学年や単元は何が当たるかわからなかった。カードは1度だけ引き直せるが引き直した単元をしなければならない。
・授業する教科は選択が可能で，10数枚のカードから1枚引き，その課題について構想を立てた。引き直しは1回まで可能だった。
・紙1枚と鉛筆，消しゴムが渡されるが，約9分しか考える時間はないので，板書計画をまずはじめに書くようにした。
・テーマは，末尾がそろっていない小数のひき算について，だった。
・目の前に子どもがいると仮定して，授業を行った。
・机間指導は行わない。

・授業が終了すると，黒板を消し，簡単な英語のコミュニケーション能力をみる質問がされた。

▼中学国語

【課題】

□説明文を読んで，表現の仕方について自分の考えを述べる学習活動を行います。導入部分の指導をしなさい。

□場の状況や相手の様子に応じて話す力を身に付けるための学習を行います。どのような言語活動を設定するか考え，導入部分の指導をしなさい。

□文節どうしの関係を取り上げ，文の組み立てについて理解させる指導をしなさい。

□方言と共通語の違いや使い分けについて指導しなさい。

□お礼の気持ちを伝えるために手紙を書く学習を行います。便箋に手紙を書くときの形式や相手のことを考慮して書くことの指導をしなさい。

□『竹取物語』の冒頭を用いて，古典に表れているものの見方に触れ，親しむ指導を行いなさい。

> 今は昔，竹取の翁といふ者ありけり。野山にまじりて竹を取りつつ，よろづのことに使ひけり。名をば，さぬきのみやつことなむいひける。

□意見文を書く学習を行います。書く内容の中心が明確になるように，段落の役割を意識して文章の構成や展開を考えることについての指導をしなさい。

□学校図書館を活用して，自分の考えをまとめる学習活動を行います。どのようにすれば本や資料から適切な情報を効果的に得られるか考えさせる指導をしなさい。

□故事成語についてグループで発表する学習活動を行います。導入部分の指導をしなさい。

□目的や必要に応じて楷書または行書を選んで書くことができるようにするための学習活動を行います。導入部分の指導をしなさい。

□話し言葉と書き言葉の特徴について理解させるために，例を挙げながら指導しなさい。

□次の短歌の意味を読みとり，表現の工夫について気づかせる指導をしなさい。

くれなゐの二尺伸びたる薔薇の芽の 針やはらかに春雨のふる

□関心のある芸術的な作品について，鑑賞したことを書く学習活動を行います。導入部分の指導をしなさい。

□話題や展開を捉えながら話し合い，互いの発言を結び付けて考えをまとめるためには，どのような言語活動を設定して指導すればよいか考え，導入部分の指導をしなさい。

▼中学社会

【課題】

□世界の様々な地域の自然環境を調査する際に活用できるよう，「雨温図」の読み取り方について指導しなさい。

□少子高齢化の課題にふれ，日本の人口に関する特色について指導しなさい。

□衣食住の特色を取り上げ，自然及び社会的条件と関連付けて，世界の人々の生活や環境の多様性が理解できるように指導しなさい。

□世界的視野から日本と世界との交通・通信網の発達の様子や物流について理解できるように指導しなさい。

□東南アジアの農業について，自然環境と歴史的背景など多面的に理解できるように指導しなさい。

□中国の文明に触れながら，世界の古代文明に共通する特徴について(文字の使用，国家のおこりなど)指導しなさい。

□聖徳太子の政治を取り上げながら，大化の改新から律令国家の確立

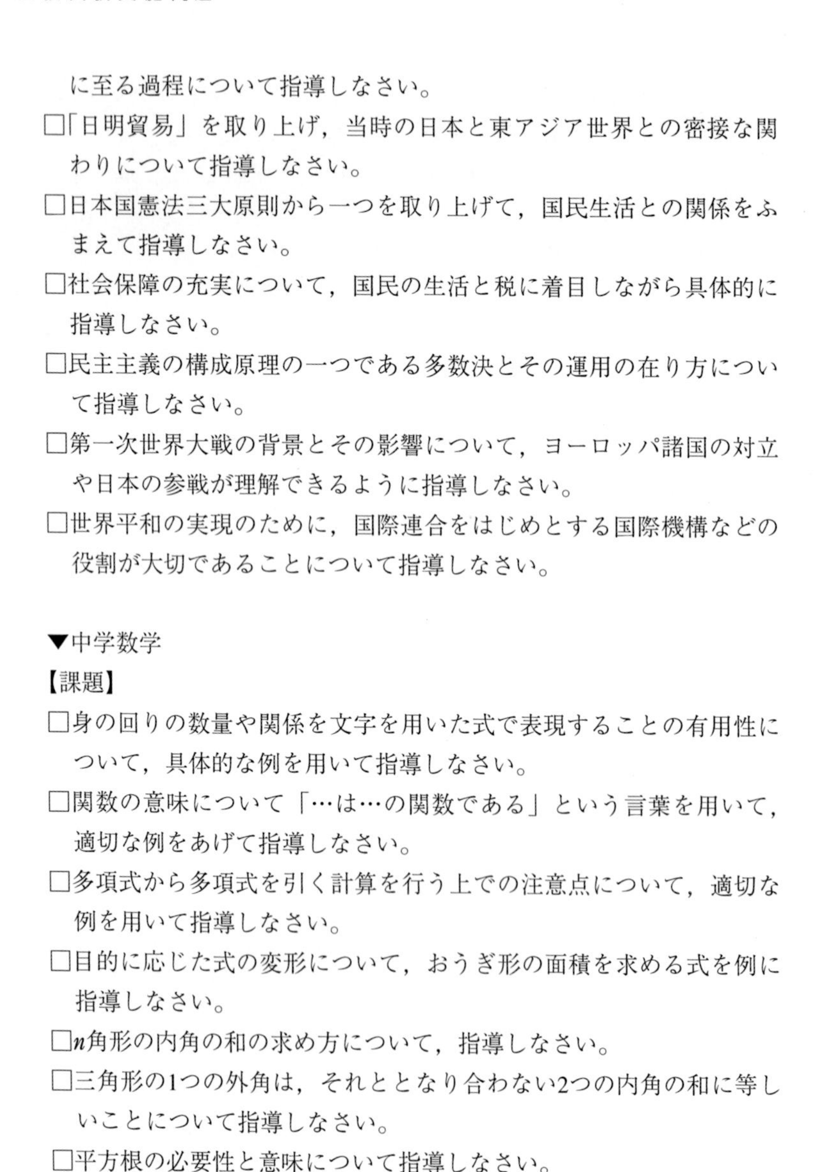

に至る過程について指導しなさい。

□「日明貿易」を取り上げ，当時の日本と東アジア世界との密接な関わりについて指導しなさい。

□日本国憲法三大原則から一つを取り上げて，国民生活との関係をふまえて指導しなさい。

□社会保障の充実について，国民の生活と税に着目しながら具体的に指導しなさい。

□民主主義の構成原理の一つである多数決とその運用の在り方について指導しなさい。

□第一次世界大戦の背景とその影響について，ヨーロッパ諸国の対立や日本の参戦が理解できるように指導しなさい。

□世界平和の実現のために，国際連合をはじめとする国際機構などの役割が大切であることについて指導しなさい。

▼中学数学

【課題】

□身の回りの数量や関係を文字を用いた式で表現することの有用性について，具体的な例を用いて指導しなさい。

□関数の意味について「…は…の関数である」という言葉を用いて，適切な例をあげて指導しなさい。

□多項式から多項式を引く計算を行う上での注意点について，適切な例を用いて指導しなさい。

□目的に応じた式の変形について，おうぎ形の面積を求める式を例に指導しなさい。

□n角形の内角の和の求め方について，指導しなさい。

□三角形の1つの外角は，それととなり合わない2つの内角の和に等しいことについて指導しなさい。

□平方根の必要性と意味について指導しなさい。

□標本調査の必要性とその意味について，適切な例を用いて指導しなさい。

□一次関数$y=ax+b$のグラフにおいて，a(傾き)の意味について指導しなさい。
□角の二等分線の性質について，指導しなさい。
□相似な図形における，相似比と面積比の関係について，適切な例をあげて指導しなさい。
□三角形の相似条件について指導しなさい。
□関数$y=ax^2$の値の変化の割合が，どんな意味をもつのか，適切な例を用いて指導しなさい。

▼中学理科
【課題】
□物体に力を働かせる実験を行い，物体に力が働くとその物体が変形したり動き始めたり，運動の様子が変わったりすることについて指導しなさい。
□磁石とコイルを用いた実験を行い，コイルや磁石を動かすことにより電流が得られることについて指導しなさい。
□霧や雲の発生についての観察，実験の結果をもとに，霧や雲のでき方を気圧，気温及び湿度の変化と関連付けてとらえることについて指導しなさい。
□化学変化によって熱を取り出す実験の結果をもとに，化学変化には熱の出入りが伴うことを見い出すことについて指導しなさい。
□物質は融点や沸点を境に状態が変化することを知るとともに，混合物を加熱する実験を行い，沸点の違いによって物質の分離ができることについて指導しなさい。
□いろいろな生物を分類するためには，見いだした共通点や相違点などを基に，分類するための観点を選び，基準を設定することが必要であることについて指導しなさい。
□脊椎動物の観察記録に基づいて，体のつくりや子の生まれ方などの特徴を比較，整理し，脊椎動物が幾つかの仲間に分類できることについて指導しなさい。

□金属を電解質水溶液に入れる実験を行い，金属によってイオンへのなりやすさが異なることについて指導しなさい。
□物質を分解する実験を行い，分解して生成した物質は元の物質とは異なることについて指導しなさい。
□物体の運動についての観察，実験の結果をもとに，運動には速さと向きがあることについて指導しなさい。
□地層とその中の化石を手掛かりとして，過去の環境と地質年代を推定できることについて指導しなさい。
□消化や呼吸についての観察，実験などを行い，動物の体が必要な物質を取り入れ運搬している仕組みについて指導しなさい。
□自然環境の保全と科学技術の利用の在り方について科学的に考察することを通して，持続可能な社会をつくることが重要であることについて指導しなさい。
□校庭などで気象観測を継続的に行い，その観測記録などに基づいて，気温，湿度，気圧，風向などの変化と天気との関係について指導しなさい。

▼中学音楽

【課題】
□「赤とんぼ」を教材にして，歌詞の内容や曲想を味わい，表現を工夫して歌う指導をしなさい。
□「花」を教材にして，歌詞の内容や曲想を感じ取り，表現を工夫して歌う指導をしなさい。
□「浜辺の歌」を教材にして，歌詞の内容や曲想を味わい，表現を工夫して歌う指導をしなさい。
□「合唱曲」を教材にして，声部の役割と全体の響きとのかかわりを理解して，グループ練習をするための指導をしなさい。
□「様々な楽器」を使い，声部の役割と全体の響きとのかかわりを理解して，表現を工夫しながら合わせて演奏する指導をしなさい。
□能「羽衣」を教材にして，音楽の特徴をその背景となる文化・歴史と関連づけ，理解して鑑賞する指導をしなさい。

・カードを引いて，題材が決まるが，カードは30枚以上あった。音楽の教科書に掲載されている全ての題材が範囲ではないかと思われる。それ以外に合唱指導もあったようだ。

・9分で構想した。

▼中学美術

【課題】

□「マークで自分を表そう」という題材で，自分のことを友達に伝えるマークをデザインする指導をしなさい。

□「オリジナル文様の手ぬぐいをつくろう」という題材で，白地の手ぬぐいに願いや思いを込めた文様を考え，デザインする指導をしなさい。

□「和菓子を味わおう」という題材で，季節を感じさせる和菓子のデザインを考えるための，導入としての鑑賞の指導をしなさい。

□「動きのおもしろさ」という題材で，コマ撮りアニメーションを使って効果的な伝え方を考え，表現する指導をしなさい。

□「石山寺縁起絵巻を味わおう」という題材で，絵巻のレプリカ等を活用して絵巻物のよさを鑑賞する指導をしなさい。

□「15歳の自分」という題材で，自分を表現するのに適した描画材料を活用して絵に表す導入段階の指導をしなさい。

□「私たちの学校のキャラクターを考えよう」という題材で，みんなの願いや地域の特徴を基にキャラクターをデザインする指導をしなさい。

□「気になる情景」という題材で，生活の中で気になる場所やものを見つけ，特徴をとらえ，工夫して絵に表す指導をしなさい。

▼中学保健体育

【課題】

□スポーツが，人々の生活や人生を豊かにするかけがえのない文化となっていることについて，スポーツ大会を例にあげて指導しなさい。
□運動やスポーツが社会性の発達に及ぼす効果について「合意形成」という言葉を使って指導しなさい。
□体つくり運動(体ほぐしの運動)において，心と体は互いに関係していることに気付かせるよう指導しなさい。

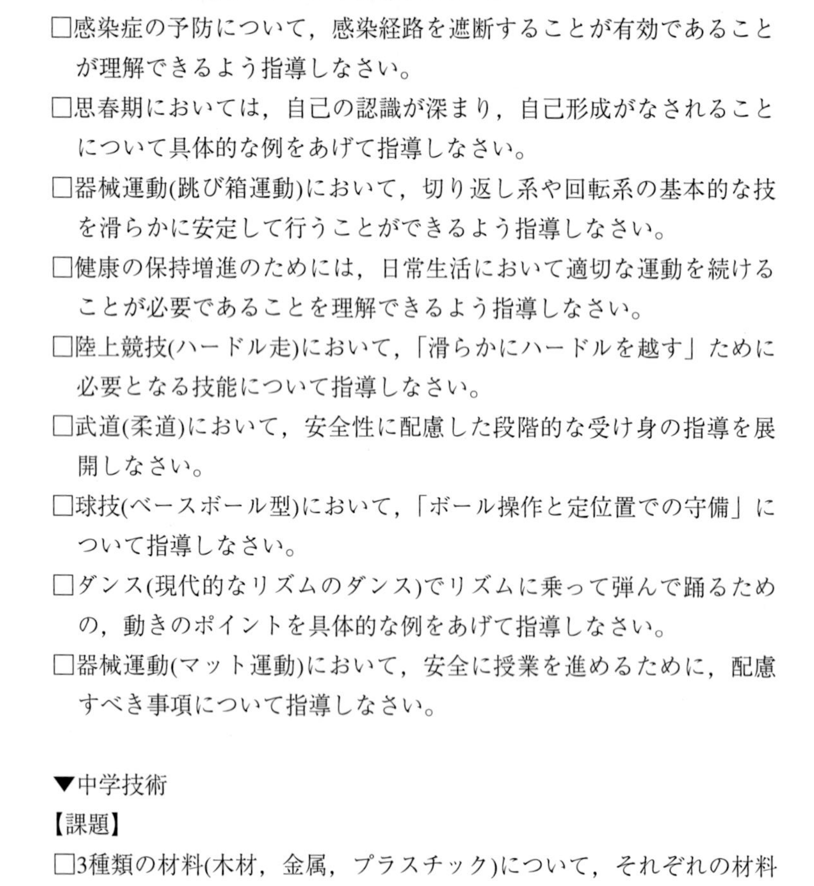

□感染症の予防について，感染経路を遮断することが有効であることが理解できるよう指導しなさい。
□思春期においては，自己の認識が深まり，自己形成がなされることについて具体的な例をあげて指導しなさい。
□器械運動(跳び箱運動)において，切り返し系や回転系の基本的な技を滑らかに安定して行うことができるよう指導しなさい。
□健康の保持増進のためには，日常生活において適切な運動を続けることが必要であることを理解できるよう指導しなさい。
□陸上競技(ハードル走)において，「滑らかにハードルを越す」ために必要となる技能について指導しなさい。
□武道(柔道)において，安全性に配慮した段階的な受け身の指導を展開しなさい。
□球技(ベースボール型)において，「ボール操作と定位置での守備」について指導しなさい。
□ダンス(現代的なリズムのダンス)でリズムに乗って弾んで踊るための，動きのポイントを具体的な例をあげて指導しなさい。
□器械運動(マット運動)において，安全に授業を進めるために，配慮すべき事項について指導しなさい。

▼中学技術

【課題】

□3種類の材料(木材，金属，プラスチック)について，それぞれの材料の長所と短所を指導しなさい。
□再生可能エネルギーとはどのようなエネルギー資源か，いくつか例をあげながら指導しなさい。

□電気エネルギーから光，熱，動力等へのエネルギー変換について，具体例を示しながら指導をしなさい。
□作物を病気や害虫から保護する方法や工夫について指導しなさい。
□コンピュータを構成するハードウェアとソフトウェアについて指導しなさい。

▼中学家庭

【課題】

□家庭や家族の基本的な機能について指導しなさい。
□中学生に必要な栄養の特徴について指導しなさい。
□幼児にとっての遊びの意義について指導しなさい。
□環境に配慮した生活を工夫することについて指導しなさい。
□地域または季節の食材のよさについて指導しなさい。
□自然災害への備えの工夫について指導しなさい。

▼中学英語

【課題】

生徒が，以下に示す英語の表現を初めて学習するとき，どのような効果的な指導が考えられるか。条件：Classroom Englishを必ず使うこと。

□言語活動を行うにあたり，生徒の身近な暮らしにかかわる場面を設定して指導しなさい。

○言語の使用場面：家庭での生活

A: Where do you want to visit this summer?

B: I want to visit Hokkaido.

It'll be fun to see some beautiful mountains.

□言語活動を行うにあたり，言語の働きを取り上げるようにして指導しなさい。

○言語の働き：聞き直す

A: I didn't hear you. Could you say that again?

B: OK. Look at the graph on page 13.

□言語活動を行うにあたり，特有の表現がよく使われる場面を設定して指導しなさい。

○言語の使用場面：手紙や電子メールでのやり取り

A: Hi. Are you free tomorrow? Shall we go fishing?

B: That sounds nice. Thank you for your mail.

□言語活動を行うにあたり，生徒の身近な暮らしにかかわる場面を設定して指導しなさい。

○言語の使用場面：学校での学習

A: I forgot to bring my pen case.
Can I use your pen?

B: No problem.

□言語活動を行うにあたり，言語の働きを取り上げるようにして指導しなさい。

○言語の働き：意見を言う

A: Do you have any ideas to solve this garbage problem?

B: Yes. In my opinion, we should only buy things we really need.

□言語活動を行うにあたり，特有の表現がよく使われる場面を設定して指導しなさい。

○言語の使用場面：道案内

A: Excuse me. I'd like to go to the station. Do you know the way?

B: Yes. Go down this street. You'll see it, on you right.

□言語活動を行うにあたり，生徒の身近な暮らしにかかわる場面を設定して指導しなさい。

○言語の使用場面：学校での活動

A: What club activity do you want to join?

B: I want to join the baseball club. I like playing baseball very much.

□言語活動を行うにあたり，特有の表現がよく使われる場面を設定し

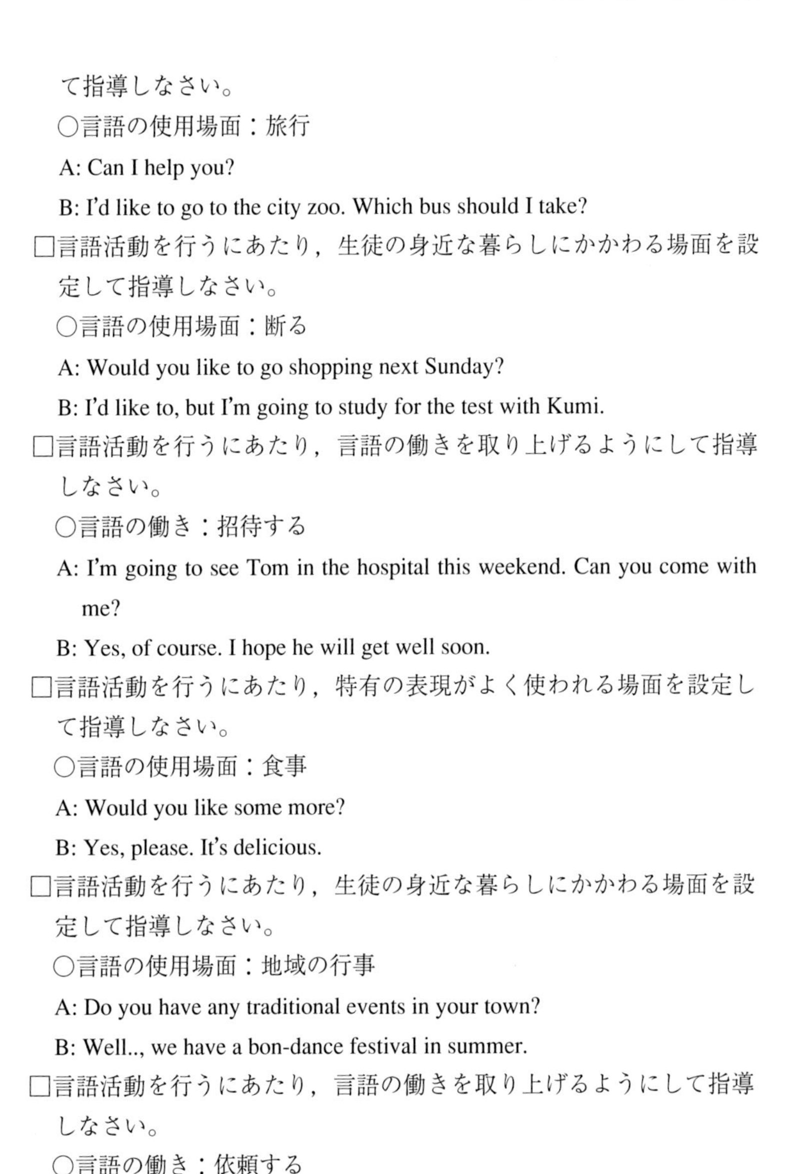

て指導しなさい。

○言語の使用場面：旅行

A: Can I help you?

B: I'd like to go to the city zoo. Which bus should I take?

□言語活動を行うにあたり，生徒の身近な暮らしにかかわる場面を設定して指導しなさい。

○言語の使用場面：断る

A: Would you like to go shopping next Sunday?

B: I'd like to, but I'm going to study for the test with Kumi.

□言語活動を行うにあたり，言語の働きを取り上げるようにして指導しなさい。

○言語の働き：招待する

A: I'm going to see Tom in the hospital this weekend. Can you come with me?

B: Yes, of course. I hope he will get well soon.

□言語活動を行うにあたり，特有の表現がよく使われる場面を設定して指導しなさい。

○言語の使用場面：食事

A: Would you like some more?

B: Yes, please. It's delicious.

□言語活動を行うにあたり，生徒の身近な暮らしにかかわる場面を設定して指導しなさい。

○言語の使用場面：地域の行事

A: Do you have any traditional events in your town?

B: Well.., we have a bon-dance festival in summer.

□言語活動を行うにあたり，言語の働きを取り上げるようにして指導しなさい。

○言語の働き：依頼する

A: Can you help me with my math homework after school?

B: I'm sorry. My mother asked me to take care of my brothers after school.

▼高校地理歴史

※課題について授業を行う(高校各教科共通)。

※制限時間内に指導の主題が伝わるように授業を行うこと(高校各教科共通)。

[日本史]【課題】□田沼意次の政治と寛政の改革について

[世界史]【課題】□大航海時代の背景と影響について

▼高校数学

【課題】□定義域が制限されたときの2次関数の最大・最小について

▼高校保健体育

【課題】□交通社会における運転者の資質と責任について

▼高校英語

【課題】

□次の英文を教材として，高校2年生を対象に「コミュニケーション英語Ⅱ」の授業を，原則として英語で行いなさい。なお，英文は既習のものとし，内容理解や表現の定着のための活動を中心に実施すること。また，ウォームアップの活動は不要とします。

A Japanese *startup says it has produced a fiber that's light and strong just like spider silk. The company hopes to begin selling clothing made from the environmentally-friendly new fiber this year.

Spiders' webs are light, flexible, and can absorb shock. They are described as having 340 times the strength of steel for the same weight. The new fiber was created with these properties in mind.

The startup took part in a government program to develop new materials and analyzed genes that govern the production of various kinds of spider silk. Researchers synthesized proteins to create fibers that resemble spider silk. They came up with a prototype of outdoor clothing using the new technology.

They say the fibers could find use in a broad range of applications, such as automobile bodies and synthetic hair. They also say the new fiber is eco-friendly because it doesn't require any fossil fuels.

*startup: a small business that has just been started

(NHK. "JAPANESE STARTUP SYNTHESIZES SPIDER SILK". 世界へ発信!ニュースで英語術.May 20, 2019)

・英語記事中の単語，文法事項について定着の活動を行った。
・構想に8分，授業は4分だった。
・教室に面接官(7人)が点在して，採点していた。
・課題として，A4サイズ1枚の英語記事を渡された。
・模擬授業後，授業に関する質問と英語での質問(Have you ever been abroad ? What did you do there ?)が行われた。
・試験官はほとんど中年男性だった。

▼高校工業　機械系

【課題】□材料の機械的性質「硬さ」とその試験について

▼特別支援学校小学部

【課題】

□(算数：時こくと時間のもとめ方)

商店がいを9時50分に出て，公園に10時10分に着きました。商店がいから公園まで，かかった時間は何分ですか。

〈担当する学級〉小学部・3年：聴覚障害児童の学級で，小学校に準ずる教育課程の学級

□(算数：2けたの数をかける計算)

1まい12円の工作用紙を23まい買います。代金はいくらですか。

〈担当する学級〉小学部・3年：聴覚障害児童の学級で，小学校に準ずる教育課程の学級

□(理科：かげと太陽)

かげの向きは，太陽の動きによって変わることについて指導しなさ

い。
〈担当する学級〉小学部・3年：聴覚障害児童の学級で，小学校に準ずる教育課程の学級
□(理科：かん電池のつなぎ方)
かん電池2このつなぎ方には，直列つなぎとへい列つなぎがあることと，その違いについて指導しなさい。
〈担当する学級〉小学部・5年：病弱児童の学級で，小学校に準ずる教育課程の学級

▼特別支援学校　中学部
□(数学：たし算)
空き缶リサイクルをしました。先月は空き缶を364本，今月は空き缶を523本集めました。合計は何本でしょう。
〈担当する学級〉中学部・1年：知的障害を主とした障害の学級
□(数学：たし算)
折り紙で鶴を折りました。1班は241羽，2班は256羽折りました。合計は何羽でしょう。
〈担当する学級〉中学部・1年：知的障害を主とした障害の学級
□(数学：ひき算)
雑巾を25枚作りました。大掃除に13枚使いました。何枚残っているでしょう。
〈担当する学級〉中学部・1年：知的障害を主とした障害の学級
□(数学：ひき算)
封筒を15枚持っていました。友だちに8枚わたしました。残りは，何枚でしょう。
〈担当する学級〉中学部・1年：知的障害を主とした障害の学級

▼特別支援学校　高等部
□(数学：ひき算)
バスケットボールをしています。かごの中にボールが13個ありまし

た。そのうち4個使っています。かごには何個残っているでしょう。
〈担当する学級〉高等部・1年：知的障害を主とした障害の学級
□(数学：ひき算)
まとあてゲームをしました。山本さんは14点とりました，田中さんは9点とりました。どちらの方が，多いでしょう。何点多いでしょう。
〈担当する学級〉高等部・1年：知的障害を主とした障害の学級
□(数学：ひき算)
太郎さんの学校には，先生と生徒を合わせて985人います。そのうち先生は123人です。生徒は何人でしょう。
〈担当する学級〉高等部・1年：知的障害を主とした障害の学級

▼栄養教諭
【課題】
□食品表示など食品の品質や安全性等の情報について関心を持つよう指導しなさい。
□「いただきます」「ごちそうさま」など食事のあいさつの意味を知らせ，食事のマナーについて指導しなさい。
□発育・発達には「食事」「運動」「休養・睡眠」が大切な役割を果たしていることについて指導しなさい。
□日本各地には地域ゆかりの料理が数多くあります。滋賀県内に昔から伝わる伝統料理について具体例をあげながら人々の生活と関連させて指導しなさい。
□朝食の役割を知らせ，朝食づくりのポイントや栄養バランスのよい朝食について指導しなさい。

◆専門実技(2次試験)
▼小学校教員
【課題1　音楽実技】
□演奏1：ピアノ

次のピアノ曲から任意に1曲選んで演奏すること(楽譜を見て演奏してよい。繰り返しはしない。)。
〈バイエル標準ピアノ教則本より〉
第49番　ハ長調　4分の3拍子
第83番　ハ長調　4分の4拍子
第102番　ヘ長調　4分の4拍子
□演奏2：小学校学習指導要領(平成29年3月告示)に示されている次の歌唱共通教材の中から，試験当日に示す 1曲を，無伴奏で歌いなさい(楽譜を見て歌ってよいが，児童の範唱となるように歌うこと。 1番のみ歌うこと。)。
〔第3学年〕「ふじ山」(文部省唱歌) 巌谷小波作詞
〔第5学年〕「こいのぼり」(文部省唱歌)
〔第6学年〕「ふるさと 」(文部省唱歌) 高野辰之作詞　岡野貞一作曲
□演奏実技3：次の曲の中から，試験当日に示す1曲をソプラノリコーダー(ジャーマン式による運指)で演奏しなさい(楽譜を見て演奏してよいが，児童の範奏となるように演奏すること。無伴奏で演奏すること。〉。
「パフ」ピーター　ヤーロウ　・　レナード　リプトン　作曲
「茶色の小びん」ジョセフ　ウィナー　作曲
「ラバース　コンチェルト」デニー　ランデル　・　サンデー　リンザー　作曲
※楽譜は小学校で使用の教科書等を参照すること。
〈持ち物〉ソプラノリコーダー，演奏実技1，2，3の楽譜
・試験官が1人だった。
・ピアノは，バイエル49番，83番，102番から任意に選んだ1曲をひいた。楽譜は見てもよい。
・無伴奏歌唱では，「ふじ山」「こいのぼり」「ふるさと」の3曲からカードをひいて，その曲を歌った。
・リコーダーは，「パフ」「茶色のこびん」「ラバース　コンツェルト」の3曲から，カードをひいて，その曲を演奏した。

【課題2　特別活動に関する実技】

□場面設定は，「よりよい人間関係の形成」を目的とした学級活動の導入で，教員数名でそのモデルとなる見本劇を披露するものとする。同じグループのメンバーと協力してテーマをもとに劇を構想し，発表する。テーマは，「(　　　)の一場面をアレンジして劇にする。」である。

〈テーマ〉

日本昔話から指定した物語

① 花さかじいさん

② したきりすずめ

③ さるかに合戦

④ かぐや姫

⑤ 桃太郎

⑥ こぶとりじいさん

⑦ 浦島太郎

(①～⑦の本文は，本冊子の2017年度過去問の該当箇所を参照のこと。)

※相談，練習の時間は18分間。発表の時間は3分以内。

※グループ内での役割は，特に指定しない。

・昔話を6人でアレンジしながら演じた。

・6名のグループで児童の見本となる劇を3分ほどで行った。

・日本昔話の簡単なあらすじが配られるが，アレンジしてもよい。

▼中学音楽

【演奏実技1】

□ピアノまたは管弦打楽器の任意の独奏曲または練習曲を演奏しなさい(繰り返しなし)。

※ピアノ以外の楽器は各自で準備すること。

※管弦打楽器の演奏は無伴奏とすること。

※二次試験当日に，楽譜を一部提出すること。なお，楽譜を見ながら演奏してもよいこととする。

【演奏実技2】

□中学校学習指導要領(平成29年3月告示)に示されている歌唱共通教材7曲の中から，当日指定する1曲を，ピアノで伴奏をしながら歌いなさい。

※楽譜を見て演奏してもよいが，できるだけ生徒の顔を見ながら(生徒がいると想定して)演奏すること。

※1番，2番と演奏すること。ただし，「花」は1番，3番とする。

○「赤とんぼ」	三木露風作詞	山田耕筰作曲	1番，2番
○「荒城の月」	土井晩翠作詞	滝廉太郎作曲	1番，2番
○「早春賦」	吉丸一昌作詞	中田章作曲	1番，2番
○「夏の思い出」	江間章子作詞	中田喜直作曲	1番，2番
○「花」	武島羽衣作詞	滝廉太郎作曲	1番，3番
○「花の街」	江間章子作詞	團伊玖磨作曲	1番，2番
○「浜辺の歌」	林古溪作詞	成田為三作曲	1番，2番

【演奏実技3】

□試験当日に示す1曲をアルトリコーダー(バロック式運指)で演奏しなさい(生徒の範奏となるように演奏すること。無伴奏で演奏すること)。

※1分間の黙視の時間があります。音は出せません。

【演奏実技4】

□筝を一の糸(弦)をホ音とした平調子に調弦し，「荒城の月」(滝廉太郎作曲)を演奏しなさい。

※楽譜は，当日試験会場で示すものを使用すること(楽譜は，本冊子の2019年度過去問〈演奏実技4〉参照のこと)。

※楽器の準備から調弦までその場で行うこと。なお，準備から調弦までは6分以内とし，自分で行うこと。調弦の際，ホ音をピアノで確認してもよいが機器等は使用しないこと。

※筝はこちらで準備したものを使用すること(爪は各自持参するこ

と。)。

〈持ち物〉

○アルトリコーダー

○箏爪

○演奏実技1，2の楽譜

○演奏実技1の楽器(ピアノ以外の楽器を使用する場合)

・ピアノ，歌唱，リコーダーの順で行われた。

・ピアノは，3曲の中から任意の曲を選ぶ。歌唱，リコーダーは，当日3曲の中からくじびきだった。

・楽譜は見てよいが，児童の規範となるようにすることと指定された。

〈実技演奏3〉楽譜

夢路より

▼中学美術

【課題】

□生徒に見せる参考作品として水彩画を描きなさい。また，制作の過程における指導のポイントについて，別紙に簡潔に示しなさい。
※実技試験の時間は，120分である。
※題材名は，「身近なものの美しさを描こう」とし，対象学年は第1学年とする。
※水彩絵の具を使って描くこと。
※モチーフは，アルミホイル，チンゲンサイ，パプリカの3つとする。
※アルミホイルは，封を開け20～30cm程度引き出すこと。
※画用紙は縦横自由とし，画用紙の表右下に受験番号を記入すること。
〈受験者持ち物〉
○鉛筆デッサンができる用意(鉛筆，消しゴム等)　※練り消しゴム可
○水彩絵の具セット(絵の具，筆，パレット等)
○筆洗
○雑巾
○筆記用具
〈出題者準備物(受験者1人あたり)〉
○画用紙(四つ切りサイズ)　1枚
○A4上質紙(試し用)　1枚
○画板　1枚
○別紙プリント　1枚
○アルミホイル　1本
○チンゲンサイ　1株
○パプリカ　1個

(別紙)

水彩画「身近なものの美しさを描こう」第1学年

次の4つの制作過程における指導のポイントについて簡潔に示しなさい。

制作過程	指導のポイント
1．構図を考える	例)・モチーフの配置を考える。
2．下書き	
3．着彩	
4．描き込んで完成	

中学校	美術	受験番号	

▼中学技術

【課題】

□配布された板材を用いて，次の1～3の条件に合う木製の箱を製作しなさい(120分)。

1　箱の内側の寸法は，縦150mm，横150mm，高さ150mmとする。

2　箱の上面のフタは取り付けないこと。

3　板の厚さは12mmとして材料取りをすること。

※配布したケント紙の上部右側に受験番号，名前を書き，木取り図を書きなさい。寸法も記入すること(20分)。
※机上の道具を使い，製作しなさい(100分)。
〈材料及び配布物〉
○板材　210mm×12mm×1200mm　1枚
○紙やすり(240番)　1枚
○釘(25mm，32mm)　それぞれ20本
○ケント紙
〈使用工具〉
両刃のこぎり　さしがね　げんのう　かんな
四つ目きり　木工やすり　万能やすり　万力
木槌　くぎ抜き　その他
〈受験者持ち物〉
○鉛筆　○消しゴム　○直定規　○作業のできる服装
○汗ふきタオル，水分補給物

▼中学家庭
【課題1　調理】
□「けんちん汁」を調理しなさい(40分)。
〈材料〉○だいこん　○にんじん　○ごぼう　○こんにゃく
○さといも　○とうふ　○しょうゆ　○塩
○油　○ごま油
〈使用用具〉鍋　さいばし　ざる　ボール　お玉
包丁　まな板
【課題2　被服】
□ミシンを使って，指定の巾着袋を製作しなさい(50分)。
〈材料〉○布　○ミシン糸　○ロープ
〈使用用具〉ミシン　アイロン　アイロン台
※布は最大限に利用する
※4センチのマチをつける

※袋の口は三つ折りにしてまつり縫いをする(1本どり)
※袋の口以外はミシンで縫製する

▼中高保体
※試験内容は，走り幅跳び，立ち三段跳び，マット運動，バスケットボール，バドミントン，ダンス，水泳から4種目を当日指定する。
※2020年度の4課題は次の通り。
【課題1　球技(バスケットボール)】各1回
□セットシュート，レイアップシュートを連続して行う。
1　ドリブル，ストップ(制限区域外)からのシュート
2　リバウンドを取って，左隣のゴールへドリブルで向いレイアップシュート
3　元のゴールにドリブルで向かい，レイアップシュート
【課題2　球技(バドミントン)】1回
□サービス(ロングハイサービスとショートサービス各3本)
□自分でトスしたシャトルを相手コートに向けてショット(ハイクリア，4本)
【課題3　器械運動(マット)】1回
□平均立ち技の後，倒立前転と後転倒立，ほん転技を含む4種類の連続技
【課題4　水泳(個人メドレー)】1回
□100メートル個人メドレー
※バタフライ→背泳ぎ→平泳ぎ→クロール(自由形)
※スタートは水中から
※ターン方法は自由
〈持ち物〉
○運動ができる服装
○ゼッケン(2枚)
※白地布で縦150mm，横250mm
※受験番号を油性マジックにより黒字楷書でわかりやすくはっき

りと書く。

※胸部および背部に縫い付けておく。

○屋外用運動シューズ，屋内用運動シューズ

○水泳用具(水着，帽子，ゴーグル，タオル)

○タオル，水分補給の用意

○サブバッグ(貴重品持ち運び用)

▼高校工業(機械系)

【課題1】

□次の品物の正面図，平面図，右側面図をかきなさい。矢印で示す方向からみた面を正面図として図示すること。ただし，寸法線は記入しないこととする。

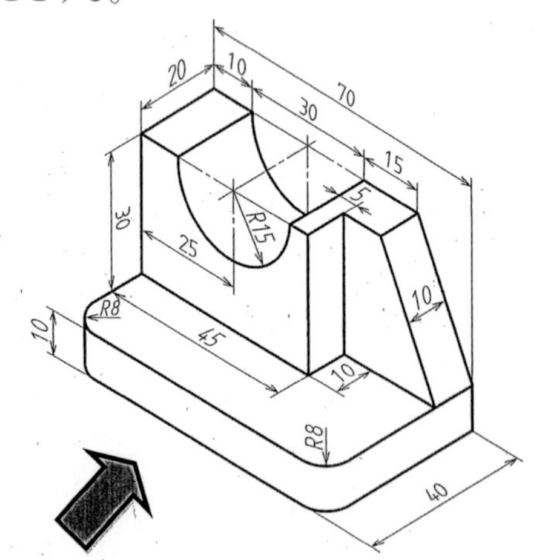

【課題2】

□次に示す投影図の展開図をかきなさい。

2．次に示す投影図の展開図をかきなさい。

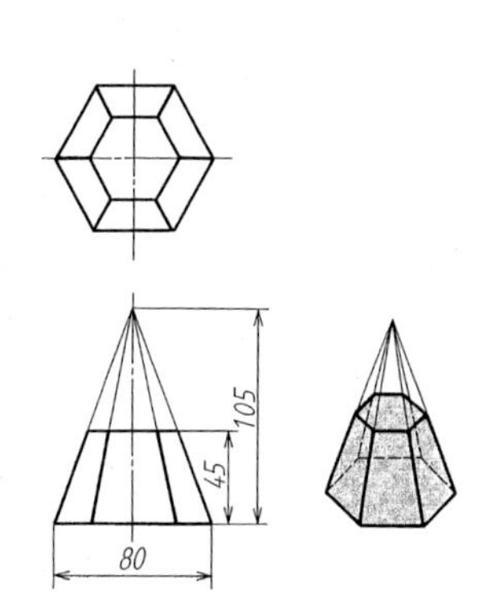

【課題3】

□キーボードから入力したテストの点数が，70点以上なら「合格」，40点以上69点以下なら「再試験」，39点以下なら「不合格」と画面に出力するプログラムをつくりなさい。ただし，キーボードから入力したデータは，整数型の変数「ten」に格納するものとする。なお，プログラム言語は「C言語」か「BASIC」を使用し，流れ図も示すこと。

プログラム
解答に使用するプログラム言語（　　　）

２０２０年度滋賀県公立学校教員採用選考試験　第二次選考　専門実技試験問題　3

流れ図

〈持ち物〉

○製図用具(シャープペンシル0.7mm・0.5mm・0.3mm，直定規(目盛り入り)，コンパス)

○三角定規一組

○消しゴム

○筆記用具

▼養護教員

【課題1】

□小学校5年生の担任より，体育科保健領域「けがの手当」の授業で，けがの手当の必要性や実習を通したチームティーチングについて依頼があった。けがの手当について，「すりきず」，「やけど」，「鼻血」の中から1つ選び，指導をしなさい(3分以内)。

【課題2】

□休み時間に，女子生徒が教室で突然崩れるように倒れ反応がない，と同じクラスの生徒から連絡があった。教室での処置について，机上にある物を使い，人形を用いて行いなさい(3分以内)。

◆水泳実技(2次試験)

▼小学校教員，中学校教員(第2志望に小学校教員を志願する者)

□50メートル泳

※原則，足を着かずに50mを最後まで泳ぐものとする。

※泳法は問わないが，途中で泳法は変えないことが好ましい。

※ターン方法は自由とする。

※スタートは，水中スタートとする。

・点数化はされない。

・5名ほどで同時スタートした。

・泳法は問われなかった。

・美しいフォームでスピードに気をつけること。

◆適性検査(2次試験)　約10分

▼小学校

【質問内容】

その他(バウムテスト)

実のなる木を画用紙に描く。

※描いた絵についての質問などはない。

・白い紙に実のなる木をかく。

・机には鉛筆と消しごむが用意されている。

・面接試験の待ち合室で行う。

・試験の待ち時間が本当に長く，精神的にも疲れがたまると思うので，小説など気分転換ができるものを持っていくといいと思う。合格まで突っ走って下さい!!

●書籍内容の訂正等について

弊社では教員採用試験対策シリーズ（参考書，過去問，全国まるごと過去問題集），公務員試験対策シリーズ，公立幼稚園・保育士試験対策シリーズ，会社別就職試験対策シリーズについて，正誤表をホームページ（https://www.kyodo-s.jp）に掲載いたします。内容に訂正等，疑問点がございましたら，まずホームページをご確認ください。もし，正誤表に掲載されていない訂正等，疑問点がございましたら，下記項目をご記入の上，以下の送付先までお送りいただくようお願いいたします。

① **書籍名，都道府県（学校）名，年度**
（例：教員採用試験過去問シリーズ　小学校教諭 過去問　2025年度版）
② **ページ数**（書籍に記載されているページ数をご記入ください。）
③ **訂正等，疑問点**（内容は具体的にご記入ください。）
（例:問題文では“ア～オの中から選べ”とあるが,選択肢はエまでしかない）

〔ご注意〕
○ 電話での質問や相談等につきましては，受付けておりません。ご注意ください。
○ 正誤表の更新は適宜行います。
○ いただいた疑問点につきましては，当社編集制作部で検討の上，正誤表への反映を決定させていただきます（個別回答は，原則行いませんのであしからずご了承ください）。

●情報提供のお願い

協同教育研究会では，これから教員採用試験を受験される方々に，より正確な問題を，より多くご提供できるよう情報の収集を行っております。つきましては，教員採用試験に関する次の項目の情報を，以下の送付先までお送りいただけますと幸いでございます。お送りいただきました方には謝礼を差し上げます。
（情報量があまりに少ない場合は，謝礼をご用意できかねる場合があります）。

◆あなたの受験された面接試験，論作文試験の実施方法や質問内容
◆教員採用試験の受験体験記

送付先
○電子メール：edit@kyodo-s.jp
○FAX：03-3233-1233（協同出版株式会社　編集制作部 行）
○郵送：〒101-0054　東京都千代田区神田錦町2-5
協同出版株式会社　編集制作部 行
○HP：https://kyodo-s.jp/provision（右記のQRコードからもアクセスできます）

※謝礼をお送りする関係から，いずれの方法でお送りいただく際にも，「お名前」「ご住所」は，必ず明記いただきますよう，よろしくお願い申し上げます。

教員採用試験「過去問」シリーズ

滋賀県の

論作文・面接 過去問

編　集　© 協同教育研究会
発　行　令和6年3月10日
発行者　小貫　輝雄
発行所　協同出版株式会社
〒101-0054　東京都千代田区神田錦町2 - 5
電話　03－3295－1341
振替　東京00190－4－94061
印刷所　協同出版・POD工場

落丁・乱丁はお取り替えいたします。